Schlösser der Weserrenaissance
Castles of the Weser Renaissance

Schlösser der Weserrenaissance
Castles of the Weser Renaissance

herausgegeben von
edited by

Michael Bischoff
Hillert Ibbeken

mit Beiträgen von
with contributions by

Uwe Albrecht
Michael Bischoff
Heiner Borggrefe
Thomas Fusenig
G. Ulrich Großmann
Hillert Ibbeken
Julian Jachmann
Katja Schoene
Rolf Schönlau

Photographien
Photographs

Hillert Ibbeken

Edition Axel Menges

ISBN 978-3-936681-23-9

Reproduktionen/Reproductions: Reinhard Truckenmüller
Druck und Bindearbeiten/Printing and binding: Everbest Printing Co., Ltd., China

Übersetzung ins Englische/Translation into English: Michael Robinson
Layout: Axel Menges

Inhalt

Contents

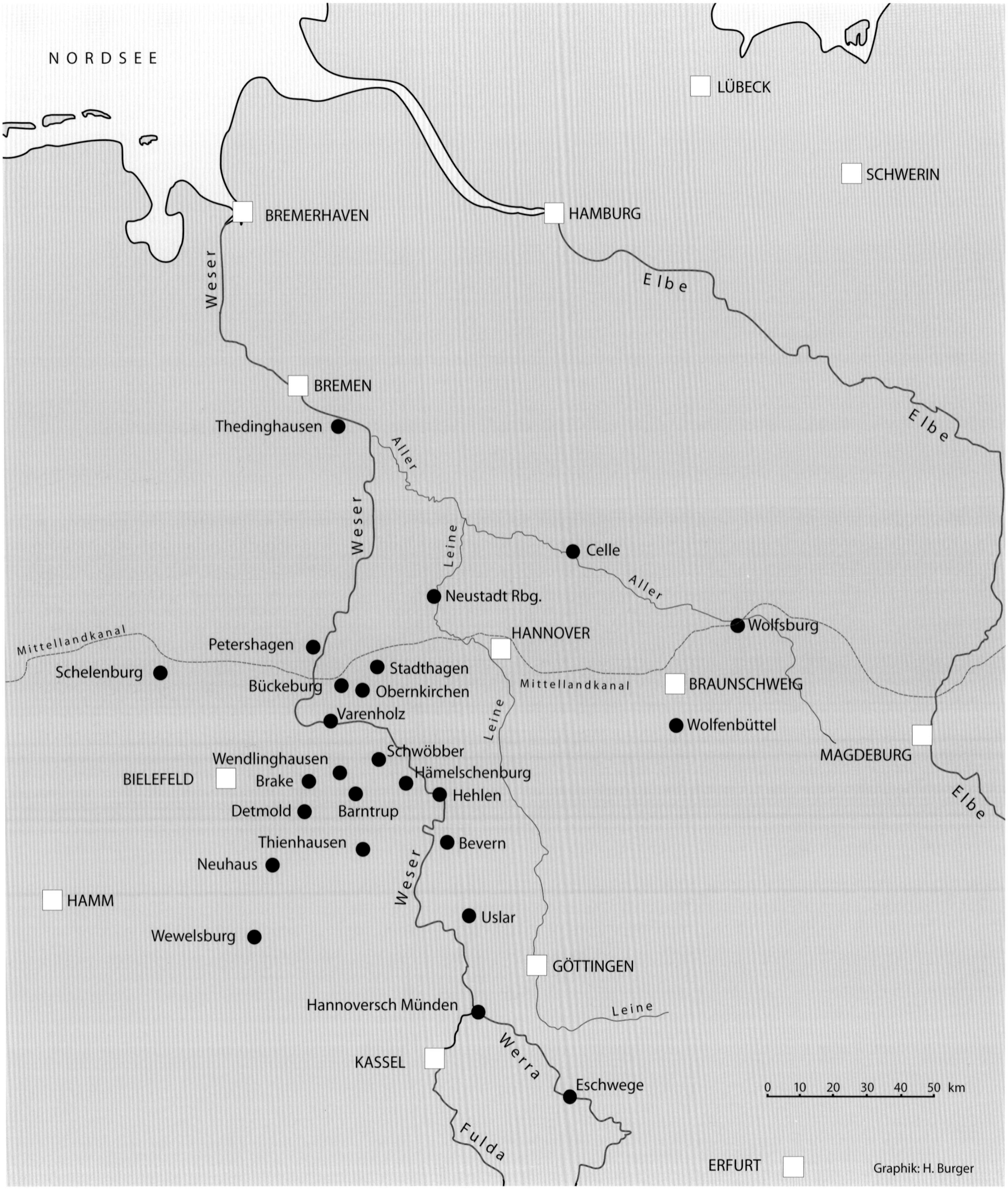
NORDSEE
LÜBECK
SCHWERIN
BREMERHAVEN
HAMBURG
Weser
Elbe
BREMEN
Thedinghausen
Aller
Elbe
Weser
Leine
Celle
Aller
Neustadt Rbg.
HANNOVER
Wolfsburg
Mittellandkanal
Petershagen
Schelenburg
Stadthagen
Bückeburg
Obernkirchen
Mittellandkanal
BRAUNSCHWEIG
Varenholz
Leine
Wolfenbüttel
Schwöbber
Wendlinghausen
MAGDEBURG
BIELEFELD
Brake
Hämelschenburg
Hehlen
Detmold
Barntrup
Elbe
Thienhausen
Bevern
Neuhaus
Weser
HAMM
Uslar
Wewelsburg
GÖTTINGEN
Hannoversch Münden
Leine
Werra
KASSEL
Eschwege
0 10 20 30 40 50 km
Fulda
ERFURT
Graphik: H. Burger

Vorwort

Im 16. und frühen 17. Jahrhundert entfaltete sich beiderseits der Weser eine durch wirtschaftliche Prosperität begünstigte reiche Bautätigkeit. Von späteren Modernisierungen und Kriegsschäden kaum heimgesucht, blieben hier Schlösser, Adelshöfe, Rat- und Bürgerhäuser der Renaissance in ungewöhnlicher Dichte und hoher Qualität erhalten.

Die Würdigung dieses Kapitels zentraleuropäischer Renaissancearchitektur setzte zu Beginn des 20. Jahrhunderts ein und mündete in dem vor allem form- und regionalgeschichtlich orientierten Begriff *Weserrenaissance*, der in der Art eines Markenzeichens noch heute Popularität genießt. Der vorliegende Band stellt erstmals die Schloßbauten der Region in einer repräsentativen Auswahl vor und behandelt dabei sowohl landesherrliche Residenzen als auch Adelssitze. Architektur und höfische Kultur werden in einen europäischen Kontext gestellt, der über ältere stilgeschichtliche Ansätze hinausweist und die Überregionalität herrschaftlicher Repräsentationsformen vor Augen führt.

Der einführende Text von Michael Bischoff informiert über den historischen Hintergrund der Renaissancebaukunst im Weserraum, den Begriff *Weserrenaissance* und die bisherige Forschung. Uwe Albrecht erläutert Erscheinungsbild, Geschichte und Funktion der frühneuzeitlichen Residenzen. Julian Jachmann arbeitet die politischen, ökonomischen und kulturellen Ursachen für die anspruchsvollen Schloßbauten des Niederadels heraus, die sich oftmals dem Niveau landesherrlicher Architektur annähern. Heiner Borggrefe analysiert den Bauschmuck der frühen Renaissance im Zusammenhang mit dem höfischen Zeremoniell. G. Ulrich Großmann gibt einen Überblick über Architektur und Ornamentik nach der Mitte des 16. Jahrhunderts. Thomas Fusenig schreibt über die Künste und die Wissenschaften als Erscheinungsformen höfischer Repräsentation. Am Beispiel des oft verwendeten Sandsteins aus Obernkirchen führt Rolf Schönlau wirtschaftsgeschichtliche Aspekte der Baumaterialien aus und rekonstruiert Abbau, Transport und Handel im 16. und frühen 17. Jahrhundert. Hillert Ibbeken betrachtet den Obernkirchener Sandstein aus geologischer Perspektive. Der beschreibende Katalog mit Bibliographie, der den Bildteil von Hillert Ibbeken ergänzt, stammt von Katja Schoene und Michael Bischoff.

Wir danken dem Weserrenaissance-Museum Schloß Brake in Lemgo für die Anregung zu diesem Projekt. Wir danken den Schloßherren, nicht wenige von ihnen direkte Nachfahren der Erbauer, für den Empfang auch in den Privaträumen ihrer Häuser. Gleichermaßen danken wir den vielen Institutionen, die heute die Schlösser besitzen oder verwalten, den Gemeinden, Finanzämtern, Schulen, Internaten, Museen, Hotels und Jugendherbergen für ihre Unterstützung. Claudia Ibbeken war kundige Begleiterin auf allen Photoreisen. Besonderer Dank gebührt den ebenso großzügigen wie geduldigen Verlegern Dorothea Duwe und Axel Menges.

Michael Bischoff und Hillert Ibbeken

Foreword

In the 16th and early 17th century a rich period of building activity unfolded on both sides of the Weser, favoured by economic prosperity. Barely touched by war damage and later modernisation, castles, nobles' residences, town halls and burgher's houses of the Renaissance are preserved here in unusual density and high quality.

Art historians began to celebrate this chapter of central European Renaissance architecture at the start of the 20th century, this being expressed in the primarily form-and-regional-history-oriented term Weser Renaissance, which still enjoys popularity today, in a fashion similar to that of a brand name. This volume presents a representative range of the region's castle buildings for the first time, dealing with the estates of local rulers as well as nobles' seats. The architecture and courtly culture are placed in a European context which goes beyond the older efforts to define the history of the style, and makes apparent the inter-regional nature of demonstrations of prestige.

The introductory text by Michael Bischoff provides information on the historical background of Renaissance architecture in the Weser area, the expression *Weserrenaissance* and the present state of research. Uwe Albrecht will cast light on the appearance, history and function of early modern estates. Julian Jachmann elucidates the political, economic and cultural reasons behind ambitious castle buildings by the lesser nobility, which often approach the same level as those of territorial rulers. Heiner Borggrefe analyses early Renaissance building ornamentation in connection with court ceremonial. G. Ulrich Großmann gives an overview of architecture and ornamentation after the middle of the 16th century. Thomas Fusenig writes about fine art and sciences as manifestations of courtly display. Taking the much-used Obernkirchen sandstone as an example, Rolf Schönlau explains financial-historical aspects affecting building materials, and reconstructs its quarrying, transport and trade during the 16th and early 17th century. Hillert Ibbeken deals with Obernkirchen sandstone from a geological perspective. The descriptive catalogue with bibliography which accompanies Hillert Ibbeken's illustrated section was compiled by Katja Schoene and Michael Bischoff.

We would like to thank the Weserrenaissance-Museum at Schloss Brake in Lemgo for inspiring this project. Our thanks go to the owners of the castles, not a few of whom are direct descendants of their builders, for receiving us into the private rooms of their homes. We would also like to thank the many institutions which own or administrate the castles today, the societies, revenue offices, schools, boarding schools, museums, hotels and youth hostels, for their support. Claudia Ibbeken acted as an informed companion on all journeys made to take photographs. Our especial thanks go to the both generous and patient publishers Dorothea Duwe and Axel Menges.

Michael Bischoff and Hillert Ibbeken

Orte mit Schlössern der Weserrenaissance. Computergraphik von Heinz Burger.

Localities with castles of the Weser Renaissance. Computer graphics by Heinz Burger.

Michael Bischoff
Weserrenaissance – was ist das?

Zwischen Reformation und Dreißigjährigem Krieg entfaltete sich entlang der Weser eine rege Bautätigkeit, die durch wirtschaftliche Prosperität begünstigt wurde und mit anderen Regionen wie Sachsen, Thüringen oder Bayern vergleichbar ist. Auftraggeber waren weltliche und kirchliche Landesherren, niederer Adel und Bürgertum. Von späteren Kriegseinwirkungen und Modernisierungen weitgehend verschont, blieben hier Schlösser, Adelshöfe, Rathäuser, Bürger- und Sakralbauten der Renaissance in seltener Dichte und hoher Qualität erhalten. Das durch diesen Bestand an Baudenkmälern definierte Gebiet entspricht in seiner Nord–Süd-Ausdehnung in etwa dem Flußlauf der Weser, während es sich westlich bis Osnabrück und nach Osten bis Helmstedt erstreckt. Es liegt somit im heutigen Niedersachsen, Bremen, Ostwestfalen und Nordhessen. Sein Kernbereich mit der höchsten Konzentration noch vorhandener Renaissancebauwerke befindet sich im Weserbergland.

In der frühen Neuzeit war dieses Gebiet ein politisch heterogener Raum, an dem zahlreiche weltliche und kirchliche Territorien Anteil hatten (siehe Karte auf S. 51): die welfischen Herzogtümer Braunschweig-Lüneburg, Braunschweig-Wolfenbüttel, Braunschweig-Calenberg-Göttingen und Braunschweig-Grubenhagen, die Landgrafschaft Hessen-Kassel, die Grafschaften Hoya, Holstein-Schaumburg, Ravensberg, Rietberg, Lippe, Pyrmont und Spiegelberg, die Reichsstadt Bremen, das Fürsterzbistum Bremen, die Fürstbistümer Verden, Minden, Hildesheim, Osnabrück und Paderborn, das Reichsstift Herford und die Reichsabtei Corvey. Selbstbewußte Städte wie Goslar, Braunschweig, Lemgo, Minden, Hameln oder Rinteln pochten im Konflikt mit den Landesherren auf überkommene Rechte und versuchten, neue geltend zu machen. Mit der Territorialisierung entstanden zunehmend zentralistisch regierte Herrschaftsräume mit verbindlichen Rechtsnormen und einer effizienten Verwaltung, die von der Residenz aus – dem ständigen Sitz des Landesherrn – organisiert wurde. Diese Entwicklung war mit einem Machtverlust des Niederadels verbunden.

Wie bereits die Eckdaten andeuten, war das Jahrhundert zwischen Luthers Thesenanschlag 1517 und dem Ausbruch des Dreißigjährigen Krieges 1618 durch religiöse Auseinandersetzungen geprägt. In den Territorien und Städten des Weserraums breitete sich die Reformation schon bald aus: In Bremen wurde sie 1522/24 eingeführt, in Hessen 1526, kurz darauf in den Herzogtümern Braunschweig-Lüneburg und Braunschweig-Grubenhagen, in Lippe 1538. Die im Schmalkaldischen Bund zusammengeschlossenen protestantischen Landesherren – darunter Philipp von Hessen-Kassel und Philipp von Braunschweig-Grubenhagen – unterlagen 1546/47 zwar der katholischen Liga Kaiser Karls V. Doch bereits 1555 kam es im Augsburger Religionsfrieden zu einem Vergleich, der den Fürsten und freien Städten die Entscheidungshoheit über die Konfession ihrer Territorien zuerkannte. Bald hatte sich der Protestantismus im Wesergebiet durchgesetzt. Ausnahmen waren Corvey und das Fürstbistum Paderborn, das in den 1580er Jahren unter Dietrich von Fürstenberg zum Zentrum der Gegenreformation wurde. Im Konflikt mit dem Luthertum gewann nach 1550 der Kalvinismus an Bedeutung, dem sich etwa Simon VI. zur Lippe und Moritz von Hessen-Kassel 1605 anschlossen.

Von direkten Kriegshandlungen wurde die Region im 16. Jahrhundert kaum heimgesucht. Jedoch seien die Hildesheimer Stiftsfehde 1519–23, die Belagerung Wolfenbüttels durch den Schmalkaldischen Bund 1542, die Schlachten bei Drakenburg an der Weser 1547 oder bei Sievershausen nahe Peine 1553 erwähnt. Mittelbar betroffen war das Wesergebiet vom 1568 ausgebrochenen Aufstand der nördlichen Niederlande gegen die spanische Herrschaft, da es in Westfalen und am Niederrhein wiederholt zu Truppenwerbungen und Übergriffen durchziehender Söldnerheere kam.

Von den großen kriegerischen Auseinandersetzungen der Zeit – neben dem niederländischen Konflikt zum Beispiel der habsburgisch-französische (1556–59) oder der dänisch-schwedische Krieg (1562–70) – vermochte vor allem der Niederadel der Region zu profitieren. Georg von Holle, Georg Klencke, Christoph von Wrisberg, Hilmar d. Ä. oder Börries von Münchhausen traten als Obristen mit eigenen Landsknechtstruppen in den einträglichen Dienst der Kriegsmächte. Aber auch Landesherren waren als Heerführer tätig. So unterstützte Herzog Erich II. von Braunschweig-Calenberg den spanischen König Philipp II. im Krieg gegen Frankreich und die nördlichen Niederlande. Sein militärisches Engagement brachte ihm hohe Gewinne und Besitzungen in Spanien, Frankreich, Italien und den Niederlanden ein.

Eine andere Einnahmequelle, die zum Reichtum des Weserraums beitrug, war die Landwirtschaft. Aufgrund gestiegener Lebensmittelpreise in der zweiten Jahrhunderthälfte, die unter anderem auf das stetige Bevölkerungswachstum seit etwa 1500 zurückzuführen waren, wurden Produktion und Ausfuhr von Getreide oder Fleisch zum lukrativen Geschäft. Ein weiteres Exportgut war der als Baumaterial begehrte Obernkirchener Sandstein. Für den Transport dieser Güter spielte die Weser eine bedeutende Rolle, zum Umschlagplatz für den Überseehandel wurde Bremen. Dank ihrer flußnahen Lage oder ihrer Anbindung an wichtige Landwege profitierten auch andere Städte wie Minden, Osnabrück, Herford, Hameln, Lemgo, Paderborn oder Münden vom Warenhandel.

Neue politische und ökonomische Macht manifestierte sich in einem Boom repräsentativer Baumaßnahmen, der von Landesherren, Adel, Städten und Bürgertum getragen wurde. Die entstandenen Bauwerke verdanken ihre Konservierung der wirtschaftlichen und politischen Stagnation der Landschaft im 17. und 18. Jahrhundert, so daß andernorts übliche Barockisierungen unterblieben.

Die Würdigung dieser Facette mitteleuropäischer Renaissancearchitektur begann im frühen 20. Jahrhundert. Erstmals tauchte der Begriff *Weserrenaissance* 1912 bei Richard Klapheck und Engelbert von Kerckeringh zur Borg auf. In ihrem Buch *Alt-Westfalen* formulierten sie eher beiläufig: »Die Paderborner- und Weserrenaissance redet ihr eigenes Idiom.« (S. XVII.) Als stil- und regionalgeschichtlich orientierter Begriff etablierte sich die Wortschöpfung spätestens mit Max Sonnens Werk *Die Weserrenaissance* von 1918. Der Autor sortierte die Bauwerke ohne Rücksicht auf die historischen Entstehungsumstände nach rein formalen Gesichtspunkten, um eine stilistische Entwicklungsgeschichte abzuleiten. Die Vorstellung einer regionalen Renaissance im Sinne eines autonomen kulturellen Phänomens basierte auf nationalistischem und regionalistischem Gedankengut seit dem ausgehenden 19. Jahrhundert, in dem auch das Provinzielle als identitätsstiftend seinen Platz hatte. Daß

Michael Bischoff

What is the Weser Renaissance?

Between the Reformation and the Thirty Years' War a lively period of building activity unfolded along the Weser, favoured by economic prosperity and comparable to that of other regions such as Saxony, Thuringia or Bavaria. Commissions were made by ecclesiastical and secular local rulers, the lesser nobility and burghers. Largely spared damage in later wars and modernisation, castles, nobles' residences, town halls, civic and sacred buildings of the Renaissance are preserved here in a rare density and high quality. In its north–south expansion, this area defined by the architectural national monuments it contains, roughly corresponds to the course of the Weser, while reaching almost as far west as Osnabrück and as far east as Helmstedt. This means that today it is divided between Lower Saxony, Bremen, eastern Westphalia and northern Hessen. Its central area, with the highest concentration of remaining Renaissance buildings, is located in the Weserbergland.

In the early modern period this area was a politically heterogeneous space, divided into numerous temporal and ecclesiastical territories (see map, p. 51): the Welf duchies of Braunschweig-Lüneburg, Braunschweig-Wolfenbüttel, Braunschweig-Calenberg-Göttingen and Braunschweig-Grubenhagen, the Landgrafschaft of Hessen-Kassel, the Grafschaften of Hoya, Holstein-Schaumburg, Ravensberg, Rietberg, Lippe, Pyrmont and Spiegelberg, the Reichsstadt Bremen, the archbishop's see of Bremen, the bishop's sees of Verden, Minden, Hildesheim, Osnabrück and Paderborn, the Reichsstift Herford and the Imperial Abbey of Corvey. Self-confident towns such as Goslar, Braunschweig, Lemgo, Minden, Hamelin or Rinteln clashed with the local rulers over hereditary rights, and attempted to make new ones valid. Territorialisation led to increasingly centralised areas of governance with binding codes of law and an efficient administration, coordinated from the residence – the permanent seat of the local ruler. This development was coupled with a loss of power by the lesser nobility.

Even this basic information is sufficient to show that the century between Luther's publication of his theses in 1517 and the outbreak of the Thirty Years' War in 1618 was strongly influenced by religious confrontation. The Reformation spread rapidly through the cities and territories of the Weser area: it was introduced to Bremen in 1522/24, to Hessen in 1526, to the duchies of Braunschweig-Lüneburg and Braunschweig-Grubenhagen shortly afterwards, and to Lippe in 1538. Admittedly, the Protestant local rulers allied in the Schmalkaldischer Bund – including Philipp von Hessen-Kassel and Philipp von Braunschweig-Grubenhagen – were defeated in 1546/47 by Kaiser Karl V's Catholic league. However, in 1555 the Peace of Augsburg led to a compromise in which the right of rulers and free cities to decide the religious confession of their territories was recognised. Protestantism soon became established in the Weser area. The exceptions were Corvey and the bishop's see of Paderborn, which became a centre of the counter-reformation under Dietrich von Fürstenberg in the 1580s. Calvinism gained increased significance in conflict with Lutheranism after 1550, with Simon VI. zur Lippe and Moritz von Hessen-Kassel pledging allegiance to it in 1605.

In the 16th century the region was barely affected by direct acts of war. However, mention is made of the Hildesheimer Stiftsfehde (1519–23), the siege of Wolfenbüttel by the Schmalkaldischer Bund in 1542 and the battles at Drakenburg on the Weser in 1547 and at Sievershausen near Peine in 1553. The Weser area was indirectly affected by the uprising in the northern Netherlands against Spanish sovereignty which broke out in 1568, as there was recurring recruitment of soldiers and incursions by mercenaries passing through in Westphalia and the Lower Rhine.

The region's lesser nobility were best able to profit from the great military confrontations of the time – which, beside the Dutch conflict, included the Habsburg-France war (1556–59) and the Denmark-Sweden war (1563–70). Georg von Holle, Georg Klencke, Christoph von Wrisberg, Hilmar the Elder and Börries von Münchhausen entered the lucrative service of the warring powers as colonels, with their own Landsknecht troops. However, local rulers were also active as generals. For instance, Herzog Erich II von Braunschweig-Calenberg supported the Spanish king Philip II in his war against France and the northern Netherlands. His military engagement brought him high profits and possessions in Spain, France, Italy and the Netherlands.

Another source of income which contributed to the wealth of the Weser area was agriculture. Because of a rise in food prices in the second half of the century, due among other things to the steady population growth since about 1500, the production and export of cereals and meat became a lucrative business. Another export was the Obernkirchen sandstone, which was in high demand as a building material. The Weser played a significant role in the transport of these goods, while Bremen became a transhipment point for overseas trade. Other towns such as Minden, Osnabrück, Herford, Hamelin, Lemgo, Paderborn and Münden profited from trading in goods due to their position near the river or their connection to important overland routes.

The new political and economic power manifested itself in a boom in imposing building activities, which was sustained by local rulers, the nobility, cities and burghers. The buildings which were created were preserved thanks to the economic and political stagnation of this area during the 17th and 18th centuries, which meant that the baroquification seen elsewhere did not take place.

Art historians began to celebrate this facet of central European Renaissance architecture in the early 20th century. The expression *Weserrenaissance* was used for the first time in 1912 by Richard Klapheck and Engelbert von Kerckeringh zur Borg. In their book *Alt-Westfalen*, they rather casually stated that »the Paderborn and Weser Renaissance speaks its own idiom« (p. XVII). As a style and regional-history orientated expression, this neologism established itself with Max Sonnen's work *Die Weserrenaissance* in 1918 at the latest. The author categorised the buildings with no regard for the historical circumstances of their building, according to purely formal aspects, in order to derive a stylistic history of development. The concept of a regional Renaissance in the sense of an autonomous cultural phenomenon is founded on the nationalistic and regionalistic ideologies of the late 19th century, in which the provincial had a place as a provider of identity. The fact that *Weserrenaissance* suggests a local cultural identity which did not exist in the early modern period has recently been criticised mainly by G. Ulrich Großmann (1989a, p. 18) und Heiner Borggrefe (1999, p. 81).

Weserrenaissance eine kulturräumliche Identität suggeriert, die es in der frühen Neuzeit nicht gab, wurde in jüngerer Zeit vor allem von G. Ulrich Großmann (1989a, S. 18) und Heiner Borggrefe (1999, S. 81) kritisiert.

1964 legten Jürgen Soenke und der Photograph Herbert Kreft einen Überblick unter dem Titel *Die Weserrenaissance* vor. Die Einführung dieser Bestandsaufnahme erklärt: »Die ansehnliche Reihe der [...] im Weserraum immer wieder auftretenden Merkmale und der sich aus ihrem Zusammenwirken ergebende Gesamteindruck weisen jedenfalls eine Architekturgruppe aus – mit einem Mittelpunkt im Hamelner Raum – die den Gebrauch des Begriffs *Weserrenaissance* als an die Landschaft gebundene Gruppenbezeichnung rechtfertigt.« ([6]1986, S. 9.) Daß sich für Soenke hinter den gemeinsamen Merkmalen eine aus sich selbst heraus wirkende Stilentwicklung verbarg, verdeutlicht das Schlußwort: »Diese Architektur wurzelt in der Landschaft, in der sie steht. Sie ist volkstümlich, weil die Menschen, die sie schufen [...] aus dem Volke kamen. Die Weserrenaissance ist eben eine Volkskunst.« ([6]1986, S. 43.) Das bis 1986 in sechs Auflagen erschienene Werk verhalf dem kunsthistorischen Terminus zu einer Popularität, die über Fachkreise weit hinausging und die das verlegerische Anliegen legitimiert, den vorliegenden Band unter diesem Markenzeichen zu veröffentlichen.

Internationale Beachtung verdankt der Begriff *Weserrenaissance* Henry-Russel Hitchcock, der mit ihm in seiner *German Renaissance Architecture* von 1981 operiert. Er gibt dem bei Soenke und Kreft behandelten Denkmälerbestand einigen Raum, betont jedoch weniger dessen regionale Besonderheiten, sondern ordnet ihn in größere entwicklungsgeschichtliche Zusammenhänge ein.

Seit seiner Gründung 1986 widmet sich das Weserrenaissance-Museum Schloß Brake in Lemgo der Erforschung der frühen Neuzeit. Erstmals wurden Architektur und bildende Kunst der Weserregion in einen breiten kulturgeschichtlichen Kontext gestellt, der nicht nur kunst-, sondern ebenso wirtschafts-, militär-, kirchen- und sozialhistorische Zusammenhänge berücksichtigt. Beschränkte sich die ältere Forschung auf eine Kunstgeschichte der Fassaden, auf Stil- und Zuschreibungsfragen, wurden nun systematische Archivforschungen und Architekturaufmaße unternommen. Dadurch konnten Aufschlüsse über ursprüngliche Substanz und Raumstruktur sowie die Funktion der Bauwerke gewonnen werden. Die Ergebnisse wurden in zahlreichen Publikationen veröffentlicht, darunter auch Überblickswerke, die sich an einen breiteren Leserkreis richten, zum Beispiel Großmanns Buch *Renaissance entlang der Weser* (1989) oder die Kunstreiseführer *Straße der Weserrenaissance* von Gabriele Brasse (1991) sowie *Weser & Renaissance* von Rolf Schönlau und Michael Bischoff (2007).

Neben den Ergebnissen des Forschungsprojektes *Architektur-, Kunst- und Kulturgeschichte in Nord- und Westdeutschland* sind die Lemgoer Ausstellungen *Renaissance im Weserraum* (1989), *Adel im Weserraum um 1600* (1996), *Moritz der Gelehrte* (1997), *Die Weser. Ein Fluss in Europa* (2000) und *Hans Vredeman de Vries und die Renaissance im Norden* (2003) erwähnenswert. Besonderes Augenmerk gilt der europäischen Dimension der Renaissance. Wurde sie bisher als regionales Phänomen wahrgenommen, geraten nunmehr die Träger kulturellen Transfers in den Blick, etwa das Vorlagenwesen, auswärtige Baumeister und überregional agierende Bauherren sowie die europaweit verbindlichen Leitbilder höfischer Kultur.

Im Weserraum gab es keine von äußeren Einflüssen unabhängige Stilentwicklung der Renaissance, obwohl die Sprachregelung *Weserrenaissance* dies zunächst nahelegen mag. Als Stilbegriff ist sie wissenschaftlich überholt. Andererseits sollte der terminologische Skeptizismus nicht zu weit gehen: Als Bezeichnung für die kulturhistorischen Entwicklungen eines geographischen Raums und einer Epoche ist das Wort nach wie vor tauglich. Innerhalb eines solchermaßen modifizierten Begriffs lassen sich für die Architekturgeschichte einige Formen benennen, die in ihrer Häufung und Kombination für die Region typisch sind. Sie konstituieren jedoch keinen eigenständigen Stil, da sich diese Merkmale aus dem Formenkanon italienischer Renaissance und damit letztlich aus der Antike, aber auch aus der Spätgotik, dem mitteldeutschen Renaissanceschloßbau und der Ornamentik niederländischer Provenienz herleiten lassen. Zudem war ihre Verwendung nicht auf das Wesergebiet beschränkt.

Charakteristisch sind die halbkreisförmigen Giebel, die wegen ihres italienischen Ursprungs bereits im 16. Jahrhundert *welsche Giebel* (*Welschland* als Synonym für Italien) genannt wurden (Abb. 120). Verkleinert begegnen sie als Halbkreisaufsätze auf den Stufen von Treppengiebeln (Abb. 36). Im Weserraum traten die *welschen Giebel* wohl erstmals am *Haus Braunschweig* des Schlosses Neuhaus bei Paderborn auf, das der schwäbische Architekt Jörg Unkair 1524/26 errichtete. Das in der venezianischen Baukunst seit um 1480 beheimatete Motiv wurde wahrscheinlich über Mitteldeutschland eingeführt. Dort tauchte es in den 1510er Jahren am Schloß Mansfeld und 1520/24 an der Dominikanerkirche zu Halle auf (Großmann 1989d, S. 19). Zur dekorativen Füllung von Halb- und Viertelkreisen dienten *Fächerrosetten* – stilisierte Zierelemente, die an Blüten oder Muscheln erinnern und der italienischen Renaissancearchitektur entstammen. Sie kommen an Steinfassaden des Weserraums vor, besonders häufig jedoch als Fensterbrüstungsreliefs im Fachwerkbau.

Zwerchhäuser etablierten sich seit der frühen Renaissance als typisches Element des Schloß- und Rathausbaus. Es handelt sich um Dachhäuschen in der traufseitigen Fassadenflucht, deren Bedachung quer zum First steht (mittelhochdeutsch *twerh* = quer). Bis ins dritte Viertel des 16. Jahrhunderts wurden sie gern mit welschen Giebeln bekrönt, später setzten sich die sogenannten Schweifwerkgiebel durch (Abb. 83). Zwerchhäuser sind Lehngut des gotischen Kirchenbaus. Seit dem Spätmittelalter waren sie im französischen und deutschen Profanbau verbreitet (U. Albrecht 2003, S. 17–27).

Neben weithin sichtbaren Giebeln waren im Schloßbau die auf Fernwirkung angelegten Turmbedachungen üblich – vor allem in Gestalt geschwungener, sogenannter *welscher Hauben* wie in Hehlen oder Detmold, wie ursprünglich in Stadthagen oder Neustadt am Rübenberge. Treppentürme waren meist polygonal und standen in den Hofwinkeln. Als frühestes Beispiel im Wesergebiet gilt der Wendelstein des Schlosses Münden von 1501, gefolgt von dem am Schloß Neuhaus, 1524/26. Frankreich und Mitteldeutschland kommen als Quellen in Frage. Bei Einflügelanlagen wie Petershagen wurde der Treppenturm gelegentlich in die Mitte der Längsseite gerückt. Repräsentative geradläufige Treppen kamen in der zweiten Jahrhunderthälfte auf: in Münden um 1562, in Brake 1584/92 oder in Wolfsburg um 1590/1600.

In 1964, Jürgen Soenke and the photographer Herbert Kreft presented an overview entitled *Die Weserrenaissance.* The introduction to this inventory explains that: »The considerable series of characteristic features which continually come into view in the Weser area and the overall impression given by their combined effect indicate an architectural grouping – centred on the Hamelin area – which justifies the use of the term *Weserrenaissance* as a group description associated with this landscape.« ([6]1986, p. 9.) The conclusion stresses that as far as Soenke was concerned a self-perpetuating development of style was concealed behind the common characteristics: »This architecture is rooted in the landscape in which it stands. It is popular, because the individuals who created it [...] came from the people. The Weser Renaissance is therefore a form of folk art.« ([6]1986, p. 43.) This work in six editions, the final one of which appeared in 1986, gained a popularity for the art-historical term which reached well beyond specialist circles and justified the publisher's decision to publish the current volume under this name.

The expression *Weserrenaissance* gained international recognition thanks to Henry-Russell Hitchcock, who made use of it in *German Renaissance Architecture*, 1981. He gives the body of national architectural monuments treated by Soenke and Kreft their own area, but does not so much emphasise their regional peculiarities as situate them in wider developmental historical contexts.

Since its founding in 1986 the Weserrenaissance-Museum Schloss Brake in Lemgo has been dedicated to researching the early modern period. For the first time, architecture and fine art of the Weser region were placed in a broad cultural-historical context, which took into account not only art, but also economic, military, ecclesiastical and socio-historical contexts. While earlier research was restricted to an art history of façades, questions of style and attribution, systematic research and architectural measurement were now undertaken. In this way, explanations of the original substance and spatial structure as well as the function of the buildings were arrived at. The results were published in numerous publications, including overviews aimed at a wider reading circle, for instance Großmann's book *Renaissance entlang der Weser* (1989) or the art travel guide *Straße der Weserrenaissance* by Gabriele Brasse (1991) as well as *Weser & Renaissance* by Rolf Schönlau and Michael Bischoff (2007).

Aside from the results of the research project *Architektur-, Kunst- und Kulturgeschichte in Nord- und Westdeutschland*, the Lemgo exhibitions *Renaissance im Weserraum* (1989), *Adel im Weserraum um 1600* (1996), *Moritz der Gelehrte* (1997), *Die Weser. Ein Fluss in Europa* (2000) and *Hans Vredeman de Vries und die Renaissance im Norden* (2003) are worth mentioning. Special attention is given to the European dimension of the Renaissance. While it had previously been perceived as a regional phenomenon, the focus was now increasingly on promoters of cultural transfer, for instance the practice of patterns, foreign master builders, and interregionally active commissioners of buildings as well as the consistent Europe-wide motifs of courtly culture.

There was no Renaissance style development in the Weser area independent of external influences, although the expression *Weserrenaissance* may initially appear to suggest this. As a term describing a style, it is scientifically obsolete. On the other hand, this terminological scepticism should not go too far; as a description of the cultural-historical development of a geographical area and an epoch, the term remains useful. Under the heading of such a modified term, some architectural-historical forms can be named which in their accumulation and combination are typical for the region. However, they do not constitute an independent style. They can be traced back to the formal canon of the Italian Renaissance and thereby ultimately to antiquity, but also to the late Gothic period, central-German Renaissance castle architecture and ornamentation of Dutch provenance. Also, their use was not restricted to the Weser area.

The semi-circular gables, which, due to their Italian origin were known as early as the 16th century as *welsche Giebel* (*Welschland* being a synonym for Italy) were characteristic (illus. 120).They can be seen in a smaller form as semi-circular forms surmounting the levels of corbie or stepped gables (illus. 36). In the Weser area, the Italian gable appeared in all probability for the first time in *Haus Braunschweig*, part of Schloss Neuhaus in Paderborn, built by the Swabian architect Jörg Unkair in 1524/26. This motif, an accepted part of Venetian architecture since around 1480, probably reached the area via central Germany. It turns up there in the 1510s in Schloss Mansfeld and in 1520/24 in the Dominikanerkirche (Dominican church) at Halle (Großmann 1989d, p. 19). *Fächerrosetten,* decorative stylistic elements reminiscent of flowers or shells originating from the Italian Renaissance, served as decorative fills for semi- and quarter-circular areas. In the Weser area, they appear on stone façades, but most frequently as reliefs on window balustrades on half-timbered houses.

Zwerchhäuser or dormers became established as a typical element of castle and town hall architecture from the early Renaissance onwards. These are small rooftop buildings forming part of the eaves-side façade with their roofing arranged crossways to the roof ridge (Middle High German: *twerh* = across). Until the third quarter of the 16th century they were often topped with Italian gables, but later the so-called Schweifwerkgiebel or baroque scrollwork gable became established (illus. 83). Dormers were assimilated from Gothic church construction. From the late Middle Ages, they became a widespread element of French and German secular architecture (U. Albrecht 2003, pp. 17–27).

As well as gables, which would be visible from a long way off, tower roofing calculated to impress at a distance was usual in castle construction – in particular in the form of curved so-called *welsche Haube* as in Hehlen or Detmold and originally in Stadthagen or Neustadt am Rübenberge. Stair towers were usually polygonal and stood in the corners of the courtyard. The tower with a spiral staircase at Schloss Münden, built in 1501, is considered the earliest example in the Weser area, followed by Schloss Neuhaus, 1524/26. Both France and central Germany are possible sources for this. In the case of buildings consisting of a single wing such as Petershagen, the stair tower is sometimes situated in the middle of the longer side. Grand non-winding staircases appeared in the second half of the century: in Münden around 1562, in Brake 1584/92 and in Wolfsburg around 1590/1600.

Bay windows with support reaching to the ground were known as *Utlucht* (Lower German for *Ausblick*, *Auslug*, meaning outlook) or *Standerker* (standing bay windows). They initially appeared in the form of bays projecting from the façades: on the south side of the

Als *Utlucht* (niederdeutsch für Ausblick, Auslug) oder *Standerker* werden bis zum Boden reichende Erker bezeichnet. Zuerst tauchten sie in der Art von aus der Fassade vorspringenden Risaliten auf: an der Südseite der Schelenburg 1532, an der östlichen Schaufassade von Schloß Detmold 1553/57. In ihrer gängigen, meist zweigeschossigen Form fand sich die Utlucht in den 1560er Jahren zunächst an Bürgerbauten, etwa dem Lemgoer Hexenbürgermeisterhaus von 1568–71. Bald darauf gehörte sie zum Standardrepertoire und wurde auch im Schloßbau verwendet (Großmann 1989d, S. 22) (Abb. 5).

Bei den Rahmungen von Portalen und Fensteröffnungen behaupteten sich spätgotische Formen bis etwa 1560. Namentlich an Jörg Unkairs Schloßbauten, zum Beispiel in Neuhaus und Stadthagen, sind *Stab*- und *Astwerk*, *Kiel*- und *Vorhangbögen* beliebte Motive. Oftmals existieren diese altertümlichen Elemente neben betonten Renaissanceformen wie etwa einer Türeinfassung in Kandelaberform im Innern des Südflügels von Schloß Stadthagen. Bis zum Jahrhundertende setzten sich Rahmungen in Ädikulaform durch, die sich an italienischer Architekturtheorie orientierten (Abb. 93).

Bossensteine – grob behauene Mauerwerkquader – waren schon im Mittelalter, vor allem aber seit der italienischen Frührenaissance verbreitet. Der *Kerbschnittbossenquader* wurde in der zweiten Hälfte des 16. Jahrhunderts zu einer Art Markenzeichen der Steinmetzen im Wesergebiet (Abb. 162). Kennzeichnend sind die geometrischen Kerbschnittornamente an den Blendseiten, die an Waffeleisen erinnern. Erstmals ist der Kerbschnittbossenstein um 1560 am Schloß Uslar nachweisbar. Um 1600 avancierte er zum Leitmotiv ganzer Fassadengestaltungen, etwa an der Hämelschenburg oder am Hamelner Rattenfängerhaus. Die Gebäudeecken am Erbhof Thedinghausen, 1619/20, bieten ein wahres Potpourri verschiedener Kerbschnittornamente.

Im letzten Drittel des 16. Jahrhunderts war das *Beschlagwerk* in der niederländischen, skandinavischen und deutschen Baukunst in Mode (Abb. 23). Das reliefartige Ornament, das wie aus Blech ausgeschnitten und mit Nägeln befestigt erscheint, wurde auch im Weserraum zur beherrschenden Flächenzier an Tür- und Fenstereinfassungen, an Brüstungen und Giebeln (Uppenkamp 1993). Seit etwa 1560 war es durch die Stichwerke des Niederländers Hans Vredeman de Vries populär geworden. Eine Variante war das *Rollwerk*, das an den Rändern von Schilden oder Kartuschen eingerollte, aufgebogene und an den Enden vorkragende Bänder ausbildet (Abb. 176). Aus dem Beschlagwerk entwickelte sich das *Schweifwerk* in Gestalt von anschwellenden C- und S-förmigen Voluten. Giebel mit Schweifwerkvoluten setzten sich im Weserraum seit den Schlössern Kassel und Münden, um 1560, durch.

Ornamentale Details waren kein inhaltsleeres Beiwerk, dessen Aufgabe sich auf gefälligen Fassadenschmuck beschränkte. Als sichtbare, im Sinne sozialer Angemessenheit eingesetzte Formen (*decorum*) wurden sie zum Träger von Bedeutungen, die sich dem zeitgenössischen Betrachter mitteilen sollten. Sie waren Symbole herrschaftlicher, juristischer, religiöser oder wirtschaftlicher Autorität. In der bürgerlichen Architektur wurden ökonomische Potenz, Bildungsanspruch und moralisches Ethos der Auftraggeber durch reich verzierte Utluchten oder humanistische Bildprogramme dokumentiert – zum Beispiel als Reliefs mit den Sieben Freien Künsten, Planetengöttern oder Tugenden. Für die politische Macht des Stadtregiments standen prachtvolle Rathausbauten, die, wie in Lemgo oder Münden, in ihrem Aufwand mit benachbarter landesherrlicher Architektur konkurrieren konnten.

Die welschen Giebel von Schlössern wie Neuhaus, Gifhorn und Stadthagen bekundeten die Vertrautheit der Bauherren mit neuen Architekturtrends. Als Ausweis für Modernität dürfte ebenso die Hinwendung zur niederländischen Ornamentik in den 1560er Jahren gegolten haben – sowohl in der herrschaftlichen als auch in der bürgerlichen Architektur. Türme wurden wie in Detmold aus der mittelalterlichen Burg in das Renaissanceschloß integriert oder wie in Brake an der Stelle eines älteren Vorgängers errichtet – sicher als Zeichen für die Kontinuität herrschaftlichen Machtanspruchs (Borggrefe 1999, S. 85). Zum anderen galt der Turm als Sinnbild fürstlicher Tugendhaftigkeit und Weisheit – ein Topos, der sich in der Bilderwelt des Spätmittelalters etabliert hatte (Müller 2004, S. 259–263). Graf Simon VI. zur Lippe dürfte diese Vorstellung geläufig gewesen sein, da er im Braker Schloßturm Bibliothek und Studierstube einrichtete.

Funktionelle Differenzierung im Innern wurde an den Fassaden durch Bauschmuck abgebildet, etwa wenn der Zugang zu den fürstlichen Wohngemächern durch ein besonders prächtiges Portal hervorgehoben wird wie auf der Wewelsburg, oder wenn die für das höfische Zeremoniell wichtigen Küchenräume wie in Stadthagen durch entsprechende genrehafte Motive kenntlich gemacht werden (Beitrag Borggrefe). Zeichenhaften Charakter wird die betont zur Schau gestellte Wehrhaftigkeit besessen haben (Schütte 1994, S. 299 f.). Der tatsächliche Verteidigungswert war mitunter gering, wie die Eckbastionen von Schloß Varenholz nahelegen.

Der niedere Adel, der den Verlust lokaler Macht in der frühen Neuzeit durch ökonomischen Erfolg als Agrar- oder Militärunternehmer teilweise kompensieren konnte (Angermann 1989), übernahm mit seinen Schlössern zunehmend fürstliche Repräsentationsformen. Es entstanden aufwendige Mehrflügelanlagen wie die Hämelschenburg oder Bevern, die den Vergleich mit den Residenzen nicht zu scheuen brauchten.

Das vorliegende Buch stellt erstmals die Schloßbauten des Wesergebiets in einer repräsentativen Auswahl vor. Fast ein halbes Jahrhundert nach Krefts photographischer Bestandsaufnahme erschien eine erneute Dokumentation geboten – nunmehr konzentriert auf Residenzen und Adelssitze. Die begleitenden Texte vermitteln ein korrigiertes Bild der Kunstlandschaft, indem sie sie als offene europäische Region beschreiben, die von vielgestaltigen Einflüssen profitierte. Bei der Auswahl ging es darum, wichtige Herrscher wie Erich II. von Braunschweig-Calenberg, Heinrich Julius von Braunschweig-Wolfenbüttel, Otto IV. von Holstein-Schaumburg, Simon VI. zur Lippe, Dietrich von Fürstenberg oder Wilhelm IV. von Hessen-Kassel als Bauherren vorzustellen. Auftraggeber aus dem Niederadel sind mit Schlössern unterschiedlichen Anspruchs vertreten – mit Zweiflügelbauten wie Thienhausen, über die dreiflügeligen Schlösser Schwöbber und Hämelschenburg, bis hin zu den imposanten Vierflügelanlagen Hehlen und Bevern. Die Zusammenstellung soll den Leser und Betrachter von der Vielfalt und vom Glanz der Renaissanceschlösser beiderseits der Weser überzeugen, aber auch den Blick für die überregionalen Bezüge frühneuzeitlicher Architektur öffnen.

Schelenburg in 1532, on the eastern façade of Schloss Detmold 1553/57. In its usual, generally two-storeyed form, the Utlucht was initially found in the 1560s in burgher's building projects such as the Lemgo Hexenbürgermeisterhaus, built from 1568 to 1571. It quickly became a part of the standard repertoire and was also used in castle construction (Großmann 1989d, p. 22) (illus. 5).

For the frames of gateways and windows, late Gothic forms persisted until about 1560. For Jörg Unkair's castle buildings in particular, for instance at Neuhaus and Stadthagen, *Stabwerk* (bar tracery or mullions), *Astwerk* (branch-motif ornamentation), *Kielbögen* (ogee arches) and *Vorhangbögen* (curtain arches) are popular motifs. These old-fashioned elements often exist alongside pronounced Renaissance forms such as a door framing with a candelabra form within the south wing of Schloss Stadthagen. By the end of the century, aedicule-shaped doorways, oriented on Italian architecture theory, had become established (illus. 93).

Rusticated stone – roughly cut ashlars – were already widespread in the Middle Ages, but became especially so during the Italian Renaissance. In the second half of the 16th century, the *Kerbschnittbossenquader* became a kind of trademark for the stonemasons of the Weser area (illus. 162). The geometric chip-cut ornamentation on the exposed side, resembling waffle irons, is characteristic. The first proven use of chip-cut rusticated stone is at Schloss Uslar around 1560. By about 1600, it advanced to become the leitmotif of entire façade designs, for instance at the Hämelschenburg or the Rattenfängerhaus in Hamelin. The building corners of Erbhof Thedinghausen, 1619/20, present a real potpourri of different chip-cut ornamentation.

In the final third of the 16th century, *Beschlagwerk* (strapwork) was in vogue in Dutch, Scandinavian and German architecture (illus. 23). This relief-like ornamentation, which appears to have been cut out of sheet metal and secured with nails, also became the predominant surface decoration on door and window surrounds, balustrades and gables in the Weser area (Uppenkamp 1993). From around 1560 it became popular through engraving books by the Dutch Hans Vredeman de Vries. A variant was *Rollwerk* (scrollwork), which forms rolled-up and arched bands projecting forwards at the ends around the edges of plaques or cartouches (illus. 176). Out of strapwork, *Schweifwerk* (baroque scrollwork) in the form of C and S shaped volutes developed. Gables with baroque scrollwork volutes became established in the Weser area following the building of Schloss Kassel and Schloss Münden, around 1560.

Ornamental details were not meaningless accoutrements whose role was restricted to the pleasing decoration of façades. As visible forms applied in the spirit of social acceptability (*decorum*) they carried a significance intended to communicate itself to contemporary observers. They were symbols of lordly, judicial, religious and economic authority. In burgher architecture, the economic power, claim to education and moral ethos of the work's commissioner were documented by richly decorated *Utluchten* or series of reliefs with a humanistic theme – for instance, depicting the Seven Liberal Arts, the planetary gods or the Virtues. Grand town halls stood for the political power of the town's government. In terms of the resources involved, they could compete with neighbouring architecture produced by local rulers – as seen in Lemgo or Münden, for instance.

The Italian gables of castles such as Neuhaus, Gifhorn and Stadthagen declared the owners' familiarity with new architectural trends. The adoption of Netherlandish ornamentation in the 1560s may also have been considered an indication of modernity – both in rulers' and bourgeois architecture. As in Detmold, the towers of the medieval castle were integrated into the Renaissance castle, or, as in Brake, towers were erected on the site of an older tower – surely this was a sign of the continuity of the aristocratic claim to power (Borggrefe 1999, p. 85). In other cases the tower was considered a metaphor for princely wisdom and virtue – a topos which had become established in the imagery of the late Middle Ages (Müller 2004, pp. 259–263). This idea would have been familiar to Graf Simon VI zur Lippe, who installed a library and study room in the Schloss Brake tower.

Internal functional differentiation was reflected by architectural decoration on the façades. For instance, the entrance to the ruler's living quarters would be emphasised by an especially grand portal, as with the Wewelsburg, or the kitchen areas, significant for courtly ceremony, picked out with genre motifs appropriate to everyday activity, as in Stadthagen (see contribution by Borggrefe). Prominently displayed martial features would also have had a symbolic character (Schütte 1994, pp. 299 f.). Their actual defensive effectiveness was sometimes minimal, as suggested by the corner bastions of Schloss Varenholz.

The lesser nobility, who during the early modern period were partially compensated for the loss of power in their local areas by economic success in agrarian and military ventures (Angermann 1989), increasingly took on rulers' forms of display in their castles. Costly structures with several wings were built, such as the Hämelschenburg or Bevern, which would bear comparison with rulers' estates.

This book presents for the first time a representative selection of the castles of the Weser area. Almost half a century after Kreft's photographic inventory, a new documentation appeared called for – one concentrated on estates and aristocratic seats. The accompanying texts provide a revised view of the artistic landscape by describing it as an open European region which profited from multitudinous influences. The selection process was aimed at presenting important rulers such as Erich II von Braunschweig-Calenberg, Heinrich Julius von Braunschweig-Wolfenbüttel, Otto IV von Holstein-Schaumburg, Simon VI zur Lippe, Dietrich von Fürstenberg and Wilhelm IV von Hessen-Kassel as commissioners of buildings. Commissioners from the minor nobility are represented by castles with various degrees of ambition – from two-winged buildings such as Thienhausen, to the three-winged castles of Schwöbber and Hämelschenburg, and the imposing four-winged structures of Hehlen and Bevern. The compilation is intended to convince the reader and viewer of the variety and splendour of Renaissance castles on both sides of the Weser, but also to open their eyes to inter-regional connections in early modern architecture.

Uwe Albrecht

Frühneuzeitliche Residenzarchitektur zwischen Weser und Elbe – Erscheinungsbild, Geschichte, Funktion

Als Residenz begreifen wir nicht nur im engeren Sinne die bauliche Konkretisierung eines einzelnen Machthabers, dessen Burg oder Schloß, sondern ein grundlegendes kulturelles und historisches, genauer: verfassungsgeschichtliches Strukturphänomen. Vor dem Hintergrund sich etablierender und konsolidierender Landesherrschaften ist die Entstehung der Residenzen untrennbar verbunden mit der Herausbildung des Hofes als »Organisationsform der Herrschaft« (Moraw 1983), das heißt als personaler Verband. Residenz und Hof sind also gewissermaßen zwei Seiten derselben Medaille.

Seit dem 13. Jahrhundert und zunächst im Einzugsbereich der großen weltlichen und geistlichen Potentaten bemerken wir eine zunehmende Differenzierung sozialer, funktionaler und räumlicher Strukturen bei gleichzeitiger Verfestigung der aus den Hofämtern erwachsenden Verwaltungsorgane. Diese folgen fortan nicht mehr dem Landesherrn bei seinen Ortsveränderungen. Mit voranschreitender Schriftlichkeit war es weder ratsam noch möglich, binnen kurzer Zeitabstände die Urkundenkopiare, Rechnungs- und Amtsbücher jeweils zu verladen und auf eine andere Burg zu bringen. »Der Landesherr herrschte [...] nicht mehr durch seine Person, sondern er regierte und verwaltete durch seine Behörden [...]« (Patze und Streich 1982, S. 210.) Der sichtbare Niederschlag bleibt dabei nicht auf den herrschaftlichen Kernbereich, das Innere der Burg, des Schlosses oder Palastes beschränkt, sondern ergreift schrittweise Besitz von dem näheren und weiteren Umfeld: der Burgfreiheit, der Stadt, ja des ganzen Territoriums.

Residenzen verkörpern also gewissermaßen den zweiten Schritt in der Herausbildung der mittelalterlichen Ständegesellschaft. Sie spiegeln ihre Vervollkommnung auf dem Wege zum frühneuzeitlichen Staat. An der Schwelle zum Spätmittelalter verwandelte sich mit der demographischen Verdichtung, der wirtschaftlichen Verflechtung und der dynastisch-politischen Vernetzung der europäischen Territorien die herrschaftliche Machtzentrale in einen komplexen Organismus, in ein Kraftzentrum, dessen vielfältige Funktionsbereiche immer deutlicher nach materiell und räumlich selbständigen Realisierungen strebten.

Architektonische Kategorien berührten nun nicht mehr nur im engeren Sinne unter praktischen und ästhetischen Aspekten den Wohn- und Herrschaftssitz des Herrn, sondern zunehmend auch die Lokalitäten, in denen sich die den Hof konstituierenden Institutionen versammelten. Hierzu gehören die Organe der Verwaltung und Versorgung, der Rechtsprechung und Verteidigung, der Bildung und des Kultus. Kanzlei und Rechnungskammer, Archiv und Gericht, Magazin und Stallung, Wasserkunst und Mühle, Zeughaus und Festungsanlagen, Schule und Bibliothek, Kunstkammer und Galerie, Residenzkirche und Fürstengrablege, ja öffentliche Monumente der Dynastie rücken Zug um Zug ins Blickfeld. Mit anderen Worten: Neben dem Nukleus des Fürsten und seiner Familie stehen verstärkt die Orte all jener bislang als Haushalt bekannten Personengruppen vor Augen, deren Zusammenleben und Funktionieren seitdem durch Ordnungen sanktioniert und systematisiert werden.

Die Anfänge frühneuzeitlicher Residenzarchitektur finden sich auf dem Boden des Alten Reiches mit besonderer Verdichtung zwischen Weser und Elbe, zunächst im mitteldeutschen Bereich, in den Territorien der 1423 zu Kurfürsten von Sachsen aufgestiegenen Wettiner, die sich 1485 folgenreich in zwei Linien teilen sollten, den später reformatorisch gesinnten Ernestinern mit Residenzen in Wittenberg und Torgau und den kaisertreuen Albertinern mit der Hauptresidenz Dresden. Bereits 1471 war auf dem Domberg von Meißen, unmittelbar neben der gotischen Bischofskirche, die im 15. Jahrhundert zur neuen Grablege der Dynastie bestimmt worden war, an der Stelle der alten Markgrafenburg mit dem Bau eines ersten kurfürstlichen Residenzschlosses begonnen worden.

Seine Architektur vereinigte erstmals zahlreiche neuartige Elemente profanen Bauens, deren innovatives Potential in kürzester Zeit eine Breitenwirkung entfaltete, wie sie zuvor in Deutschland nur aus dem Sakralbau bekannt war. Das gilt für das in Meißen perfektionierte Zellengewölbe oder die mit vorhangartigem Sturz abschließenden Hauptfenster ebenso wie für die aus französischer Tradition vermittelten axialen Fensterbahnen mit den zumeist exakt darüber plazierten Lukarnen des Dachgeschosses. Besondere Aufmerksamkeit erfährt der wirkmächtig vor die Hoffassade tretende Treppenturm mit seinen Erscheinungslogen, die als schmale Gänge geschoßweise in das tektonische Gerüst der transparenten Konstruktion integriert sind. Umgekehrt treten aus der Sakralarchitektur geläufige Elemente, wie Spitzbögen, Maßwerk, Strebepfeiler, Fialen, Wasserspeier oder Wimperge, an den nüchternen und nur durch umlaufende Kaffgesimse sparsam gegliederten Fassaden der Albrechtsburg in den Hintergrund, sieht man von der bewußten Bündelung und Zurschaustellung dieses Formenrepertoires im semantisch aufgeladenen Haupttreppenturm einmal ab.

Als innovativ erweist sich die großzügig bemessene Herrschaftsarchitektur auch in ihrem Inneren. Das ungewöhnlich komfortable Residenzschloß, das durch seine großen Fenster Helligkeit und Schauerlebnis miteinander verbindet, besitzt eine kluge und übersichtliche Raumanordnung mit mehreren bequem erschlossenen Appartements. Diese sind wahlweise von der Haupt- oder Nebentreppe aus zugänglich und im ersten Obergeschoß einem großen zentralen Festsaal und einer geräumigen *Hofstube* beigeordnet und umfassen grundsätzlich je eine heizbare Wohnstube sowie eine unbeheizte Schlafkammer mit Aborten. Im Falle des kurfürstlichen Appartements im zweiten Obergeschoß gibt es zusätzlich einen Kabinettraum, der, auf der dem Hoftreiben abgewandten Elbseite als *chambre haute* unmittelbar über der Kapelle gelegen und wie diese exquisit ausgestaltet, dem intimen Rückzug in der Art der französischen *estudes* oder der italienischen *studioli* vorbehalten war, vielleicht aber auch als Privatoratorium gedient haben mag.

Das in Meißen verwirklichte Raumkonzept, das neben den repräsentativen Sälen, der Kapelle und den in der Regel zu ebener Erde liegenden Lokalitäten für die Verwaltung und Versorgung vor allem das von Stephan Hoppe (1996) so bezeichnete *Stubenappartement* aus heizbarem Wohn- und kaltem Schlafraum umfaßte, fand nachhaltig Eingang in den mitteldeutschen Schloßbau und, von dort ausstrahlend, weite Verbreitung im ganzen Reich. Über Vorräume dem Wegenetz der horizontalen und vertikalen Kommunikation angeschlossen, bezogen diese eigentlichen Fürstenwohnungen mit ihren abgestuften Zugangsberechtigungen gern Ecktürme oder

Uwe Albrecht

Early-modern estate architecture between the Weser and the Elbe – appearance, history, function

What we understand by an estate is not only its narrow sense of the architectural self-assertion of an individual ruler, his castle or castle, but a fundamental cultural and historical, or to be precise, constitutional-historical structural phenomenon. Against a background of territories becoming established and consolidated, the origin of the estates is inseparably linked to the development of the court as an »organisation form of ruling« (Moraw 1983), that is, as a personal association. Estate and court are therefore to a certain extent two sides of the same coin.

From the 13th century onwards, initially in the settlement areas of the great secular and clerical potentates, we begin to notice an increasing differentiation of social, functional and spatial structures combined with firm establishment of the administrative organs which developed from the courtly offices. These no longer followed the local ruler when he changed location. With increasing use of the written word, it was neither advisable nor possible to pack the copies of charter, account and administration books and transport them to another castle within a short space of time. »The local ruler no longer ruled [...] in his own person, but ruled and administrated through his officials [...]« (Patze and Streich 1982, p. 210). The visible results of this were not restricted to the ruler's inner sanctum, the interior of the castle, chateau or castle, but gradually took possession of the immediate and wider surroundings: the *Burgfreiheit*, the town, in fact the entire territory.

To some extent, therefore, estates embody the second stage of the development of the medieval class-based society. They reflect its perfection in the transition to an early modern state. At the threshold to the late Middle Ages, in tandem with demographic concentration, economic ties and the dynastic-political network forming between European territories, the lordly centre of power is transformed into a complex organism, a power centre whose varied functional areas strive more and more perceptibly towards materially and spatially independent realisations.

Architectonic categories did not only affect the residential and governing seat of a ruler in their narrowest sense, in the practical and aesthetic aspects, but increasingly affected the localities in which the institutions which constituted the court were gathered. Organs of administration and maintenance, jurisdiction and defence, education and cultural affairs belonged to this group. Chancelleries and audit offices, archives and courts of law, arsenals and stabling, waterworks and mills, armouries and fortifications, schools and libraries, art treasuries and galleries, estate chapels and ruler's burial places, even public dynastic monuments come into view, row on row. In other words, aside from the nucleus of the ruler and his family, the locations of all the groups of people formerly known as the household, whose interaction and functioning were now sanctioned and systematised by regulations, become more prominently visible.

The first examples of early modern estate architecture within the territory of the *Altes Reich*, or Holy Roman Empire, are found in particular density between the Weser and the Elbe, initially in the central-German area, in the territories of the Wettin dynasty, who became the Kurfürsten (prince electors) of Saxony in 1423, whose division in 1485 into two lines was to have momentous consequences – the Ernestines, later supporters of the Reformation, with estates in Wittenberg and Torgau, and the Albertines, supporters of the emperor whose main estate was in Dresden. As early as 1471, the building of the first castle estate of the Kurfürsten was begun on the site of the old Markgrafenburg, on the Domberg (cathedral hill) of Meissen, immediately next to the

1. Meißen, Albrechtsburg, begonnen 1471. Hoffassade.
2. Torgau, Schloß Hartenfels. Hoffassade des Johann-Friedrich-Flügels, 1533–36.

1. Meißen, Albrechtsburg, begun in 1471. Courtyard façade.
2. Torgau, Schloss Hartenfels. Courtyard façade of the Johann-Friedrich-Flügel, 1533–36.

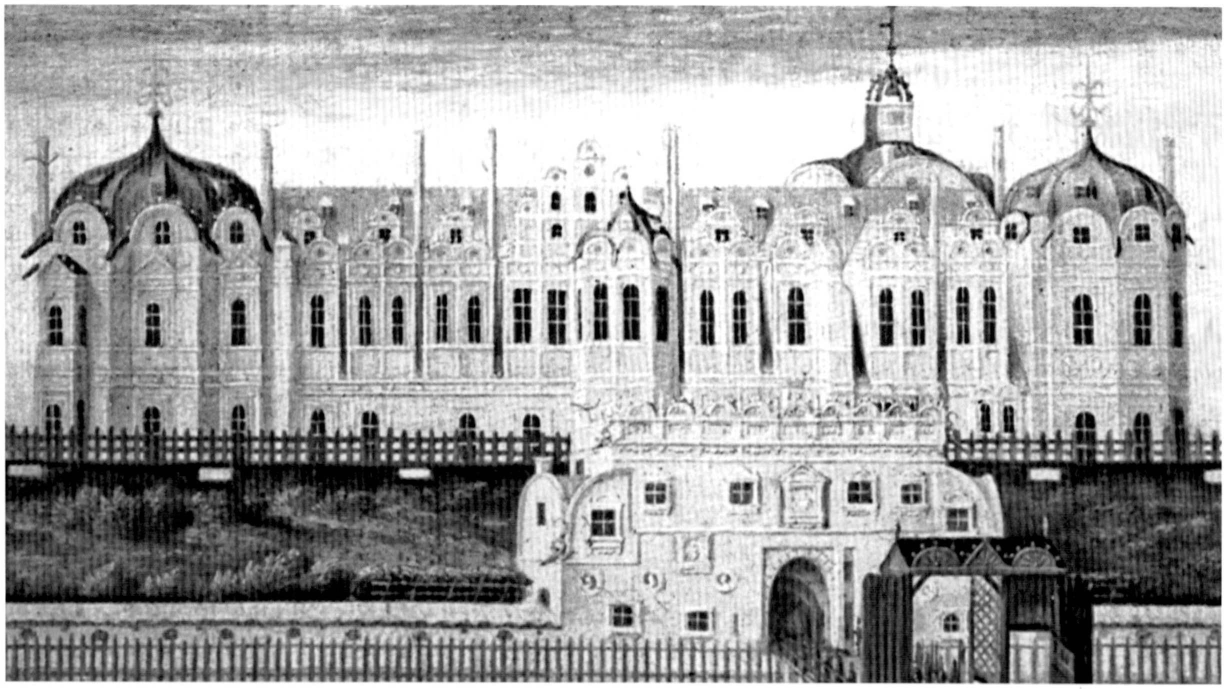

Erker mit ein, aus denen der Blick in den Hof fiel, nach Möglichkeit aber auch absichtsvoll auf das gestaltete oder natürliche Umfeld, den Schloßgarten oder die offene Landschaft, das landesherrliche Territorium.

Das unter Kurfürst Friedrich III. dem Weisen seit 1489 unweit der Elbe errichtete Kernschloß von Wittenberg kann hierfür beispielhaft stehen. Während die beiden *Stubenappartements* des Kurfürsten und seines mitregierenden Bruders Johann in den nach Westen weisenden runden Ecktürmen des zentralen *Corps de logis* liegen, sind die Wendeltreppen in die Hofecken gerückt und bleiben hinter Loggien halbtransparent erkennbar, so daß der Aufsteigende geschoßweise wahrgenommen werden kann und seinerseits den Blickbezug zum Hof behält.

Diese Besonderheit mitteldeutscher Treppenführungen kehrt auch in den gut eine Generation jüngeren Wendelsteinen des Johann-Friedrich-Baus von Schloß Hartenfels in Torgau (ab 1533) und des Joachim-Baus am Berliner Stadtschloß (begonnen 1538 von Caspar Theiß, nicht erhalten) wieder, allerdings in weitaus wirkungsvollerer Turmgestalt, komplett durchbrochen und auf das statisch notwendige Skelett von tragenden Pfeilern und eingehängtem Treppenlauf mit ornamentierter Brüstung reduziert. In Torgau und Berlin standen zudem Außenlaufgänge, Freitreppen und Altane mit den Wendelsteinen in Verbindung und etablierten so ein System des Sehens und Gesehenwerdens, das diesen Schlössern eine neue Dimension der aktiven und passiven Wahrnehmung im zeremoniellen Rahmen höfischer Ereignisse verlieh. *Trompetergänge*, offene oder gedeckte fassadenparallele, häufig vorkragende Laufgänge dienten der akustischen Untermalung festlicher Veranstaltungen, aber auch dem täglichen Aufruf zu den Mahlzeiten. Erhalten blieben sie in mehreren Schloßhöfen vor allem im Bereich der sogenannten *Weserrenaissance*, so zum Beispiel in Bückeburg (um 1560, Abb. 38) oder in Detmold (1557, Abb. 50).

Charakteristisch für das äußere Erscheinungsbild frühneuzeitlicher Schlösser waren nicht zuletzt die Dachzonen, die zunehmend durch ihren besonderen architektonischen Aufwand hervortraten. Zwerchhäuser, Großgauben mit zwei oder mehr Fenstern und giebelartig breit ausgebildeten Stirnen, reihten sich mit Vorliebe zum Hof und zur Feldseite hin und konkurrierten dort mit den gleichzeitig höher und reicher werdenden Turmbekrönungen (zum Beispiel Wittenberg, ab 1489, oder Halle, Moritzburg, ab 1484). Diese silhouettenwirksamen Dachkränze waren vor allem auf Fernwirkung berechnet und verdankten ihre Beliebtheit nicht zuletzt dem Umstand, daß die im Einklang mit der neuen Waffentechnik stehenden hohen Erdwälle, gemauerten Rondelle und bastionierten Fronten die Außenfassaden des Schlosses mehr und mehr verbargen, wie es zeitgenössische Ansichten für Celle, Detmold oder Bückeburg überliefern.

Im Einzugsbereich der *Weserrenaissance* kann die Welfenresidenz in Celle exemplarisch für die Genese und das Erscheinungsbild eines frühneuzeitlichen Fürstensitzes stehen (Streich 2000, U. Albrecht 2003). Nicht zufällig wendet sich der repräsentative Saalbau, der in mehreren Bauabschnitten zwischen dem späten 14. und dem mittleren 16. Jahrhundert entstand, der östlich gelegenen Stadt zu, die jenseits von Wall und Graben mit diesem optisch und faktisch korrespondiert. So finden sich im Vorfeld des Schlosses seit dem 16. Jahrhundert die wichtigsten administrativen und ökonomischen Lokalitäten des Hofes: die Kanzlei und die Münze, die Apotheke und das Brauhaus, der Kornboden, die Hofschmiede und die Stallungen für die Reitpferde. Auch die herzogliche Stechbahn fehlt nicht. Sie liegt in bester Position zuschauerfreundlich zwischen Schloßbrücke und Stadtkirche. Noch heute trägt der dortige Straßenzug ihren Namen. Dahinter paradieren in den regelmäßig verlaufenden Straßen der Stadt die fast ausnahmslos giebelständigen Fachwerkhäuser, deren nahezu geschlossener Bestand weitgehend noch dem 16. und 17. Jahrhundert entstammt.

Wahrzeichenhaft hervorgehoben durch seine lange Reihe eng stehender Zwerchhäuser, nimmt der Ostflügel des Celler Schlosses im Erdgeschoß die *Hofstube* und im ersten Obergeschoß den großen Festsaal (sogenannter *Rittersaal*) auf, der mit einer Erstreckung von 37,75 x 11,65 m einer der stattlichsten seiner Zeit in Norddeutschland war und dessen Deckenunterzug vermittels einer ausgeklügelten Konstruktion vom zwei Geschosse darüber liegenden Dachwerk getragen wurde. Im zwei-

3. Ludger tom Ring d. J., Schloß Celle, Altarretabelflügel, um 1570. Öl auf Holz. Detail. (Celle, Schloßkapelle.)
4. Ludger tom Ring d. J., Schloß Gifhorn, Altarretabelflügel, um 1570. Öl auf Holz. Detail. (Celle, Schloßkapelle.)

3. Ludger tom Ring the Younger, Schloss Celle, altarpiece wing, around 1570. Oil on wood. Detail. (Celle, Schlosskapelle.)
4. Ludger tom Ring the Younger, Schloss Gifhorn, altarpiece wing, around 1570. Oil on wood. Detail. (Celle, Schlosskapelle.)

Gothic episcopal church which in the 15th century was chosen as the dynasty's new burial place.

Its architecture united for the first time numerous new elements of secular construction, whose innovative potential quickly developed into a widespread impact of a kind only known before in Germany in sacred buildings. This applies to the cell-vaulted ceiling perfected in Meissen and the main window concluded with a curtain-like lintel as well as the axial window lines which stem from the French tradition, usually with the lucarne windows of the loft placed directly above. The impressive staircase tower in front of the façade facing the courtyard with its appearance lodges, which are integrated into the tectonic scaffolding of the transparent construction as storeys in the form of narrow passages, was the subject of especial interest. On the other hand, elements common in sacred architecture such as arches, tracery, buttresses, flying buttresses, gargoyles and pinnacles are underplayed on the sober façades of the Albrechtsburg, which are partitioned economically using only spanning *Kaffgesimse* (prominent, projecting cornices between two storeys), if one disregards the concentration and ostentation of this formal repertoire in the semantically charged main stair tower.

This expansively proportioned and imposing architecture also proves to be innovative in its interior. The unusually comfortable castle estate, which combines lightness and good views thanks to its large windows, possesses an intelligent and easily comprehensible layout of rooms with several comfortable connected apartments. These can be accessed from either the main or side staircase. On the first storey, they are arranged around a large central banqueting hall and a spacious court parlour. They are always fundamentally situated around a healable living room and an unheated bedroom with lavatories. In the case of the Kurfürst's apartment on the second storey there is also a cabinet room which is situated directly above the chapel and just as exquisitely appointed, on the side facing the Elbe and turned away from court activity. This is a *chambre haute*, reserved as an intimate retreat like the French *estudes* or Italian *studioli*, but it may also have served as a private chapel.

The spatial concept realised in Meissen, which above all, apart from the ostentatious halls, the chapel and the locations for administration and maintenance, which are generally on the ground floor, involves the apartment described by Stephan Hoppe (1996) as a *Stubenappartement*, consisting of a heatable living room and cold bedroom, made a lasting impression on central-German castle construction and, radiating from this, achieved a widespread distribution throughout the whole empire. Connected to the network of horizontally and vertically communicating passageways by anterooms, these actual ruler's residences with their hierarchical rights of entry often had corner towers or window bays with a view of the courtyard, or possibly intentionally offering a view of the landscaped or natural surroundings, the castle garden or the open scenery; the local ruler's territory.

The Schloss Wittenberg, erected by Kurfürst Friedrich III the Wise from 1489 onwards not far from the Elbe, is an example of this. While the prince elector's and his co-reigning brother Johann's *Stubenappartements* are situated in the west-facing corner towers of the central *corps de logis,* the spiral staircases are situated in the corners of the courtyard and are semi-transparent behind their loggias so that anyone ascending is visible as they reach certain storeys, and for their part retains a line of sight to the courtyard.

This peculiarity of central-German stairways also reappears in the spiral staircases of Johann Friedrich's building Schloss Hartenfels in Torgau (after 1533) and Joachim's building at the Berliner Stadtschloss (begun in 1538 by Caspar Theiss, no longer in existence), which are at least a generation more recent – admittedly with a much more effective tower form, completely open and reduced to the statically necessary skeleton of load-bearing pillars and suspended staircase with an ornamental parapet. In Berlin and Torgau external walkways, open staircases and terraces were also found in connection with the spiral staircase, establishing a system of seeing and being seen which lent these castles a new dimension of active and passive perception in the ceremonial framework of courtly occasions. *Trompetergänge,* open or covered walkways, often projecting, running parallel to the façade, were an aid to the acoustic back-

ten Obergeschoß und auch im unteren Dachgeschoß folgen Wohnräume für Gäste. Ein im 19. Jahrhundert niedergelegter Treppenturm im Hof erschloß nicht nur sämtliche Geschosse, sondern bediente zugleich auf Höhe des Saales wohl schon seit dem späten 15. Jahrhundert – wie später in Torgau und Berlin – steinerne Außenlaufgänge. Von ihrer offenen Plattform aus bot sich ein hervorragender Blick in den Hof, wo Empfänge, vielleicht auch Turniere und andere Ritterspiele, ihren Ort hatten. Die Brüstung schmückte ein langer Zyklus dynastischer Wappen nord- und mitteldeutscher Landesherren, der ergänzt wurde von stark plastischen Brustbildern legendärer Herrschergestalten – eine absichtsvolle Demonstration der Anciennität, Standesqualität und politischen Potenz des in Celle regierenden Welfenhauses (Abb. 47, 48).

Über den Außenlaufgang erreichte man nicht zuletzt auf kürzestem Weg die Schloßkapelle (Abb. 45) und das mit ihr verbundene Appartement der Herzogin, das wohl während des 16. Jahrhunderts im Südflügel und möglicherweise auch im südlichen Teil des Westflügels zu lokalisieren ist. Das Appartement des Herzogs scheint sich hingegen in direktem Anschluß an den Festsaal über der ehemaligen Hofzufahrt befunden zu haben. Auch von dort aus ist die Kapelle im Emporenbereich zu betreten (Zweite 1991). Eine ähnliche Distribution kann für das Gifhorner Schloß (um 1530–47) erschlossen und im Kapellenflügel des Schlosses Hartenfels noch heute betrachtet werden. Beide Vergleichsbeispiele besitzen, wie das Celler Schloß, in den Kapellen mehrgeschossige Emporeneinbauten, deren untere Ebene regelmäßig dem Fürsten, die obere seiner Gemahlin und den Kindern vorbehalten war (Abb. 46). Beide wurden jeweils von den Stuben des anschließenden *Corps de logis* aus betreten, die – so geben es für Gifhorn zuverlässige Pläne des 18. Jahrhunderts wieder – auf der Hofseite ein schwebender Erker auszeichnete, der in Torgau an entsprechender Stelle noch erhalten ist. In Gifhorn und Torgau kommunizierten – wie in Celle – die fürstlichen Appartements über Gänge mit einem vor die Hoffassade gestellten polygonalen Treppenturm, der im Falle der wettinischen Residenz noch dem spätgotischen Vorgängerbau (*Alter Hofstubenbau*) angehörte und bereits 1474 nach Meißener Art als ein von Strebepfeilern und Schwibbögen gehaltener offener Wendelstein durch Arnold von Westfalen errichtet worden war. Der Torgauer Treppenturm ist nach einem Brandschaden 1791 abgebrochen worden, seine Fundamente konnten jedoch von Peter Findeisen und Heinrich Magirius bei Ausgrabungen im Schloßhof eindeutig nachgewiesen werden. Den Gifhorner Treppenturm, ebenfalls längst verschwunden, ersetzt heute ein modernes gläsernes Treppenhaus über einem polygonalen Steinsockel, der an die ursprüngliche Konstruktion erinnern soll.

Die bereits in Celle spürbare Tendenz, Schloß und Stadt beziehungsreich miteinander zu verbinden, kann für die hier zur Diskussion stehende Region geradezu mustergültig in Wolfenbüttel beobachtet werden, denn das Bau- und Geschichtsdenkmal der dortigen Welfenresidenz ist – wie nur wenige andere vergleichbare Fürstensitze – bis auf den heutigen Tag nahezu unverändert erlebbar geblieben (Thöne 1952, 1954, 1963). Mit seinen durch ehemalige Festungswälle bedingten Zäsuren, den schiffbaren Kanälen und Gräben, den geradlinigen, breiten Straßen und regelmäßigen Platzanlagen, den profanen und sakralen Großbauten gehört dieses gut erhaltene Ensemble zu den eindrucksvollsten Leistungen frühneuzeitlicher urbanistischer Architektur in Deutschland (Uppenkamp 1996, 2005).

1432 nach heftigen Auseinandersetzungen mit der nach Selbstverwaltung strebenden Hansestadt Braunschweig zur Residenz des Herzogtums Braunschweig-Wolfenbüttel erhoben, bildete sich bereits im 15. Jahrhundert an den Ufern der Oker ein erster Ortskern, der zu Beginn des 16. Jahrhunderts zusammen mit der Burg zur Dammfestung ausgebaut wurde. Östlich davon entstand wenig später um die Kirche Zu unser lieben Frau eine zweite Ansiedlung, die in der zweiten Hälfte des 16. Jahrhunderts unter den Herzögen Heinrich dem Jüngeren und Julius planmäßig zur sogenannten Heinrichstadt vergrößert und ebenfalls mit Festungswällen umgeben wurde. Mit der herzoglichen Kanzlei im Mittelpunkt, um die herum sich bald stattliche Hofbeamtenhäuser reihten, entwickelte sich hier ein funktionstüchtiges Verwaltungszentrum, das im frühen 17. Jahrhundert mit der Hauptkirche und herzoglichen Grablege Beatae Mariae Virginis, dem seinerzeit größten protestantischen Kirchenneubau des Nordens, seine im wahrsten Sinne des Wortes alles überragende städtebauliche Dominante erhielt (Möller 1987).

Den zweiten Akzent im Stadtbild setzt noch heute der 1614 vollendete *Hausmannsturm* des Herzogsschlosses (Grote 2005), dessen Entwurf wohl zu Recht dem Erbauer der Kirche, dem Wolfenbütteler Hofbaumeister Paul Francke, zugewiesen werden darf (Abb. 185). Ihm ist auch das ein Jahr zuvor begonnene mächtige Zeughaus zu verdanken, das, dem fürstlichen Nukleus unmittelbar zugeordnet, nunmehr friedlichen Zwecken dient und hinter seinen festen Mauern einen Teil der einzigartigen Bestände der Herzog-August-Bibliothek in sich aufgenommen hat. Seine hohen, mit Schweifwerkvoluten besetzten und von Ecksteinquadern eingefaßten Giebel- und Zwerchhausfronten übertreffen bei weitem die einstige Erscheinung des Schlosses, das vor seiner barocken Überformung eher sparsam ausgebildet war, sieht man von der zwischen 1556 und 1559 errichteten Schloßkapelle, die 1795 dem Abbruch zum Opfer fiel, einmal ab. Ihre unverkennbare Silhouette mit der *welschen Haube*, einer kühn geschwungenen Dachkonstruktion, die durch eine zweifach gestufte, achteckige Laterne bekrönt wurde, ist ebenso wie das Renaissanceschloß nur auf älteren Stadtansichten überliefert.

Erst im späten 19. Jahrhundert erfuhr das Bückeburger Schloß seine historistische Ummantelung, die der Eingangsfassade ein bis dahin nicht vorhandenes symmetrisches Aussehen gab (Borggrefe 1994). Ins Zentrum rückte jetzt der einst neben der Hofzufahrt wachende mittelalterliche Wohnturm, das Wahrzeichen der Burg, der symbolisch Alter und Würde des Hauses verkörperte, das hier herrschte. Graf Otto IV. von Holstein-Schaumburg hatte zwischen 1560 und 1563 die Burg zu einer unregelmäßigen Vierflügelanlage erweitern lassen, wobei – wie im benachbarten Stadthagen – die von dem schwäbischen Baumeister Jörg Unkair (tätig seit 1524, gest. 1553) im Weserraum eingeführten charakteristischen lünettenbekrönten *welschen Giebel* das Erscheinungsbild der über zwei Geschosse aufragenden Zwerchhäuser bestimmten (Abb. 38). Die unter seinem Vater begonnene Erneuerung setzte Graf Ernst, der 1601, nach dem überraschenden Tod seines regierenden Stiefbruders und dessen Sohns, als alleiniger Souverän an die Macht gekommen und 1619 vom Kaiser in den Fürstenstand erhoben wurde, konsequent fort. Er konzentrierte sich dabei aber einerseits auf den Ausbau der Innen-

5. Wolfenbüttel, Stadtkirche Beatae Mariae Virginis, 1608 bis 1624.

5. Wolfenbüttel, Beatae Mariae Virginis municipal church, 1608–24.

ground of ceremonial occasions, but also to the daily call to meals. They are preserved in many castle courtyards, especially in the so-called *Weserrenaissance,* for instance in Bückeburg (around 1560, illus. 38) or in Detmold (1557, illus. 50).

One characteristic feature of the external appearance of early modern castles was the roof area, which became increasingly emphasised due to the architectonic resources expended on it. Gable windows and large dormers with two or more windows and gable-like broad fronts were usually aligned towards the courtyard or the surrounding area, competing with the turrets which were simultaneously growing higher and richer (for instance Wittenberg, from 1489 onwards, or Halle, Moritzburg, from 1484 onwards). These silhouette-creating roof-top structures were primarily intended to be effective at a distance, and owed their popularity not least to the fact that the higher ramparts, walled roundels and bastioned fronts which arrived in conjunction with new weapon technology hid castles' external façades more and more, as shown by contemporary views of Celle, Detmold and Bückeburg.

In the area influenced by the *Weserrenaissance*, the Welf estate in Celle can be considered a typical example of the genesis and appearance of an early modern ruler's seat (Streich 2000, U. Albrecht 2003). It was no coincidence that this impressive roofed hall, which was built in several building phases between the late 14th and the mid 16th century, turns toward the city to the east, which, beyond the wall and moat, corresponds with it optically and actually. From the 16th century onwards, the most important administrative and economic localities of the court came together before the castle: the chancellery, the mint, the apothecary and the brewery, the granary, the court smithy and stabling for the riding horses. Nor is the ducal tournament area (*Stechbahn*) lacking. It is situated in the optimum place, between the castle bridge and the city church, ideal for spectators. The street leading to it bears its name to this day. Behind it in the regular streets is a parade of half-timbered houses, almost all gable-end on to the street, of which almost all date from the 16th and 17th centuries.

Standing out emblematically due to its long row of closely-spaced dormers, the east wing of Schloss Celle houses the court parlour on its ground floor and the great banqueting hall (known as the *Rittersaal*) on the first floor, which, with a length of 37.75 x 11.65 m is one of the stateliest of its time in north Germany and whose ceiling beam is supported by the roofing structure two storeys above it, thanks to an ingenious construction. Rooms for guests are located in the second storey and in the lower attic storey. A stair tower in the courtyard demolished in the 19th century not only connected all storeys, but also serviced stone external walkways on the same level as the hall, most likely in existence since the 15th century, as seen later in Torgau and Berlin. Its open-air platform offered an excellent view of the courtyard, where receptions and possibly tournaments and other chivalric contests took place. Its parapet was decorated by a long cycle of dynastic coats of arms of north and central-German local rulers, which is complemented by busts of legendary rulers in high relief – a pointed demonstration of the ancient lineage, high rank and political power of the house of Welf which reigned in Celle (illus. 47, 48).

Significantly, the external walkway is the quickest way to reach the castle chapel (illus. 45) and the duchess' apartment which is connected with it, which during the 16th century was probably located in the south wing and possibly also in the southern part of the west wing, whereas the duke's apartment appears to have been directly connected with the banqueting hall, above the former entrance to the courtyard. The gallery area of the chapel can also be reached from there (Zweite 1991). A similar layout can be deduced for the castle at Gifhorn (built around 1530–47), and can still be seen in the chapel wing of Schloss Hartenfels today. Both of these parallel examples, like Schloss Celle, possess multi-storeyed gallery fixtures with the lower level consistently reserved for the ruler, and the upper level reserved for his consort and their children (illus. 46). Both are entered via the rooms of the connected *Corps de logis* which – according to reliable plans of Gifhorn from the 18th century – were often characterised by a floating bay window facing the courtyard, which is preserved at Torgau in the appropriate position. At Gifhorn and Torgau – as at Celle – the ruler's apartments are connected by passages to a polygonal stair tower situated in front of the façade facing the courtyard, which in the case of the Wettin estate was still an example of the preceding late Gothic building style (*Alter Hofstubenbau*), built as early as 1474 by Arnold von Westfalen in Meissen fashion as an open spiral staircase supported by flying and standard buttresses. The Torgau stair tower was demolished following a fire in 1791, but clear remains of its foundations were found by Peter Findeisen and Heinrich Magirius in an excavation of the courtyard. The Gifhorn stair tower, also long gone, has today been replaced by a modern glass stairwell over a polygonal stone pedestal intended to be reminiscent of the original construction.

Within the region we are discussing, Wolfenbüttel can be considered the epitome of the tendency noticeable in Celle to connect castle and town with a wealth of correspondences. The Welf estate there, with its architectural and historical significance, is – like few other similar ruler's seats – still to be seen, almost unchanged (Thöne 1952, 1954, 1963). With its division regulated by former fortress walls, its navigable canals and trenches, its straight, broad streets and regularly situated squares and the secular and sacred large-scale buildings, this well-preserved ensemble is one of the most impressive achievements of early modern urban architecture in Germany (Uppenkamp 1996, 2005).

This town, elevated to become the estate of the Duchy of Braunschweig-Wolfenbüttel in 1432 after considerable differences with the Hanseatic city of Braunschweig, which was striving for self-government, was already spreading on the banks of the Oker in the 15th century. At the beginning of the 16th century, it was expanded to form the so-called *Dammfestung* together with the castle. A little later, a second settlement grew up to the east around the church *Zu unser lieben Frau*. In the second half of the 16th century under the rule of the dukes Heinrich the Younger and Julius it was expanded according to their plans to form the *Heinrichstadt*, and also surrounded with fortress walls. With the ducal chancellery in the centre, around which the houses of court officials were soon clustered, a functional administration centre developed. In the early 17th century, with the building of the main church and the ruling family's burial place *Beatae Mariae Virginis*, the largest new Protestant church building of its time in north Germany, it achieved a towering domination of the town's architecture in every sense of the word (Möller 1987).

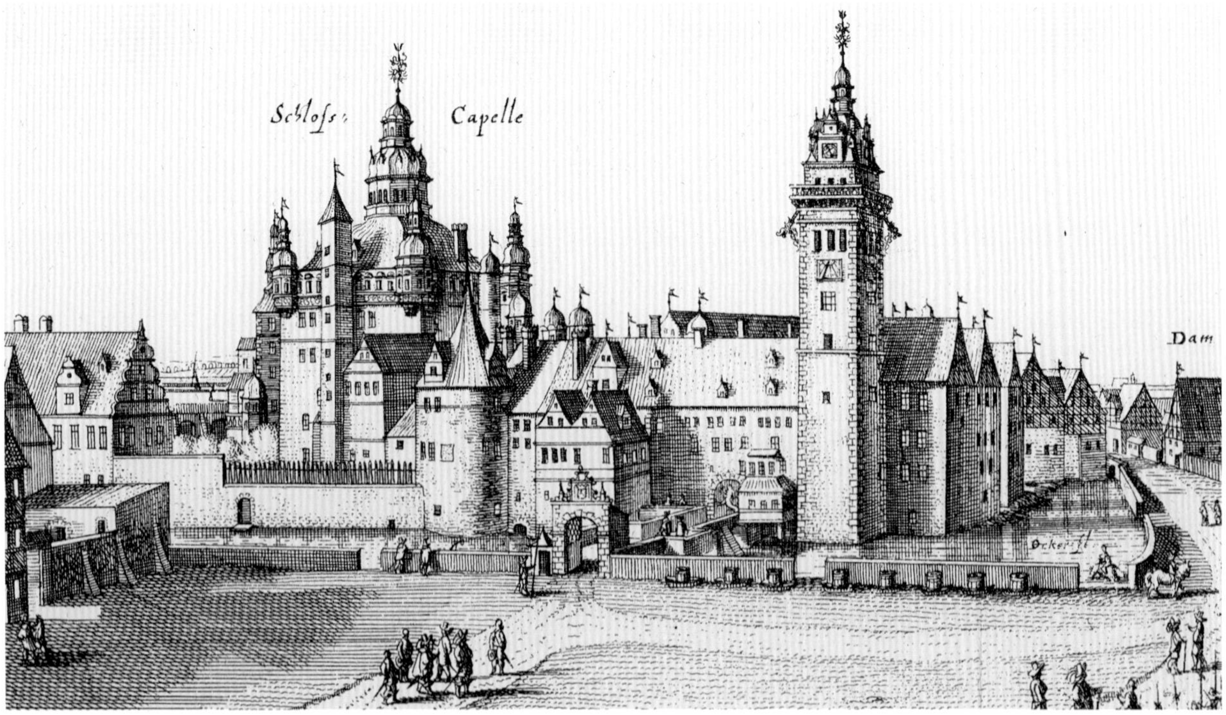

räume, deren Ausstattung bereits zwischen 1603 und 1608 in ungewöhnlich prachtvoller Weise Gestalt annahm (Abb. 39, 40), andererseits auf die Anlage eines repräsentativen Zugangs sowie eines neuen großen Gartens, der ab 1606 jenseits des breiten Wassergrabens im Westen der kanonenbewehrten Festungswälle entstand. Neben den heimischen Kunsthandwerkern, zu denen vor allem die Hildesheimer Bildhauer Ebbert d. J. und Jonas Wolff (Wulff) zählten, stand eine Reihe bedeutender Künstler in seinen Diensten, darunter der in Venedig unter dem Einfluß von Tintoretto geschulte Augsburger Maler Johannes Rottenhammer und der Kunstintendant des sächsischen Hofes, Giovanni Maria Nosseni. Rottenhammer scheint es gewesen zu sein, der für die plastische Ausgestaltung des ernestinischen Mausoleums am Chor der Stadthagener Martinikirche von Anfang an keinen Geringeren als Adriaen de Vries, den kaiserlichen Kammerbildhauer Rudolfs II., nach Bückeburg empfahl, wo dieser im übrigen auch 1615 das Taufbecken für die Stadtkirche und 1621 die beiden großen Bronzegruppen *Raub der Proserpina* und *Abschied der Venus von Adonis* schuf, die zu beiden Seiten der Schloßbrücke standen (heute Berlin, Bodemuseum).

Wie sein älterer Zeitgenosse Herzog Julius in Wolfenbüttel, so strebte auch Fürst Ernst danach, Schloß und Stadt zu einem beziehungsreichen Gesamtorganismus zu vereinen (Habich 1969). Das Bückeburg seines Vaters wurde durch Ernst auf mehr als das Doppelte erweitert. Neue Festungswälle umgaben den Ort, der 1609 Stadtrechte erlangte. In der Achse der Schloßzufahrt, die seit 1605 durch einen triumphalen Torbogen betont wird (Abb. 35), entstand ein Marktplatz. Rathaus und Apotheke auf der einen, das Renthaus auf der anderen Seite bilden den Rahmen dieses kleinen Forums, das administrativer und wirtschaftlicher Mittelpunkt des bürgerlichen Gemeinwesens wird. Ihm gegenüber erheben sich zu Seiten des Torbogens die herzoglichen Verwaltungsbauten, die Kanzlei und die Alte Kammerkasse.

Auf der höchsten Erhebung beherrscht bis heute die gewaltige Fassade der Stadtkirche, die ab 1611 zur Ausführung kam, eindrucksvoll den Hauptstraßenzug Bückeburgs. Das Akrostichon des Frieses mit den bezeichnenden Worten »EXEMPLUM RELIGIONIS NON STRUCTURAE« (Ein Beispiel der Religion, nicht der Baukunst), dessen vergoldete Anfangsbuchstaben zusammengelesen den Namenszug des Fürsten ergeben, verrät die Geisteshaltung des Bauherrn wie der hier realisierten Architektur (Th. Albrecht 1999). Nicht die klassische vitruvianische Tektonik, sondern das ins Monumentale gesteigerte Ornament, das sich aus seiner dienenden Funktion löst und zu freier plastischer Gestaltung drängt, bestimmt die Fassade, in deren Giebeldreieck die Dekoration gar die zur Verfügung stehende Fläche kühn überschreitet und sich von den struktiven Gesetzen der Architektur emanzipiert.

Im Wettbewerb der Künste offenbarte sich, ob und inwieweit ein Hof in der Lage war, seine politische Macht auch repräsentativ darzustellen. Die Residenzen zwischen Weser und Elbe hatten in den 150 Jahren zwischen 1470 und 1620 eine kontinuierliche und nachhaltige Entwicklung durchlaufen, die exemplarisch den Weg vom Kernbereich des Fürsten, der Burg, zum vielgestaltigen und multifunktionalen Organismus beschritt, als der sich die frühabsolutistische Stadt des Landesherrn mit ihren urbanistisch wohlkalkulierten und wirkungsvoll plazierten Hofinstitutionen zu erkennen gab. Das kulturelle Niveau, das am Vorabend des Dreißigjährigen Krieges in den nord- und mitteldeutschen Residenzen erreicht worden war, resultierte ganz wesentlich aus der Konkurrenzsituation der auf engstem Raum miteinander wetteifernden Dynastien und Häuser, denen Konfessionsgrenzen im künstlerischen Austausch keinen Abbruch taten. Erst die unheilvolle Polarisierung der Mächte im weiteren Kriegsverlauf, das grausame Blutvergießen, die sinnlosen Plünderungen und Verheerungen eines über Jahrzehnte entfesselten Kampfes machten aus blühenden Städten und Landstrichen Trümmerfelder und hinterließen eine tiefe Zäsur in der Zivilisation der höfischen Aristokratie, die nach 1648 eine andere war.

6. Caspar Merian nach Conrad Buno, Schloß Wolfenbüttel. Detail. Kupferstich aus Martin Zeiller und Matthäus Merians d. Ä. Erben, *Topographia* [...] *Braunschweig und Lüneburg*, Frankfurt/Main 1654.
7. Bückeburg, Stadtkirche, 1611–15.

6. Caspar Merian after Conrad Buno, Schloss Wolfenbüttel. Detail. Engraving from Martin Zeiller and Matthäus Merian d. Ä. Erben, *Topographia* [...] *Braunschweig und Lüneburg*, Frankfurt/Main 1654.
7. Bückeburg, municipal church, 1611–15.

The second high point of the town's appearance is still formed today by the *Hausmannsturm* of the ducal castle, completed in 1614 (Grote 2005), whose design may safely be attributed to the same man as that of the church, the Wolfenbüttel master builder Paul Francke (illus. 185). We also have him to thank for the mighty armoury begun the year before, which, a direct part of the ruler's nucleus, is now devoted to more peaceful purposes and houses part of the unique collection of the Herzog August library behind its strong walls. Its high gable and dormer fronts, set with baroque scrollwork volutes and bordered by cornerstone blocks, far outshine the previous appearance of the castle, which before its baroque re-invention had a rather modest form except for the castle chapel, erected between 1556 and 1559, which was torn down in 1795. Its unmistakable silhouette with the *welsche Haube*, a curved roof construction crowned by a two-tiered, eight-cornered lantern is, like the Renaissance castle, only known to us through old views of the town.

It was in the late 19th century that the Schloss Bückeburg received its historicist redressing, which gave the entrance façade a previously non-existent symmetrical appearance (Borggrefe 1994). The medieval residential tower, the castle's emblem, embodying symbolically the age and dignity of the dynasty which ruled there, which had once risen next to the courtyard entrance, was now in the centre. Between 1560 and 1563, Graf Otto IV von Holstein-Schaumburg had expanded the castle into an irregular four-winged complex, during which – as in neighbouring Stadthagen – the appearance of the dormers which rose over two storeys in height was determined by the characteristic lunette-crowned Italian gables introduced to the Weser area by the Swabian master builder Jörg Unkair, who was active since 1524 and died 1553 (illus. 38). The renovation begun by his father was continued along the same lines by Graf Ernst, who came to power as sole ruler in 1601 after the unexpected deaths of his stepbrother and his stepbrother's son and was raised to the rank of Fürst (prince) by the emperor in 1619. He concentrated on the one hand on the improvement of the interior rooms, whose refurbishment between 1603 and 1608 had been of an uncommonly elaborate nature (illus. 39, 40) and on the other hand on the creation of a fitting entrance and a new large garden, which was laid out following 1606 beyond the wide moat at the west end of the fortress walls with their mounted cannons. Aside from the local artist-craftsmen, among whom, most significantly, were the Hildesheim sculptors Ebbert the Younger and Jonas Wolff (Wulff), an array of famous artists were in his service, including the Augsburg painter Johannes Rottenhammer, whose training in Venice was influenced by Tintoretto, and the art curator of the court of Saxony, Giovanni Maria Nosseni. It seems to be Rottenhammer who recommended none other than Adriaen de Vries, court imperial sculptor to Rudolf II, to come to Bückeburg, where he was responsible from stage one for the plastic design of the Ernestine mausoleum behind the choir of the Stadthagen Martinikirche. He also created the font for the city church in 1615 and in 1621 the two large bronze groups, *Rape of Proserpina* and *Venus and Adonis*, which stood on either side of the castle bridge (now in the Bodemuseum, Berlin).

Like his older contemporary, Herzog Julius in Wolfenbüttel, Fürst Ernst strove to unite castle and town into a highly interactive unified organism (Habich 1969). His father's Bückeburg was expanded by Ernst to more than twice its original size. New fortress walls surrounded the place, which gained civic rights in 1609. On the axis of the road leading to the castle, which was emphasised in 1605 by a triumphal gateway arch (illus. 35), a marketplace was created. The town hall and the apothecary on the one side and the customs house on the other form the frame for this little forum, which became the administrative and economic centre of the bourgeois commonality. Opposite, beside the gateway arch, rose the ducal administration buildings, the chancellery and the old treasury.

Today, the imposing façade of the city church, built in 1611, still impressively dominates the main street of Bückeburg from its position on the town's highest elevation. The acrostic of the frieze, with its distinctive words »EXEMPLUM RELIGIONIS NON STRUCTURAE« (An example of religion, not of architecture), whose gilded initial letters spell out the cipher of the prince's name, betrays the attitude of the building's commissioner, as does the architecture realised here (Th. Albrecht 1999). It is not the classical Vitruvian tectonics, but the monumentally heightened ornamentation, liberated from its subsidiary function and pressing toward becoming free plastic composition, which determines the façade. In the pediment area, the decoration exceeds the surface available and emancipates itself from the structural laws of architecture.

In this contest of the arts it was revealed, whether and to what degree a court was able to show its political power in a figurative form. In the 150 years between 1470 and 1620, the estates between the Weser and the Elbe had undergone a continual and lasting development, which epitomised the progress of the central domain of the Fürst, the castle, to a multi-faceted and multi-functional organism as represented by the early absolutist local ruler's city with its calculatedly urban and effectively deployed court institutions. The cultural heights reached, as seen in the north and central-German estates on the eve of the Thirty Years' War, resulted significantly from the state of competition between the dynasties and houses vying with each other within a small area, whose confessional differences were as yet no barrier to cultural exchange. It was the disastrous polarising of the different powers during the course of the war, the cruel bloodshed, senseless plundering and devastation of a war raging for decades that turned the burgeoning towns into piles of rubble and left a deep rift in the civilisation of the courtly aristocracy, which by 1648 had changed to become something else.

Julian Jachmann

Söldnerführer und Agrarunternehmer – Schloßbauten des Niederadels

In der frühneuzeitlichen Architektur des Weserraums nehmen die Bauten des Niederadels neben den landesherrlichen Residenzen eine prominente Position ein. Nicht selten weisen die Adelssitze ein ähnliches Anspruchsniveau wie die Schlösser der Landesherren auf, insbesondere die mehrflügeligen, mit reicher Hausteingliederung ausgezeichneten Anlagen Bevern oder Hämelschenburg. Die große Nähe zur zeitgenössischen Architektur der Fürsten mag zunächst überraschen, da der Bedeutungsverlust des Niederadels gegenüber den Fürstentümern eine der wesentlichen Entwicklungen im sozialen und politischen Gefüge der frühen Neuzeit darstellte. Im Weserraum verzögerte sich jedoch diese Entwicklung durch die umfangreichen ökonomischen Ressourcen des Niederadels. Zum einen erwies sich in Zeiten steigender Getreidepreise die Lebensmittelproduktion als besonders lukrativ. Zum anderen gelang es den Adeligen, ihre anachronistisch gewordenen kämpferischen Fähigkeiten gewinnbringend zu einer militärischen Kompetenz auszubauen, indem sie sich als Offiziere der Söldnerheere in den zahlreichen kriegerischen Konflikten dieser Zeit verdingten (Angermann 1989). Weitere Verdienstmöglichkeiten versprachen zivile Tätigkeiten für den Landesherrn. Die selbständige Verwaltung von Ämtern durch Niederadelige wurde zwar seltener, da Landesherren dieses wichtige Herrschaftsmittel stärker in eine zentral gelenkte Verwaltung einbanden, dafür entstanden jedoch Hofämter und Beamtenposten.

Durch diese Faktoren sind Anlagen wie die dreiflügelige Hämelschenburg zu erklären. Ihr vergleichsweise guter Erhaltungszustand gestattet einen Einblick in den Mikrokosmos eines Adelssitzes, den Thorsten Albrecht (1995) in einer baumonographischen Untersuchung nachvollzieht. Vorgängerbau des Schlosses war eine hochmittelalterliche Burganlage der Grafen von Everstein, die zur Kontrolle einer Handelsroute errichtet worden war. Im Spätmittelalter verlor die Anlage diese Funktion und wandelte sich zum landwirtschaftlichen Zentrum. Als Pfand gelangte sie an die welfischen Herzöge, welche 1437 die niederadelige Familie Klencke mit der Burg, den zugehörigen Besitzungen und Rechten belehnten. Der heute erhaltene Neubau erfolgte nach einer Zerstörung der Burg durch einen Brand im Jahre 1544. Eine Phase der ökonomischen Stagnation im 17. und 18. Jahrhundert verhinderte eine weitere Umgestaltung der Anlage und sorgte auf diese Weise für eine Überlieferung des ursprünglichen Baukonzepts. Die wichtigsten Bauabschnitte fallen in die Jahre 1588–93 und 1599–1609 und damit in die Zeit von Georg Klencke, ergänzt um historistische Umbauten und Ausstattungsgegenstände des 19. Jahrhunderts.

Auch Georg Klencke gelangte durch militärische Tätigkeiten und landwirtschaftliche Produktion zu Wohlstand. Eher ungewöhnlich sind hingegen zusätzliche Rechte, die – mittelalterlichen Rechtskonventionen entsprechend – mit dem Lehen der Hämelschenburg verbunden waren. So gelang es Klencke in einem längeren Konflikt bis 1598 die hohe Gerichtsbarkeit – Urteile über Leben und Tod – für seinen Herrschaftsbereich zu beanspruchen. Als Zeugnis dieser Rechte ließ er vor dem Schloß Galgen und Pranger errichten, und das Richtschwert aus dem Jahr 1606 wird noch heute in der Hämelschenburg aufbewahrt. Die hohe Gerichtsbarkeit war mit weiteren Einkünften verbunden und darüber hinaus eines der wichtigsten Elemente von Landesherrschaft, welches die Fürsten in der frühen Neuzeit meist erfolgreich gegenüber dem Niederadel behaupten konnten.

Das Schloß war jedoch nicht nur als Zeichen der Hochgerichtsbarkeit ein Herrschaftszentrum. Schon der Name Hämelschenburg verweist auf die Wehrfunktion. Wie Ulrich Schütte zeigen konnte, wurden die Bezeichnungen *Burg* und *Schloß* in der frühen Neuzeit synonym gebraucht. Der Wandel von der mittelalterlichen Burg zum frühneuzeitlichen Schloß ist als eine Verschiebung von Funktionen zu verstehen, keinesfalls als vollständige Abkehr von einer Wehrhaftigkeit der Architektur (Schütte 1994, Hoppe 2001). Mit dem Rekurs auf die Bezeichnung des mittelalterlichen Vorgängers der Hämelschenburg wurde das Privileg für die Errichtung von Wehrarchitektur tradiert und damit eines der wichtigsten architektonischen Momente, welche den Adel vom Bürgertum abhoben. Wie andere Schloßbauten der Renaissance im Weserraum besaß auch die neu errichtete Hämelschenburg ursprünglich eine Befestigungsanlage. Unmittelbar um den dreiflügeligen Hauptbau war ein Erdwall mit bekrönender Palisade gelegt. Eine derartige Anlage zitierte nicht mehr mittelalterliche Mauern, sondern frühneuzeitliche Bastionen, also ein System von pfeilförmig angeordneten flach geböschten Wällen. Diese Strukturen waren wegen der mauerbrechenden Kraft von Feuerwaffen erforderlich, wurden aber auch zu einem wichtigen formalen Motiv eines wehrhaften Baus. Auch die Anlage um die Hämelschenburg konnte als Zeichen identifiziert werden, das auf entsprechend größer dimensionierte Fortifikationen fürstlicher Schlösser oder bedeutender Städte hinwies. Schwierig ist jedoch der vermutlich marginale Verteidigungswert einzuschätzen. Möglicherweise bot der Wall zumindest Schutz gegen Einbrecher und Marodeure, die bisweilen die Gegend durchstreiften, gerade in Verbindung mit dem heute noch vorhandenen Wassergraben, der den Wall umgab und in einen Fischteich mündet. Zeichenhafte und materielle Wehrfunktion sind hier mit einem ästhetischen Motiv – der Spiegelung des Schlosses in der Wasserfläche – und dem ökonomischen Moment der Fischzucht verbunden.

Die Wehranlage und eine Straße trennten das Schloß von den Wirtschaftsgebäuden. Neben einem Obstgarten und einer Wassermühle haben sich zwei Ensembles mit Wirtschaftsgebäuden erhalten, der Rübehof und das Vorwerk unmittelbar vor dem Eingang in das Schloßareal. Große Stall- und Scheunengebäude weisen auf die Bedeutung der Landwirtschaft für den Bauherrn hin und dienten ihm als Medium der Selbstdarstellung. So waren sie in Hämelschenburg nicht in Fachwerk, sondern in Bruchstein errichtet, was weniger bei niederadeligen als bei landesherrlichen Nutzbauten üblich war. Auch zeigen die Giebel eine reduzierte Form der Renaissance-Ornamentik, welche das Schloßgebäude prägt. Wappentafeln identifizieren sie als Besitz der Familie Klencke. Von besonderer Bedeutung war das Erscheinungsbild der Wirtschaftsbauten auch deshalb, weil sie einem Anreisenden zuerst vor Augen kamen – eine Tatsache, die spätestens in der Architekturtheorie des 18. Jahrhunderts reflektiert wurde (Schütte 1984, S. 195).

Im Vorwerk der Hämelschenburg wohnten auch Gutsverwalter und Landarbeiter. Damit Arbeiter und Dorfbewohner am Gottesdienst teilnehmen konnten, ohne den Schloßhof betreten zu müssen, wurde 1563 eine Kapelle auf der Grenze von Wirtschaftsbereich und Schloß er-

1. Caspar Merian nach Conrad Buno, Hämelschenburg. Detail. Kupferstich aus Martin Zeiller und Matthäus Merians d. Ä. Erben, *Topographia* [...] *Braunschweig und Lüneburg*, Frankfurt/Main 1654.

1. Caspar Merian after Conrad Buno, Hämelschenburg. Detail. Engraving from Martin Zeiller and Matthäus Merians d. Ä. Erben, *Topographia* [...] *Braunschweig und Lüneburg*, Frankfurt/Main 1654.

Julian Jachmann

Mercenary captains and merchant farmers – castle buildings of the lesser nobility

In early modern Weser area architecture, constructions by the lesser nobility have a prominent position, alongside local rulers' estates. It is not uncommon for these noble seats to show a similar degree of ambition to local rulers' castles, in particular the multi-winged complexes of Bevern and Hämelschenburg, characterised by lavish cut natural stone articulation. The considerable closeness to contemporary architecture employed by rulers may initially be surprising, as lesser nobility's loss of significance in relation to the principalities was one of the most significant developments in the social and political machinery of the early modern period. In the Weser area, however, this development was held back due to the lesser nobility's extensive economic resources. For one thing, arable production was particularly lucrative in this time of rising grain prices. Another factor was the nobles' achievement in expanding their anachronistic military capabilities into a profitable military competence by hiring themselves out as commanders of mercenary bands during the numerous wars of the period (Angermann 1989). Filling civilian posts for local rulers was another opportunity for profit. Admittedly, the autonomous management of ministries by lesser nobles became less frequent, as local rulers integrated this important means of government more closely into a centrally guided administration, but on the other hand court offices and official posts were being created.

These factors explain buildings like the three-winged Hämelschenburg. Its relatively good state of preservation allows us a glimpse into the microcosm of a noble seat, a subject analysed by Thorsten Albrecht (1995) in an investigation contained in an architectural monograph. The predecessor of the castle was a High Middle Ages castle complex belonging to the Graf von Everstein, built in order to control a trade route. In the late Middle Ages the building lost this function and became a centre of land management. It was loaned to the Welf dukes, who in 1437 enfeoffed the castle, the possessions and rights belonging to it to the lesser noble family Klencke. The new building, which remains today, was built after the castle was destroyed by a fire in 1544. A period of economic stagnation in the 17th and 18th centuries prevented further alteration of the building, thereby ensuring the survival of the original architectural concept. The most important building phases took place in the years from 1588 to 1593 and from 1599 to 1609, during Georg Klencke's period, and were complemented by historicist building alterations and furnishings in the 19th century.

Georg Klencke became prosperous through military posts and agricultural production. The additional rights attached to the granting of the Hämelschenburg – in accordance with medieval legal conventions – were rather unusual. For instance, after a long conflict ending in 1598, Klencke succeeded in claiming absolute jurisdiction – the right to sentence to death – for his territory. As a sign of this right, he had a gallows and stocks set up in front of the castle, and the executioner's sword from the year 1606 is still preserved today in the Hämelschenburg. This absolute jurisdiction was connected with an increase in revenue and was also one of the most important elements of territorial rule, in which the princes generally succeeded in taking precedence over the lesser nobility.

However, it was not only absolute jurisdiction that made the castle a centre of governance. Even the name Hämelschenburg indicates its defensive function. As Ulrich Schütte demonstrated, the words *Burg* and *Schloss* were used synonymously in the early modern period. The transition of the medieval *Burg* (fortress) to the early modern *Schloss* is to be seen as a shift in function, not as a complete rejection of defensive elements in architecture (Schütte 1994, Hoppe 2001). Using the name of the Hämelschenburg's medieval predecessor conveys the privilege of erecting defensive architecture, one of the most important architectural moments elevating the nobility above the burgher class. Like other Renaissance castle constructions in the Weser area, the new Hämelschenburg originally possessed a fortification complex. Directly surrounding the three-winged main building was a rampart topped by a palisade. This kind of complex now took early modern bastions, a system of walls arranged in an arrow shape with shallowly inward-sloping walls, as its model rather than medieval walls. This kind of structure was necessary due to the potential of firearms to break down walls, but also became an important formal motif of defensive buildings. The complex

richtet, also auf dem Vorwerk nahe dem Schloßportal. Die Verbindung von einer exklusiven Kapelle für Gottesdienst und Grablege beziehungsweise Familienmemoria eines Fürsten oder Adeligen und einer Kirche, die Pfarrfunktionen besaß oder zumindest einer größeren Personengruppe offen stand, war nicht ungewöhnlich und verwirklichte die von Luther betonte Verpflichtung des Landesherrn für die Seelsorge seiner Untertanen. Auch in Bevern war die Situation zunächst ähnlich – der Bauherr des Schlosses finanzierte eine Pfarrkirche vor den Toren seines Wohnsitzes – bis nach 1670 eine Schloßkapelle im bestehenden Baukörper eingerichtet wurde. Die erhaltene Ausstattung in Hämelschenburg kennzeichnet das Gebäude als protestantische Patronatskirche. Der kompakte Grundriß ohne eine Trennung der Bereiche von Klerikern und Laien belegt die lutherische Gesinnung des Bauherrn, der mit seiner Familie auf der wappengeschmückten, mit einem hölzernen Gitter geschützten Empore am Gottesdienst teilnehmen konnte. Aber auch in seiner Abwesenheit ist er bis heute im Raum präsent geblieben. Die Familienwappen finden sich nicht nur an der Emporenbrüstung, sondern auch an Kanzel und Epitaph, welches das Ehepaar Georg Klencke und Anna von Holle mit seinen Kindern zeigt.

Von den Wirtschaftsbauten und der Kapelle gelangte man durch ein Brückentor, dessen ungewöhnliche, triumphbogenartig isolierte Stellung bereits auf die Entstehungszeit zurückgeht, zum Schloßareal. Die Gebäude bestanden aus einem heute verlorenen Torbau in Fachwerk und den drei Flügeln des Haupthauses. Letztere ließ Georg Klencke in zwei Bauphasen errichten, zunächst Nord- und Mittelflügel 1588–93, dann Südflügel und südlichen Treppenturm 1599–1609. Die Treppentürme in den Innenwinkeln der Flügel ragen über den First des Gebäude hinaus und ermöglichen mit einem allseitig durchfensterten Obergeschoß einen Blick in den Hof und über die Landschaft. Da im südlichen Treppenturm ein Turmzimmer samt einer Farbfassung mit Rankenmalerei aus dem frühen 17. Jahrhundert überliefert ist, kann angenommen werden, daß es sich um einen der Aussichtspunkte und Kontemplationsorte für den Hausherrn handelt, die in frühneuzeitlichen Schloßbauten so beliebt waren (Th. Albrecht 1995, S. 202, 255). Eine größere Rolle als Dachterrassen oder Altane spielten im deutschen, gerade im mitteldeutschen Bereich geschlossene Aussichtsräume. Konsequent war die Unterbringung eines Aussichtsraumes in einem Knauf an der Spitze des Turmes, etwa in Dresden oder Torgau (Hoppe 1996, S. 452–461). Ein derartiger Raum ermöglichte nicht nur den herrschaftlich kontrollierenden Blick über das Umland, sondern auch Kontemplation und Studium. Auf diese Weise bot er eine Rückzugsmöglichkeit aus den repräsentativen Normen des Hoflebens. So ist etwa für Wittenberg im 16. Jahrhundert eine herrschaftliche Drechselstube im oberen Turmgeschoß belegt. In diese Tradition ist ebenfalls der anspruchsvolle Turm des Schlosses Brake von 1584–92 einzuordnen, mit dem unmittelbar fürstliche Bildungsideale vorgetragen wurden. In Hämelschenburg mögen darüber hinaus die in der zeitgenössischen Theorie der Ökonomiebaukunst immer wiederkehrenden Forderungen, durch den wachsamen Blick auf das wirtschaftliche Geschehen eines Landguts eine unmittelbare Kontrolle auszuüben, die prominenten Fenster der Türme und Utluchten erklären (Schütte 1984, S. 223).

Den mit den Bauphasen verbundenen Planänderungen ist vermutlich die Tatsache zu verdanken, daß gerade der mittlere Flügel Wirtschaftsfunktionen aufnahm und entsprechend weniger stark gegliedert und ornamentiert wurde. Auch die heute dort angefügte Utlucht befand sich vor dem 19. Jahrhundert am Nordflügel. Im Gegensatz zu den Gebäuden außerhalb der Befestigung waren hier diejenigen wirtschaftlichen Funktionen zu finden, die den Schloßbewohnern unmittelbar zugeordnet waren oder mit besonders wertvollen Gütern zu tun hatten. So befanden sich im Mittelflügel nicht nur Küche und Brauerei, sondern auch der Stall für die Reitpferde, dessen Bedeutung mit einem aufwendig gerahmten Portal hervorgehoben wurde. Eine Integration des Pferdestalls in die Schloßgebäude findet sich auch in Schwöbber, dort allerdings in einem Seitenflügel.

In der Hämelschenburg war die *Hofstube* im Erdgeschoß des Nordflügels hinter der später an den Mittelbau versetzten *Utlucht* lokalisiert. Dieser Raumtypus besitzt eine lange Tradition in den Wohnbauten der Fürsten wie des Adels. Zunächst diente er im Alltag als Speisesaal und Versammlungsraum des Hofgefolges und der Herrscherfamilie. Im 16. Jahrhundert zogen sich die Hausherren mehr und mehr in eigene Speisesäle zurück, und die Bedeutung dieses Raumes ging zurück (Hoppe 1996, S. 413–420). Seine Funktion erforderte, daß er unmittelbar vom Hof aus für die verschiedenen Mitglieder der Haushaltung zugänglich war. Seine Distanz zur Küche mag zunächst überraschen, war jedoch nicht unüblich. Ein Raum neben der *Hofstube* der Hämelschenburg – ausgezeichnet mit einem prachtvollen Kamin – ist vermutlich als Gerichts- oder Verwaltungsraum in Kombination mit einem Archiv zu interpretieren. Im Gegensatz zu landesherrlichen Bauten war eine Kanzlei jedoch nicht notwendig. Der wichtigste Raum des Nordflügels nahm die gesamte Fläche des Obergeschosses ein, der große Festsaal mit Musikantenempore und zwei Kaminen an den Schmalseiten. Allein die Dimensionen belegen die Bedeutung, welche dieser Saal hatte. Ein Festsaal wurde zwar nur zu seltenen Gelegenheiten genutzt, diese waren als Familienfeiern jedoch von zentraler Bedeutung für das dynastische Selbstverständnis einer Adelsfamilie. Auch konnte der Saal Verwandten und Bekannten zur Verfügung gestellt werden, die keine solchen Räumlichkeiten besaßen. Dementsprechend beliebt war dieser Raumtypus auch im Weserraum. So lassen sich großzügig dimensionierte Säle in den Adelssitzen in Bevern oder Hülsede nachweisen. Im Dachgeschoß der Hämelschenburg, das durch die Zwerchgiebel belichtet wird, können – wie auch in den anderen Flügeln – Wohn- und Lagerräume rekonstruiert werden.

Der über ein prachtvoll gestaltetes Portal erschlossene Südflügel nimmt im Erdgeschoß die Hauptstube auf, die auch als Speisesaal der Familie und ihrer Gäste diente. Weitere Stuben und Kammern bildeten vermutlich die Wohnräume des Hausherrn. Gegenüber der traditionellen Kombination aus ofenbeheizter Stube und unbeheizter Schlafkammer – dem *Stubenappartement* nach Stephan Hoppe (1996, S. 365–412) – war die Raumfolge unter französischem und italienischem Einfluß um kaminbeheizte Räume ergänzt, die auch der Selbstdarstellung dienen konnten. Im Obergeschoß befanden sich weitere Wohnräume und ein kleiner Saal, eine Raumgruppe, die ebenfalls unmittelbar Familienangehörigen gedient haben dürfte, vielleicht der Hausherrin.

Ein sprechender Beleg für die Bedeutung der kaminbeheizten Räume sind die aufwendig in Haustein gestalteten Kamine der Schloßbauten. Hier finden sich ähnliche architektonische Ornamente wie am Außenbau,

2. Jost Amman, Landsknechtszug, 1573. Holzschnitt. Detail mit adeligem Obristen.

2. Jost Amman, Lansquenets March, 1573. Woodcut. Detail with noble captain.

around the Hämelschenburg could also indicate that ruler's castles or significant towns were surrounded by correspondingly larger fortifications. Their presumably marginal defensive value is however difficult to estimate. It is possible that the walls at least offered protection from intruders and marauders who would occasionally pass through the area, especially in conjunction with the moat, which remains today, surrounding the wall and flowing into a fishpond. Here, figurative and material defensive functions are united with an aesthetic motif – the reflection of the castle in the water – and an economic element: fish farming.

The castle was separated from the farm buildings by the fortifications and a road. Apart from an orchard and a waterwheel, two ensembles of farm buildings are preserved, the *Rübehof* and the barbican directly in front of the entrance to the castle area. Large stable and barn buildings show the importance of agriculture to the castle's master. They served as a medium for his self-representation; in the Hämelschenburg, they were not half-timbered, but made of non-dressed stone, a material which was commoner in functional buildings belonging to local rulers than in those belonging to the lesser nobility. The gables also boast a reduced form of the Renaissance ornamentation which strongly influences the castle building itself. Coats of arms identify it as belonging to the Klencke family. The appearance of the farm buildings was also significant in that they were the first buildings to be seen by anyone approaching the castle – a fact which was reflected in architectural theory by the 18th century at the latest (Schütte 1984, p. 195).

Estate managers and land workers also lived in the barbican of the Hämelschenburg. So that workers and villagers could take part in religious services without entering the castle courtyard, a chapel was erected on the border between the farm area and the castle grounds in 1563, i. e., on the barbican close to the castle portal. The combination of an exclusive chapel for the worship, burial and family commemoration of rulers or nobles and a church with a pastoral function or at least open to a larger group of people was not uncommon, and was in accordance with the duty of a local ruler to care for the spiritual wellbeing of his subordinates, as emphasised by Martin Luther. In Bevern the situation was initially similar – the owner of the castle financed a church with a priest in front of the gate to his residential seat – until a castle chapel was erected within the building following 1670. The remaining furnishings at Hämelschenburg characterise the building as a Protestant church under patronage. The compact outline, without a division of clerical and lay areas, shows the Lutheran attitude of the building's patron, who could take part in the service from the gallery, protected by a wooden lattice and decorated with coats of arms, together with his family. Even in his absence, however, he is still present today. The family's coats of arms can not only be seen on the gallery's parapet, but also on the pulpit and the epitaph which shows Georg Klencke, his wife Anna von Holle and their children.

Leaving the farm buildings and the chapel, one reaches the castle via a bridged gateway, whose unusual position, isolated like a triumphal arch, dates back to the original building period, through which one enters the castle grounds. The buildings consisted of a half-timbered gatehouse, now lost, and the three wings of the main building. These were built by Georg Klencke in two phases of construction, first the north and middle wings from 1588–93, then the south wing and south stair tower, from 1599–1609. The stair towers in the inside corners of each wing rise above the rooftops of the building. With windows on all sides in their upper storeys, they enable a view of the courtyard and the landscape. As a tower room with painted carvings and tendrils painted on the walls dating from the 17th century remains in the south stair tower, it can be assumed that this is one of the places for viewing and contemplation for the castle's master so popular in early modern castle buildings (Th. Albrecht 1995, pp. 202, 255). In the German, and especially the central-German area, enclosed viewing rooms played a greater role than roof terraces or balconies. A parallel development was the housing of a viewing room in a knob at the tip of the tower, as in Dresden or Torgau (Hoppe 1996, pp. 453 to 461). Such a room did not only enable a fittingly commanding view of the surroundings, but also contemplation and study. In this respect, it provided a possibility of retreat from the typical norms of court society. For instance, there is evidence of a woodturning workshop from the 16th century belonging to the lord of the castle in the upper storey of a tower in Wittenberg. Schloss Brake's ambitious tower (1584–92) also belongs to this tradition, a direct exposition of a ruler's ideal of cultivation. In the case of Hämelschenburg, the prominent tower windows and bay windows may also be explained by the demand, oft-repeated in contemporary economic architecture theory, to exercise direct supervision by gazing watchfully out over all a land estates' economic activity (Schütte 1984, p. 223).

It is presumably thanks to changes in the plan in connection with the building phases that it was the central wing that took on economic functions and was therefore less elaborately divided and ornamented. The bay window seen there today was in the north wing until the 19th century. In contrast to the buildings outside the fortifications, economic affairs were carried on here which either directly assigned to the castle's inhabitants or involved especially valuable goods. For instance, not only was there a kitchen and brewery in the central wing, but also a stable for riding horses, whose importance was emphasised by an elaborately framed portal. In Schwöbber the stable is also integrated into the castle building, although there it is housed in a side wing.

In the Hämelschenburg, the court parlour was located on the ground floor of the north wing, behind the bay window later transferred to the middle section. This kind of room has a long tradition in the residential buildings of both rulers and nobility. Initially it served as a dining room and assembly room for the court entourage and the ruling family. In the 16th century, lords of the house increasingly tended to withdraw to their own dining rooms, and the significance of this room declined (Hoppe 1996, pp. 413–420). Its function demanded that it be directly accessible from the court by the various members of the household. Its distance from the kitchens appears surprising at first, but was not unusual. A room next to the Hämelschenburg court parlour – distinguished by a splendid fireplace – was presumably a courtroom or administration room combined with an archive. However, in contrast to buildings belonging to local rulers, a chancellery was not necessary. The most important room in the north wing took up the entire area of the first floor – the grand banqueting hall with a musician's gallery and a fireplace at each end. The dimensions alone prove the significance of the room. A banqueting hall may only have been used on rare occasions, but as familial cele-

3. Caspar Merian, Bevern. Detail. Kupferstich aus Martin Zeiller und Matthäus Merians d. Ä. Erben, *Topographia* [...] *Braunschweig und Lüneburg*, Frankfurt/Main 1654.

3. Caspar Merian, Bevern. Detail. Engraving from Martin Zeiller and Matthäus Merians d. Ä. Erben, *Topographia* [...] *Braunschweig und Lüneburg*, Frankfurt/ Main 1654.

aber auch Wappen und figürlicher Schmuck wie die beliebten Hermenpilaster. In der Hämelschenburg haben sich mehrere Prunkkamine von unterschiedlichem Anspruchsniveau erhalten, unter anderem ein Stück aus dem Hauptraum, dem großen Saal im Nordflügel. Neben den oft mit Säulen und Giebeln geschmückten Portalen waren Kamine eine der wichtigsten und auch eine der dauerhaftesten Methoden, räumliche Situationen ihrer Bedeutung und Funktion nach zu differenzieren und auszuzeichnen. Beispiele sind in zahlreichen anderen Schlössern im Weserraum zu finden, wie etwa in Schloß Stadthagen oder Schwöbber.

Die funktionelle Differenzierung der Flügel wird durch die Unterschiede in der Gestaltung, durch Utluchten, Giebel, Gesimse und Ornamentik unterstrichen. Auf diese Weise ließ der Bauherr Merkmale hervorheben, die als Zeichen für eine ständisch hochstehende Architektur verstanden werden konnten. Während in Bürgerhäusern, aber auch in einflügeligen Adelssitzen die meisten Funktionen in einem Baukörper vereint waren, konnten fürstliche Auftraggeber in ihren Schloßbauten die Funktionen auf die Flügel aufteilen. Niederadelige Bauherren haben gerade im Weserraum erstaunlich häufig mehrflügelige Anlagen errichtet. Die Spannbreite reicht von winkelförmigen zweiflügeligen Schlössern wie Wendlinghausen oder Thienhausen bis hin zu anspruchsvollen Drei- oder Vierflügelanlagen wie Hämelschenburg und Bevern.

Die einzelnen Fassaden der Flügel waren in der Regel nicht streng achsensymmetrisch gestaltet. Diese Charakteristik bot zusammen mit den polygonalen Treppentürmen in den Innenwinkeln den Vorteil, nachträglich weitere Flügel ergänzen zu können, ohne daß die Schloßbauten in einem Stadium einen unfertigen Eindruck evozierten oder funktionale Nachteile mit sich brachten. Während mit der Hämelschenburg eine anfängliche Zweiflügelanlage zu einer Dreiflügelanlage erweitert wurde, ist in Schwöbber sogar festzustellen, daß alle drei Flügel im Zeitraum von 1570 bis 1607 sukzessive geplant und errichtet wurden. Die Anlage von Hilmar d. Ä. von Münchhausen, ebenfalls ein wirtschaftlich erfolgreicher Söldnerführer, zeigt darüber hinaus eine deutlichere Isolierung der einzelnen Flügel.

Vierflügelanlagen des Niederadels im Weserraum sind in eher schlicht gestalteten Gebäuden wie in Hehlen, zuweilen in unregelmäßiger Form wie in Hülsede oder Grohnde überliefert. Eine Sonderrolle unter den Adelssitzen nimmt Schloß Bevern ein. Es handelt sich um eine aufwendig gestaltete regelmäßige Vierflügelanlage auf quadratischem Grundriß, die nach einheitlichem Plan etwa 1602–12, also in relativ kurzer Zeit errichtet wurde. Auffällig ist hier das Obergeschoß aus Fachwerk im Hofinnern, das jedoch in seiner ornamentalen Gliederung mit Beschlagwerk und Elementen der Säulenordnungen an das steinerne Untergeschoß angeglichen wurde. Wie in der Hämelschenburg wurden auch hier die Flügel formal differenziert, um die unterschiedliche Wertigkeit der Nutzung zum Ausdruck zu bringen. Die Hauptflügel im Norden und Süden erhielten reich geschmückte Giebel. Darüber hinaus wurde der südöstliche Treppenturm in der Gestaltung gegenüber dem nordwestlichen hervorgehoben, weil von hier aus der Saal mit seinem Vorgemach erschlossen wurde (Großmann 1989d, S. 124 f.). Allerdings ist in Bevern wie an der Hämelschenburg auch eine gegenläufige Tendenz wahrzunehmen, nämlich den Baukörper trotz der pittoresken Vielfalt an Elementen nach außen als Großform zum Ausdruck zu bringen. In Bevern geschieht dies durch die umlaufenden Gesimse, welche den Baukörper zusammenfassen, an der Hämelschenburg ließ das Bauherrenpaar eine besonders reich gegliederte Schaufront zur Straße hin anlegen. Dort führt eine prachtvolle Fassade mit vier Zwerchhäusern, Erker und einem dichten Netz von Lisenen, Zierquaderlagen und Beschlagwerk deutlich die Dimensionen des Baus und den Wohlstand und Erfolg der Familie vor Augen. Schloß Bevern dokumentiert, daß die Hämelschenburg mit diesem Anspruch innerhalb des Niederadels nicht isoliert stand. Das Schicksal der Familien und ihrer Gebäude belegt aber, daß diese Entwicklung nicht zu einer weiteren Annäherung an Kultur und Herrschaftsformen der Fürsten führen sollte. Während die Hämelschenburg trotz ökonomischer und baulicher Stagnation im Besitz der Familie verblieb, wurde die von Statius von Münchhausen errichtete Schloßanlage in Bevern nach Bankrott und Tod des Bauherrn von den Herzögen von Braunschweig übernommen.

Der wirtschaftlichen Kraft der niederadeligen Bauherren vor dem Dreißigjährigen Krieg und der folgenden Krisenzeit ist es zu verdanken, daß die Bauten viele Informationen über die Lebensweise des Adels, ihre architektonische Form und Funktion im 16. und frühen 17. Jahrhundert preisgeben. Sie zeigen deutlich die Verwurzelung des niederadeligen Lebens in agrarischer Produktion, die Notwendigkeiten standesgemäßen Residierens und beherbergen entsprechende Räumlichkeiten für Verwaltung, Gesinde, Festlichkeiten, Wohnen und Selbstdarstellung des Hausherrn. Aber auch die unterschiedlichen mit dem Bau verbundenen Herrschaftsrechte wie Gerichtsbarkeit, Befestigungsrecht und Kirchenpatronat konnten integrale Teile eines Schloßkomplexes sein. Vor allem wird offenkundig, daß sich der Niederadel an Kultur und Architektur der Fürsten zu orientieren versuchte. Gerade bei der anspruchsvollen Hämelschenburg klingen Momente fürstlicher Baukunst an, wie die Mehrflügeligkeit mit der hervorgehobenen funktionalen Differenzierung und die Verwendung von Bruch- und Hausteinmauerwerk bei den Wirtschaftsgebäuden.

brations these were of central importance to the dynastic self-image of a noble family. The hall could also be made available to relatives and acquaintances who had no such facilities themselves. This kind of room was therefore also popular in the Weser area. There is evidence of generously proportioned halls in the noble seats at Bevern and Hülsede. In the Hämelschenburg's attic storey, lit by the transverse dormers, residential and storerooms can be reconstructed – as with the other wings.

The ground floor of the south wing, connected by a splendidly fashioned portal, contains the main parlour, which also served as a dining room for the family and their guests. Further parlours and chambers presumably formed the lord of the house's living quarters. In contrast to the traditional combination of a stove-heated parlour and unheated bedroom – what Stephan Hoppe (1996, pp. 365–412) describes as the *Stubenappartement* – this ensemble of rooms was supplemented, following French and Italian models, by fireplace-heated rooms, which would also contribute to the ruler's presentation of himself. On the first floor were further residential rooms and a small hall, a group of rooms which may have accommodated immediate family members, possibly the house's mistress.

One compelling piece of evidence for the importance of the fireplace-heated rooms is the painstaking construction in dressed natural stone of fireplaces in castles. Similar architectonic ornaments are found in this context as on the outside of the building, but also coats of arms and figurative decoration, such as the popular herm pilasters. Several ornamental fireplaces of varying degrees of grandeur are preserved at Hämelschenburg, including one example from the the large hall in the north wing. After the portals, often decorated with pillars and gables, fireplaces were one of the most important and enduring methods of differentiating and distinguishing arrangements of rooms according to their function. Examples can be seen in numerous other castles in the Weser area, such as Schloss Stadthagen and Schloss Schwöbber.

The functional differentiation of the different wings is emphasised by their differences in form, by bay windows, gables, cornices and ornamentation. In this way the building's owner enhances characteristic which would be seen as signs of high-status architecture. While in bourgeois houses, and also in single-winged noble seats, most functions were united under one roof, rulers commissioning castles would distribute functions between wings. In the Weser area, commissioners from the lesser nobility erected multi-winged complexes with surprising frequency. These range from angular two-winged castles such as Wendlinghausen or Thienhausen to ambitious three- or four-winged complexes such as Hämelschenburg and Bevern.

The individual façades of wings were generally not strictly symmetrical by axis. This characteristic, together with the polygonal stair towers in the inner corners, had the advantage of enabling the later addition of more wings without the castle evoking an impression of incompleteness in the intervening time, or incurring functional disadvantages. While in the case of the Hämelschenburg an initially two-winged complex was expanded into a three-winged complex, it can be deduced that in the case of Schwöbber all three wings were actually planned and erected successively in the period from 1570 to 1607. In addition to this, the complex belonging to Hilmar the Elder von Münchhausen, another economically successful mercenary captain, shows a distinct isolation of the individual wings.

Remaining four-winged constructions by the lesser nobility tend to be rather unadorned buildings such as Hehlen, sometimes with irregular forms as with Hülsede or Grohnde. Bevern castle has a special role among the noble residences. It is an elaborate regular four-winged structure built on a quadratic ground plan which was erected according to one consistent plan between 1602–12, i. e., within a relatively short time period. One striking element here is the half-timbered upper storey in the inner court, which nonetheless matches the stone lower storey in its ornamental arrangement, with strapwork and elements of the pillar order incorporated. As with the Hämelschenburg, the wings are differentiated formally, in order to express the different value of their purposes. The main wings to the north and south were given richly decorated gables. In addition to this, the southeast stair tower was emphasised over the northwestern tower, because the hall with its antechamber was accessed via the tower (Großmann 1989d, pp. 124 to 125). Admittedly an opposing tendency can be seen in both Bevern and Hämelschenburg, namely, to give the buildings, despite the picturesque diversity of elements, the impression, when seen from the outside, of being a single greater form. At Bevern this is achieved by continuous cornices, which unite the buildings. At Hämelschenburg the castle's lord and lady had an especially richly detailed show façade erected facing the road. Here, an especially grand façade with four dormers, a bay window and a forest of pilaster strips, decorative masonry courses and strapwork vividly presents the dimensions of the building and the prosperity and success of the family. Schloss Bevern is proof that the Hämelschenburg is not alone among the minor nobility in making this claim. However, the fates of the families and their buildings show that this development was not to lead to a further approach to the rulers' culture and fashions of government. While the Hämelschenburg, in spite of economic and architectural stagnation, at least remained in the possession of the family, the Bevern castle complex, erected by Statius von Münchhausen, was taken over by the dukes of Braunschweig after the bankruptcy and death of its commissioner.

It is thanks to the economic power of building commissioners from the lesser nobility before the Thirty Years' War and the period of crisis that followed that these buildings reveal a great deal of information on the nobles' way of life, their architectonic forms and their function in the 16th and early 17th centuries. They clearly show how rooted the lives of the lesser nobility were in agrarian production as well as the requirements of a residence appropriate to their status, and they house the appropriate facilities for the administration, servants, celebrations, living and self-presentation of the buildings' masters. However, the varying rights of the ruler connected to the building such as jurisdiction, the right to fortify and church patronage may also be integral parts of a castle complex. Above all it is evident that the lesser nobility attempted to orient themselves on the culture and architecture of rulers. The ambitious Hämelschenburg in particular resonates with moments of this rulers' architecture, such as a multi-winged complex, emphasised functional differentiation and farm buildings in non-dressed and dressed stone masonry.

Heiner Borggrefe

Küchenfenster, welsche Giebel und Hofzeremoniell – die Ornamentik der frühen Renaissanceschlösser

Der Bau der Meißener Albrechtsburg um 1470 war eine Abkehr von der Tradition. Mittelalterliche Burgen waren meist als Ensemble von separaten Gebäuden und Wehrmauern errichtet worden. In Meißen entstand ein Schloß mit durchgängigen Traufen, das alle Räume und Funktionen in seinem Inneren birgt. Ein repräsentativer Wendeltreppenturm vor der Hoffassade erschließt die kunstvoll überwölbten Räume der oberen Stockwerke (Mrusek 1972, Hoppe 1996). Die Albrechtsburg bildete den Auftakt des frühneuzeitlichen Schloßbaus, an den man in modernerer Form in den 1520er Jahren im Weserraum anknüpfte. Hier entstanden die Schlösser Neuhaus (1524/36), Stadthagen (1534/41) und Celle (1530er Jahre) jeweils durch den Ausbau einer vorhandenen Burg zu einem zweiflügeligen Schloß. Mit Zwerchhäusern und vor der Fassade stehendem Treppenturm folgten sie mittelbar noch dem Vorbild der Albrechtsburg. Gleiches gilt für die Ornamentik der Treppentürme und Wandöffnungen. Neben dem Stabwerk verwendete man den Vorhangbogen, den Arnold von Westfalen, der Baumeister der Albrechtsburg, als modernes Formvokabular aus der gotischen Tradition heraus entwickelt hatte. Einen Bruch mit der nordalpinen Überlieferung bedeuteten hingegen die halbkreisförmigen Giebel, welche die Zwerchhäuser von Neuhaus, Schelenburg, Stadthagen und Celle bekrönen. Zeitgenossen sahen in dem Motiv eine fremdartige Neuerung. Sie sprachen von *welschen Giebeln*, wie Quellen des 16. Jahrhunderts zu entnehmen ist. Das Adjektiv *welsch* verwies auf die Herkunft aus Italien. Italienisch war aber lediglich die Halbkreisform, denn Zwerchhäuser und Lukarnen über der Traufe waren in Mitteleuropa geläufig, wie neben der Albrechtsburg zum Beispiel die Moritzburg in Halle und Schloß Wittenberg belegen (U. Albrecht 2003). Oft wiesen diese frühen Giebel einen netzartigen Dekor auf, der dem Zirkelschlag gotischer Formtradition verpflichtet war. Die Verschmelzung spätgotischer Elemente mit dem Rundbogengiebel mag den Eindruck des Fremdartigen gemildert haben. Sie führte zu allerlei individuellen Formprägungen, die sich in Sachsen und auch im Weserraum beobachten lassen.

Jenseits solcher Mischformen traten Giebel auf, welche die italienischen Schemata bewahrten. Einfluß nahm dabei vor allem die Fassade der venezianischen Scuola di San Marco. Sie trägt über der Hauptfassade einen dreiteiligen Rundbogengiebel, dessen Staffelung dem Schema der Öffnungen des antiken Triumphbogens nachempfunden ist, während ihre Nebenfassade mit einer Reihung einteiliger Halbkreisgiebel abschließt. Ein weiteres Vorbild boten die venezianischen Kirchen San Zaccaria und Santa Maria dei Miracoli, deren Schauseiten in einem monumentalen Rundbogengiebel enden.

Führt man den Dekor der weserländischen Schlösser einem Unterscheidungsraster von eklektischer Form einerseits und deutlich italienisch geprägter andererseits zu, so wird erkennbar, daß die Bauten der Herzöge von Braunschweig-Lüneburg – das heißt die Schlösser Celle und Gifhorn – in die erste Kategorie fallen. In ihrem freieren Umgang mit der Giebelform mögen sie – wie auch das Torhaus der Kasseler Burg (Borggrefe 1999) – von sächsischen Vorbildern abhängig gewesen sein. Das nach 1526 errichtete Torhaus von Gifhorn trägt einen Giebel mit Netzstruktur (U. Albrecht 2003, S. 14). An Schloß Celle erscheinen einige gestaffelte Giebel ineinander verschachtelt (Abb. 44). Diese unitalienische Lösung ist um so erstaunlicher, als der übrige Dekor italienischen Vorbildern verpflichtet ist. Hier sind die Fassaden durch Lisenen und Gesimse strukturiert und weisen italienisch inspirierte Bauplastik wie Rundmedaillons auf – eine Lösung die an die Florentiner Renaissance erinnert. Möglicherweise gab der Bau des Dresdener Schlosses nach 1530 den Anlaß, den schon früher begonnenen Südflügel von Schloß Celle mit italianisierendem Dekor zu versehen. Lisenen und Gesimse ähneln jenen des Dresdener Georgenbaus, der aber keine Rundbogengiebel trug. Die Schlösser Neuhaus und Stadthagen vernachlässigen solch strukturellen Schmuck. Sie tragen indes Giebel, die mehr dem Vorbild der Scuola di San Marco entsprechen. Der in Neuhaus, Stadthagen und später noch in Bückeburg verwendete gestaffelte dreiteilige Giebeltyp hat sein mittelbares Vorbild im Hauptgiebel der Scuola.

Schon oft wurde die Frage nach der historischen Abkunft der Giebel, ihrer Verbreitung von Italien über die Alpen nach Norden gestellt (Unnerbäck 1971). Zwar ist Schloß Neuhaus ein frühes Beispiel für ihr Auftreten nördlich der Alpen, jedoch nicht das früheste. Lange glaubte man, die nach 1520 in Halle errichtete Stiftskirche markiere ihr erstes Erscheinen in Mitteldeutschland. Es waren vielmehr die Grafen von Mansfeld, welche die italienischen Giebel konsequent im Schloßbau einführten. Dem Chronisten Cyriakus Spangenberg zufolge (1572, IV, S. 40–42) ließen sie 1511/19 zwei der drei Schlösser (Vorderort und Hinterort) auf dem Mansfelder Burgberg errichten. Heute bietet dieser Platz ein ruinöses Bild. Die Schlösser wurden 1675 demoliert, und nur die Schloßkapelle sowie einige Portale blieben erhalten. Im 19. Jahrhundert baute man Vorderort in neogotischen Formen wieder auf. Reste des ursprünglichen Bauwerks, wie der Treppenturm, belegen, daß hier einst ein Schloß stand, welches den Einfluß der Albrechtsburg aufwies. Sein Aussehen erfahren wir aus historischen Bildquellen. Die älteste Ansicht gibt eine 1529 datierte *Hirschjagd* von Lucas Cranach d. Ä. Der jüngere Cranach malte 1549 eine weitere (Roch 1973, 2000). Links zu sehen ist Schloß Vorderort, dessen Bau 1509 begonnen wurde. Man erkennt zwei unterschiedliche Giebeltypen, wie sie an der Scuola di San Marco auftreten: den gestaffelten dreiteiligen Giebel und die einfache Reihung über der Traufe. Einige Mansfelder Giebel zeigen im Bogenfeld eine antikisierende Muschelkalotte. Da die zwanzig Jahre später entstandene Ansicht von Cranach d. J. den Tympanondekor vermissen läßt, ist anzunehmen, daß es sich um Malerei *al secco* handelte, die inzwischen verwittert war. Vermutlich war das Muschelmotiv ein fester Bestandteil der auf dem Vorbild der Scuola di San Marco beruhenden Renaissancegiebel in Sachsen und im Weserraum.

Die Grafen von Mansfeld waren konkurrierende Lehensnehmer der sächsischen Kurfürsten. Hoyer IV. von Mansfeld – ein Parteigänger der Habsburger Kaiser Maximilian I. und Karl V. sowie Träger des Goldenen Vlieses – hielt eifrig am Katholizismus fest (Borggrefe 2004, S. 424). Kupfervorkommen erlaubten den Grafen luxuriöse Repräsentation. Aus diesen Umständen ergab sich eine eigenständige, von Kursachsen unabhängige Baukultur. Für Hoyer IV., dem Bauherrn von Mansfeld Vorderort, lassen sich mehrere Aufenthalte in Venedig nachweisen. Er interessierte sich für antike Architektur. Wie Spangenberg (1572, III, S. 252 f.) mitteilt, besichtigte

1. Venedig, Scuola di San Marco, um 1490.
2. Gifhorn, Schloß. Giebel des Torhauses, nach 1526.
3. Lucas Cranach d. Ä., Hirschjagd, 1529. Öl auf Holz. Detail mit Schloß Mansfeld. (Wien, Kunsthistorisches Museum.)

1. Venedig, Scuola di San Marco, around 1490.
2. Gifhorn, Schloss. Pediment of the gatehouse, after 1526.
3. Lucas Cranach the Elder, Stag Hunting, 1529. Oil on wood. Detail with Schloss Mansfeld. (Vienna, Kunsthistorisches Museum.)

Heiner Borggrefe

Kitchen windows, Italian gables and court ceremonial – ornamentation in early Renaissance castles

The building of the Albrechtsburg in Meissen around 1470 was a break with tradition. Medieval castles were usually erected as an ensemble of separate buildings and defensive walls. In Meissen a castle with continuous eaves, containing all rooms and functions under its roof, took shape. An impressive spiral staircase tower in front of the façade facing the courtyard provided access to the artfully vaulted upper storey rooms (Mrusek 1972, Hoppe 1996). The Albrechtsburg was the prelude to early modern castle construction, which was taken up in the Weser area in a more modern form in the 1520s. This was where Schloss Neuhaus, (1524/36), Schloss Stadthagen (1534/41) and Schloss Celle (1530s) were built, all by extending a pre-existing castle to a two-winged castle. With dormers and spiral stair towers positioned in front of the façade, they still followed, indirectly, the Albrechtsburg model. The same applies to the stair tower and wall opening ornamentation. In addition to bar tracery, the curtain arch, which the builder of the Albrechtsburg, Arnold von Westfalen developed from the Gothic tradition as a formal vocabulary, is used. However, the semi-circular gables crowning the dormers of Neuhaus, Schelenburg, Stadthagen and Celle signify a break with the north Alpine model. Contemporaries saw this motif as outlandish and newfangled. They spoke of *welsche Giebel*, as can be seen from 16th-century sources. The adjective *welsch* indicated an Italian origin. However, it was only the semi-circular form which was Italian; dormers and lucarnes over the eaves were common in central Europe as shown by the Moritzburg in Halle and Schloss Wittenburg as well as by the Albrechtsburg (U. Albrecht 2003). These early gables often show a mesh-like decor which seems to owe a debt to the compass rose of Gothic formal tradition. The merging of late Gothic elements with the round-arched gable may have lessened the impression of foreignness. It led to all kinds of individual formal styles, which can be seen in both Saxony and the Weser area.

Above and beyond these mixed forms, gables appeared which preserved the Italian schemata. It was above all the Venetian Scuola di San Marco that influenced this. Above the main façade, it has a three-part round-arched gable, whose tiering is based on the same scheme as the openings of the classical triumphal arch, while the side façade concludes with a series of semi-circular gables. The Venetian churches San Zaccaria and Santa Maria dei Miracoli, whose frontages end in a monumental round-arched gable, offered a further model.

If you divide Weser castles into two types, with eclectic forms on the one hand and forms with a clear Italian influence on the other, it becomes clear that the buildings by the dukes of Braunschweig-Lüneburg – that is, Schloss Celle and Schloss Gifhorn – belong to the first category. They may owe their free treatment of the gable form to models from Saxony, as does the gatehouse of Schloss Kassel (Borggrefe 1999). The gatehouse at Gifhorn, erected after 1526, has a gable with a meshed structure (U. Albrecht 2003, p. 14). At Schloss Celle, some of the tiered gables appear to be nested (illus. 44). The extent to which the rest of its decoration is influenced by Italian models makes this un-Italian solution all the more surprising. The façade here is structured with pilaster strips and cornices, and shows Italian-inspired architectural sculpture forms such as round medallions – a solution reminiscent of the Florentine Renaissance. The building of Schloss Dresden after 1530 may have prompted addition of Italian decoration to Schloss Celle's south wing, begun some time earlier. The pilaster strips and cornices resemble those of the Georgenbau in Dresden, which however did not have round-arched gables. Schloss Neuhaus and Schloss Stadthagen ignore such structural decoration. They have gables closer to the Scuola di San Marco model. The tiered three-part gable type used at Neuhaus and Stadthagen and later at Bückeburg has an indirect model in the main gable of the Scuola.

The historical origin of this gable and its spread from Italy over the Alps to the North has been enquired into several times before (Unnerbäck 1971). Schloss Neuhaus may be an early example of its appearance north of the Alps, but it is not the earliest. For a long time it was believed that the Collegiate church in Halle, built after 1520, marked its first appearance in central Germany. However, it were the counts of Mansfeld who materially introduced the Italian gable into castle construction. According to the chronicles of Cyriakus Spangenberg (1572, IV, pp. 40–42), they had two of the three castles (Vorderort and Hinterort) on the Mansfeld castle hill erected in 1511/19. Today this site presents a ruinous picture. The castles were demolished in 1675, and only the

Hoyer 1507 gemeinsam mit seinem Bruder, Günther von Mansfeld, unter der Führung eines kundigen Humanisten die antiken Bauwerke des istrischen Pula, darunter das römische Theater. Außer den antiken dürften die Mansfelder auch die Bauten der venezianischen Renaissance mit Interesse wahrgenommen haben.

Man hat es demnach mit einem gebildeten Auftraggeber zu tun und muß nicht die praktischen Kenntnisse von Wanderhandwerkern und Baumeistern ins Kalkül ziehen, wie das in der älteren Literatur getan wurde. Die Schlösser auf dem Mansfelder Burgberg bildeten eine Residenz, sie repräsentierten eine im Entstehen begriffene Territorialmacht. Der auffallende Giebeldekor mag den politischen Anspruch akzentuiert haben. Das bestätigt sich, wenn man einen Blick auf andere Mansfelder Residenzen aus der ersten Hälfte des 16. Jahrhunderts wirft. Dazu zählte ein Stadtschloß in Eisleben. Merian d. Ä. überliefert das Aussehen des 1601 durch Feuer zerstörten Bauwerks nur schematisch. Ein Veit Thiem zugeschriebenes Epitaph von 1563 läßt hingegen erkennen, daß die Giebel Halbkreisabschlüsse trugen (Wipfler 2000). Die fünf regierenden Mansfelder Grafen gehörten drei Linien an, die nach der Lage ihrer Schlösser auf dem Mansfelder Burgberg als Vorder-, Mittel- und Hinterort bezeichnet wurden. Jede dieser drei Linien unterhielt in Eisleben, der größten Stadt der Grafschaft, einen repräsentativen Stadtsitz. Das Eisleber Epitaph Heidelberg von 1560/69 überliefert die neben der Andreaskirche gelegene Residenz der Linie Hinterort, die ebenfalls italienische Giebel trug (Voigt 1906). Graf Albrecht VII., Bauherr von Mansfeld-Hinterort und des Stadtsitzes Hinterort, ließ von 1515 bis 1518 in der Eisleber Neustadt Chor und Konvent der Annenkirche als Stiftung errichten. Nach der Abbildung auf dem Epitaph Heidelberg trug die Fassade des Konvents Halbkreisgiebel in Fachwerkkonstruktion. Es gab noch eine weitere Mansfelder Residenz: die zwischen 1511 und 1519 unter dem Grafen Ernst zum Renaissanceschloß erweiterte Grenzfeste Heldrungen (Schulze 1932, Roch-Lemmer 1992). Auch dieses Bauwerk besaß ursprünglich die halbkreisförmigen Giebel über der Traufe, wie eine Ansicht von Wilhelm Richter überliefert.

Zwischen den Schlössern Neuhaus und Stadthagen bestehen enge formale Übereinstimmungen. Sie ergaben sich daraus, daß Graf Adolf XIII. von Holstein-Schaumburg (als Koadjutor des Kölner Erzbischofs Hermann von Wied) um 1540 sowohl den Bau von Stadthagen als auch die Erweiterung von Neuhaus zu einem zweiflügeligen Schloß initiierte (Borggrefe und von Büren 2008). Wiederholt wiesen Autoren auf stilistische Übereinstimmungen zwischen diesen beiden Schlössern und Schloß Mansfeld hin (Soenke 1958, Roch 1991, Großmann 2003): auf die parallele Verwendung von einteiligen und dreiteiligen Rundbogengiebeln und auf die spätgotischen Formen von Tür- und Fenstergewänden. In Stadthagen gab es überdies wie auf dem Treppenturm von Mansfeld-Vorderort einen mächtigen Zwiebelhelm. Man kann also eine direkte Verbindung zwischen Mansfeld

4. Veit Thiem zugeschrieben, Epitaph Feuerlein, 1563. Öl auf Holz. Detail mit Stadtschloß Eisleben (Eisleben, St. Petri-Pauli.)
5. Anonymus, Epitaph Heidelberg, 1560/69. Öl auf Holz. Detail mit dem Eisleber Stadtsitz der Linie Mansfeld-Hinterort. (Eisleben, St. Petri-Pauli.)
6. Anonymus, Epitaph Heidelberg, 1560/69. Öl auf Holz. Detail mit dem Eisleber Kloster St. Anna. (Eisleben, St. Petri-Pauli.)
7. Wilhelm Richter, Schloß Heldrungen, 1664. Kupferstich. Detail.
8. Mansfeld, Schloß Vorderort, 1518. Portal.
9. Bourges, Hôtel Jacques Cœur, 1443/53. Tympanon des Küchenportals.

4. Attributed to Veit Thiem, Feuerlein epitaph, 1563. Oil on wood. Detail with Eisleben municipal castle. (Eisleben, St. Petri-Pauli.)
5. Anonymous, Heidelberg epitaph, 1560/69. Oil on wood. Detail with the Eisleben domicile of the Mansfeld-Hinterort line. (Eisleben, St. Petri-Pauli.)
6. Anonymous, Heidelberg epitaph, 1560/69. Oil on wood. Detail with the Eisleben St. Anna monastery. (Eisleben, St. Petri-Pauli.)
7. Wilhelm Richter, Schloss Heldrungen, 1664. Engraving. Detail.
8. Mansfeld, Schloss Vorderort, 1518. Portal.
9. Bourges, Hôtel Jacques Cœur, 1443/53. Tympanum of the kitchen portal.

castle chapel and a few portals remain. In the 19th century, Vorderort was rebuilt in a neo-Gothic style. Fragments of the original building, such as the stair tower, show that a castle influenced by the Albrechtsburg once stood here. We can tell its appearance from historical image sources. The oldest view of the castle is provided by a stag-hunt painting by Lucas Cranach the Elder, dated 1529. In 1549, Cranach the Younger painted another view of the castle (Roch 1973, 2000). Vorderort castle, whose building was begun in 1509, can be seen on the left. One can see two different types of gable, as with the Scuola di San Marco; the tiered three-part gable and the simple series of gables above the eaves. Some of the gables at Mansfeld have a classical shell callotte in the arched area. As the view by Cranach the Younger 20 years later does not show the tympanum decoration, we can assume that this was *al secco* painting which had since faded. The shell motif was presumably an integral part of the Renaissance gable in Saxony and the Weser area as based on the Scuola di San Marco model.

The counts of Mansfeld were concurrent vassals of the Kurfürsten of Saxony. Hoyer IV von Mansfeld – a supporter of the Habsburg emperors Maximilian I and Karl V and a Knight of the Golden Fleece – adhered staunchly to Catholicism (Borggrefe 2004, p. 424). Deposits of copper allowed the counts to create lavish displays. These circumstances gave rise to an autonomous architectural culture, independent from the Electorate of Saxony. It can be proved that Hoyer IV, who commissioned the Vorderort at Mansfeld, made several visits to Venice. He was interested in classical architecture. Spangenberg tells us that in 1507 Hoyer viewed the classical buildings of Pula in Istria, including the Roman theatre, together with his brother Günther von Mansfeld, under the guidance of a knowledgeable humanist. In addition to these, the Venetian Renaissance buildings must also have been of interest to the Mansfeld brothers.

We are therefore dealing here with an educated patron, and do not need to allow for the practical limitations on the knowledge of itinerant craftsmen and master builders, as is normal in the older literature. The castles on the Mansfeld Burgberg form an estate, they represent a territorial power in the act of arising. The conspicuous gable decoration may have accentuated these political ambitions. This theory is confirmed by a look at other Mansfeld residences from the first half of the 16th century. These include a city castle in Eisleben, destroyed by fire in 1601, whose appearance was only depicted schematically by Merian the Elder. However, an epitaph from 1563 attributed to Veit Thiem shows that the gables had semi-circular crowns (Wipfler 2000). The five reigning Mansfeld counts belonged to three different lines, known as Vorderort, Mittelort and Hinterort according to the positions of their castles on the Mansfeld Burgberg. All of these three lines maintained a representative town seat in Eisleben, the largest city in the county. The Heidelberg epitaph in Eisleben shows the Hinterort line's estate next to the Andreaskirche, which also had Italian gables (Voigt 1906). Graf Albrecht VII, commissioner of Hinterort at Mansfeld and the Hinterort town seat, had the choir and convent of the Annenkirche erected in the new part of Eisleben as a bequest between 1515 and 1518. According to the depiction on the Heidelberg epitaph the façade of the convent also had semi-circular gables in a half-timbered construction. There was a further Mansfeld estate; the Heldrungen border fortress, which was rebuilt as a Renaissance castle by Graf Ernst between 1511 and 1519 (Schulze 1932, Roch-Lemmer 1992). This building also originally had semi-circular gables above the eaves, as shown by a view by Wilhelm Richter.

There are close formal similarities between Schloss Neuhaus and Schloss Stadthagen. This results from the fact that Graf Adolf XIII von Holstein-Schaumburg (as coadjutant of Hermann von Wied, archbishop of Cologne) initiated both the building of Stadthagen and the extension of Neuhaus into a two-winged castle, both around 1540 (Borggrefe and von Büren 2008). Authors repeat-

und Neuhaus beziehungsweise Stadthagen vermuten. Adolf XIII. beschäftigte in Stadthagen und Neuhaus Jörg Unkair, einen Baumeister, der 1524 den Bau des Südflügels von Neuhaus als freistehendes Gebäude durchgeführt hatte (Pavlicic 1994). Unkair hatte gute Beziehungen nach Mansfeld. Für den Bau des an der Weser gelegenen Schlosses Petershagen ließ er 1545 einen Steinhauer und vier Gesellen aus Mansfeld holen (Soenke 1958, S. 16).

Das Bindeglied zwischen Mansfeld und dem Weserraum war Graf Gebhard VII. von Mansfeld, einer der beiden Bauherren des Schlosses Mansfeld-Mittelort (Borggrefe und von Büren 2008). Er war ein Schwager des Bischofs Erich von Braunschweig-Grubenhagen, jenes Bauherrn, der 1524 den Südostflügel von Schloß Neuhaus durch Unkair errichten ließ. Im selben Jahr hielt sich Gebhard in Stadthagen auf – zum Zweck der Schlichtung eines Streites, welcher zwischen den Schaumburger Grafen entbrannt war. Zwischen den Dynastien Mansfeld und Holstein-Schaumburg gab es gute Beziehungen: Adolf XI. von Schaumburg hatte 1433 Margarete von Mansfeld geheiratet; Adolf XIII., zunächst erzbischöflicher Koadjutor und dann selbst Erzbischof von Köln, zeichnete um 1535–40 verantwortlich für die Errichtung der zweiflügeligen Schlösser Stadthagen und Neuhaus und war bekannt mit Johann Gebhard von Mansfeld, einem Sohn des Grafen Ernst II. von Mansfeld. Dieser wiederum hatte Schloß Heldrungen vor 1520 mit italienischen Giebeln errichten lassen.

Aufgrund solcher Verflechtungen kann man vermuten, daß Jörg Unkair durch Vermittlung des Grafen Gebhard von Mansfeld zunächst 1524 nach Neuhaus und später nach Stadthagen kam. Mit ihm gelangten die Formen der venezianischen Renaissance Mansfelder Prägung in den Weserraum. Die Schlösser Celle und Gifhorn entstanden davon unberührt. In ihnen bildete sich vielmehr kursächsischer Einfluß ab, der vermutlich durch die protestantische Allianz der Bauherren mit dem sächsischen Herrscherhaus begünstigt wurde (Borggrefe 1999).

Gegenüber den Fassaden von Schloß Celle erschienen die Schlösser Mansfeld, Neuhaus und Stadthagen bemerkenswert schlicht, wobei man die bereits erwähnte Bemalung der Giebel mit klassischem Muscheldekor berücksichtigen muß. Jedoch findet man sowohl in Mansfeld-Vorderort als auch in Stadthagen figürlich gestaltete Wandöffnungen im Zusammenhang der Schloßküchen vor (Roch 1963, 1991). Eines der erhaltenen Mansfelder Portale zeigt Küchengeräte wie Krüge, einen Koch mit Bratspieß, Messer und ähnliches. Vergleichbares bietet das Küchenfenster in Stadthagen, welches ein Kochtopf mit gekreuzten Löffeln ziert. Diese figürlich-ornamentale Gestaltung folgte einer Tradition, die in das burgundische Frankreich führt. Zu ihren beredtesten Beispielen zählt das vor 1450 entstandene Tympanonrelief über dem Küchenportal des Hôtel Jacques Coeur in Bourges. Es schildert eine Feuerstelle, an der Küchenarbeit verrichtet wird.

Warum schuf man genrehaft anmutende Szenen dieser Art? Hatten die Bauherren eine humoristische Ader und wollten unterhalten? Ein Gemälde Cranachs d. J., das 1565 gemalte Epitaph für Joachim von Anhalt, gibt Aufschluß über Funktion und Bedeutung solcher narrativen Szenen und Ornamente (Roch-Lemmer 2006). Der Verstorbene kniet hier vor der Tafel des Abendmahls. Es handelt sich um eine ungewöhnliche Interpretation, nicht etwa weil die Apostel Konterfeis lutherischer Reformatoren wie Luther und Melanchthon tragen, deren überzeugter Anhänger Joachim von Anhalt war. Vielmehr ist der Hintergrund bemerkenswert: Vor der Rückwand des Raumes posieren die Räte des Verstorbenen, und rechts sieht man einen Adeligen, der an der Durchreiche, die auffällig mit einer Karyatideneinfassung in der Art von Hans Vredeman de Vries gestaltet ist, eine Speise entgegennimmt. Was bedeutet der Auftritt der Höflinge an der Durchreiche, und warum setzte Cranach den Zusammenhang von Saal und Küche ins Bild?

Wer sich mit den Grundrissen von Residenzschlössern der Renaissance beschäftigt, dem fällt auf, daß es oft unweit des auf der *Beletage* befindlichen Festsaals im Erdgeschoß eine Küche gab. Diese Schloßküchen waren keine bloßen Wirtschaftsräume im funktionalen Sinne, sondern Teil des höfischen Tafelzeremoniells, das den europäischen Höfen des 16. Jahrhunderts in Form des burgundischen Hofzeremoniells verbindlich vorgegeben war und mit mehr oder weniger großem Gepränge durchgeführt wurde. Der Ablauf des burgundischen Tafelzeremoniells ist in zwei instruktiven Schriften des 15. Jahrhunderts überliefert: *L'estat de la Cour de Charles, duc de Bourgogne* von Olivier de La Marche und *Les honneurs de la cour von Aliénor de Poitiers* (Paravicini 1991a, b, Hofmann-Randall 1995, Ottomeyer 2002). An der Längsseite der Tafel saß der Herrscher unter einem Baldachin. Ihn bedienten Adelige, die erbliche Tafelämter innehatten. Die ranghöchste Person überreichte zunächst die Serviette. Dann kredenzte der Mundschenk (*sommelier*) den Wein, den er zuvor der Giftprobe unterzogen hatte. Nun legte der *panetier* dem Herzog Brotscheiben vor, auf welche der Aufschneider (*écuyer tranchant*) das Fleisch anrichtete, welches er kunstvoll in der Luft zerlegte, nachdem er zuvor feierlich das Messer geküßt hatte. Zu diesen symbolgeladenen Verrichtungen gehörte das Auftragen der Speisen durch adelige Diener aus der nahe gelegenen Küche. Das Tafelzeremoniell war pseudoliturgisch, die Stellung des Monarchen von Gottes Gnaden. Mundschenk und Panetier standen im Rang über dem Aufschneider, weil Wein und Brot von der Würde des Sakraments bestimmt wurden, wobei dem Wein besondere Bedeutung zukam. Deshalb wurde der Zugang zum Weinkeller in frühneuzeitlichen Schlössern zuweilen ikonographisch akzentuiert. Am Portal des ehemaligen Weinkellers von Schloß Vorderort zu Mansfeld prangt noch heute ein Relief mit *Bacchus auf der Kufe* (Größler 1904). Vergleichbares sieht man an Schloß Barntrup, wo eine niederadelige Auftraggeberin höfische Kultur nachbildete (Abb. 8).

Als Schauakt mit öffentlichem Charakter wurde das Tafelzeremoniell im großen Saal des Schlosses vollzogen. Da die Küchenarbeit Teil des Zeremoniells war, befand sich die Küche meist in der Nähe des Saales sowie der Haupttreppe. Am Hof der Herzöge von Burgund gab es einen erhabenen Platz in der Küche, auf dem der oberste Küchenmeister saß. Alle zubereiteten Speisen wurden ihm vorgestellt. Hatte er sie durch Vorkosten für gut befunden, bekundete er dies, indem er seinen Kochlöffel einem Zepter gleich erhob. Erst dann durfte eine Speise unter verschlossener Haube an der herrschaftlichen Tafel aufgetragen werden. Im Schloß von Dijon blieb eine solche Küche, die das burgundische Tafelzeremoniell gut veranschaulicht, erhalten. Es wurde an allen europäischen Höfen der Zeit mehr oder weniger ausgeprägt vollzogen und bestimmte die Anordnung der ihm dienenden Räume. Sein Sinn war vertraut und konnte biblische Tafelszenen überformen, wie sich neben Cranachs *Abendmahl* auch in einem *Gastmahl des*

10. Lucas Cranach d. J., Abendmahl, 1565. Öl auf Holz. Epitaph für Joachim von Anhalt. (Dessau-Mildensee, Kirche.)
11. Mansfeld, Schloß Vorderort, um 1520/25. Tympanon des Weinkellerportals von Hans Schlegel.
12. Stadthagen, Schloß. Südflügel, 1534–41. Erdgeschoß, Detail der Einfassung eines Küchenfensters zum Hof.

10. Lucas Cranach the Younger, Last Supper, 1565. Oil on wood. Epitaph for Joachim von Anhalt. (Dessau-Mildensee, church.)
11. Mansfeld, Schloss Vorderort, around 1520/25. Tympanum of the wine-cellar portal by Hans Schlegel.
12. Stadthagen, Schloss. South wing, 1534–41. Ground floor, detail of the frame of the kitchen window facing the courtyard.

edly point to stylistic similarities between these two castles and Schloss Mansfeld (Soenke 1958, Roch 1991, Großmann 2003), such as the parallel use of single-part and three-part round-arched gables and the late Gothic form of the door and window surrounds. Stadthagen also had a massive onion dome, like the dome on the stair tower of Mansfeld Vorderort. We can therefore assume a direct connection between Mansfeld and Neuhaus, and there-by to Stadthagen. For Stadthagen and Neuhaus, Adolf XIII employed Jörg Unkair, a master builder who had carried out the building of the south wing of Neuhaus as a free-standing building in 1524 (Pavlicic 1994). Unkair had good connections in Mansfeld. In 1545 he hired a stone-carver and four journeymen from Mansfeld for the building of Schloss Petershagen on the Weser (Soenke 1958, p. 16).

The connection between Mansfeld and the Weser area was Graf Gebhard VII von Mansfeld, one of the two commissioners of the Mansfeld Mittelort castle (Borggrefe and von Büren 2008). He was a brother in law of the bishop Erich von Braunschweig-Grubenhagen, the man who commissioned the building of the southeast wing of Schloss Neuhaus by Unkair in 1524. During the same year, Gebhard was in Stadthagen – in order to resolve a dispute which had arisen between the Schaumburg counts. Relations between the Mansfeld and Holstein-Schaumburg dynasties were good: in 1433 Adolf XI von Schaumburg had married Margarete von Mansfeld. Adolf XIII, initially archbishop's coadjutor and later archbishop of Cologne, was responsible in 1535–40 for the erection of the two-winged castles Stadthagen and Neuhaus and was acquainted with Johann Gebhard von Mansfeld, a son of Graf Ernst II von Mansfeld. He in his turn had erected Heldrungen castle in 1520 and given it Italian gables.

With these interconnections, it can be assumed that Jörg Unkair went to Neuhaus in 1524 and later to Stadthagen due to the influence of Graf Gebhard von Mansfeld. With him, the forms of the Venetian Renaissance given a Mansfeld flavour arrived in the Weser area. Schloss Celle and Schloss Gifhorn were untouched by this influence. Rather, they reflect the Electorate of Saxony's influence, which was presumably encouraged by the Protestant alliance of the owners with the ruling house of Saxony (Borggrefe 1999).

Compared to Schloss Celle's façade, Schloss Mansfeld, Schloss Neuhaus and Schloss Stadthagen appear remarkably unadorned, even bearing in mind the painting of the gables with classical shell decorations already mentioned. However, at both Mansfeld Vorderort and Stadthagen one can see wall openings decorated figuratively in connection with the castle kitchen (Roch 1963, 1991). One of the remaining portals at Mansfeld shows kitchen implements such as jugs, a cook with a skewer, knives and similar objects. The kitchen window in Stadthagen is similar, being decorated with a cooking pot with crossed spoons. These ornamental figurative forms follow a tradition which originated in Burgundy, France. One of its most eloquent examples is the tympanum relief over the Hôtel Jacques Coeur kitchen door in Bourges, created before 1450. It depicts a hearth around which kitchen work is being done.

So why were scenes with such a *genre* appearance created? Perhaps the buildings' owners had a sense of humour and wanted to entertain? An epitaph picture painted for Joachim von Anhalt by Cranach the Younger in 1565 provides a clue to the function and significance of such narrative scenes and ornamentation (Roch-Lemmer 2006). The deceased is kneeling before the table of the Last Supper. This is an unusual rendition, and not only because the apostles bear a resemblance to Lutheran reformers such as Luther and Melanchthon, of whom Joachim von Anhalt was a convinced follower. It is the background which is remarkable. Advisors to the deceased are posed against the back wall of the room, and on the right one can see a nobleman who is receiving a meal through a hatch. The hatch is conspicuously decorated with a frame of caryatids in the style of Hans Vredeman de Vries. What does the courtier's appearance at the hatch mean, and why does Cranach include the connection between hall and kitchen in the picture?

Anyone who takes an interest in the ground plans of Renaissance castle estates will notice that there was often a kitchen on the ground floor close to the banqueting hall, which was situated in the *Beletage.* The castle kitchen was not simply a household space in the functional sense, but a part of courtly table ceremonies, which were prescribed for 16th-century courts by the forms of Burgundy court ceremonial and would be carried out with a lesser or greater degree of pomp. The course of the Burgundy table ceremonial described in two instructive tomes from the 15th century, *L'estat de la Cour de Charles, duc de Bourgogne* by Olivier de La Marche and *Les honneurs de la cour* by Aliénor de Poitiers (Paravicini 1991a, b, Hofmann-Randall 1995, Ottomeyer 2002). The ruler would sit at the long side of the table under a canopy. He would be served by nobles to whom hereditary table duties had been passed down. First, the person highest in rank would hand him the serviette. Then the cup-bearer (*sommelier*) would pour the wine, which he had already tested for poison. Then the *panetier* would place slices of bread before the duke, upon which the carver (*écuyer tranchant*) would prepare the meat, which he would slice elaborately in the air above it after ceremonially kissing the knife. The serving of dishes from the nearby kitchen by attendant nobles was a part of this symbolically charged performance. The table ceremony was pseudoliturgical; the monarch placing himself in relation to the grace of God, the cupbearer and Panetier were of higher rank than the carver because bread and wine were permeated with the dignity of the sacrament, with wine having especial significance. For this reason, the entrance to the wine cellar was sometimes iconographically accentuated in early modern castles. The portal of the former wine cellar in the Vorderort castle at Mansfeld still boasts a relief, *Bacchus on a tub of wine* (Größler 1904). Similar features can be seen at Barntrup castle, commissioned by a lady of the lesser nobility who imitated courtly culture (illus. 8).

As a visual act of a public nature, the table ceremony was carried out in the castle's great hall. As preparation in the kitchen was part of the ceremony, the kitchen was usually close to the hall and to the main staircase. At the court of the dukes of Burgundy, there was an elevated place in the kitchens, where the chief cook sat. All the dishes prepared were presented to him. He would taste them, and, if he found them good, would declare the fact by raising his ladle like a sceptre. It was only then that the dish could be taken to the ruler's table, under a cover. Such a kitchen remains in the castle of Dijon, making vivid the Burgundy table ceremonial. It was carried out at all European courts of this period in a more or less pronounced way, and determined the arrangement

Herodes offenbart, das ab 1530 als Titelholzschnitt für Wittenberger Drucke des Nickel Schirlentz diente (Luther 1909, S. 11). Schon ältere Beispiele des Abendmahls – Gemälde von Pietro Lorenzetti (Assisi) und Dirk Bouts (Löwen) – zeigen Öffnungen zur Küche.

Das aristokratische Dienstverhältnis der Tafelämter dokumentierte den nachgeordneten Rang des Adels gegenüber dem Herrscher. Das Nähren und Bedienen des Fürsten bekräftigte symbolisch dessen Stellung als Haupt der Gesellschaft und des Hofes, dem sich auch der Adel zu unterwerfen hatte. Solcher Sinnbildlichkeit der Schloßküchen folgend, gestaltete man ihre Portal- und Fenstergewände mit Darstellungen von Küchenpersonal und Kochgerät. Das geschah nicht zur Zerstreuung des Betrachters. Vielmehr belegten die Bilder vom sozial Niederen, daß es hier etwas gottgewollt Höheres gab, zu dessen Ernährung jenes aufwartend bestimmt war, aus dem sein untertäniges Dasein den sozialen Sinn erfuhr. Bauern, Handwerker und Köche bildeten den *Nährstand*, der den *Lehr-* und *Wehrstand*, den Klerus und den Adel, zu versorgen hatte. Im höfischen Tafelzeremoniell war die Schloßküche ein Sinnbild der dienstbaren materiellen Arbeit als nährendes Fundament des Staates.

Das gottgewollte Nähren des Fürsten konnte durch Küchenszenen, Kochgeräte, aber auch durch vegetabilische Ornamente verbildlicht werden. Die ehemalige Durchreiche in Stadthagen trägt ein aufgehendes, sich oben verbindendes Astwerk, welches zwei Kochtöpfen entsprießt. Mit ihm verkettet sind Messer und Löffel. Wie die Natur das nach oben strebende Astwerk nährt, so sollen die Untertanen den Fürsten versorgen. Solcher Symbolik entsprechend konnte Cranach d. J. das Abendmahl im Epitaph des Joachim von Anhalt als Staatsbankett inszenieren. Er sagt dem Betrachter damit, daß der Verstorbene und sein lutherischer Hofstaat Christus wie einen Fürsten an der Tafel behandeln, ihn über die irdische Sozialhierarchie stellen. Für Christus steht die korinthische Säule, sie trägt die Decke als Sinnbild des Himmels. An der Durchreiche hingegen stellen Karyatiden die sozial Niederstehenden dar. Sie waren dem antiken, durch Vitruv überlieferten Mythos nach gedemütigte Sklavinnen, also Dienende.

Seit der Antike galt das Küchenwesen als niederster sozialer Bereich. Das vermeintlich allzu menschliche Verhalten von Küchendienern und Lakaien bot den Komödienschreibern Stoff. Cicero stellt die Köche in die Reihe der unehrenhaften Berufe und spricht ihnen die Fähigkeit ab, ein Staatswesen zu konstituieren (*De officis*, I, XLII, 150). Wie schon in der Antike, drückten Bildmotive und Ornamente in der hierarchisch strukturierten Gesellschaft des 16. Jahrhunderts einen sozialen Ort aus. Die Wahl eines Motivs war abhängig von seiner Angemessenheit oder schicklichen Verwendung (*decorum*). Nach dem Selbstverständnis der sozialen Eliten bildete die Natur – auch die menschliche – den Gegenpol zu Politik, Religion und Humanismus. Dabei wollte man sie nicht ausgrenzen, ihr vielmehr einen sozialen Ort zuweisen, der seinen Sinn im Dienst der Eliten erfuhr. Ohne die Kräfte der Natur, das heißt ohne pflanzliche Fruchtbarkeit und körperliche Arbeit ist kein Gemeinwesen möglich. Die Motive der Küchengewände bekräftigen dies in einem positiven Sinn. Ähnlich wie die Durchreiche in Stadthagen wurden auch die Treppenspindel in Detmold (Abb. 53) und ein Treppenturmportal in Neuhaus (Abb. 101) mit Astwerk geschmückt. Da die Treppe Küche und Saal verband, war sie ein Sinnbild des herrschenden Oben und des nährenden Unten. Die zeremonielle Nutzung der Treppe durch auftragende Adelige ist in Gemälden des 16. Jahrhunderts zu sehen (Borggrefe, Lüpkes u. a. 2002, S. 283, 337). Der Sinn der rankenden Pflanzen geht indes zurück auf eine antike Motivtradition. Kaiser Augustus hatte einen werbekräftigen Bilderkult initiiert, der sich – wie zum Beispiel an der *Ara pacis* – vegetabilischer Motive als Ausdruck der Fruchtbarkeit seiner Politik bediente. Die Pflanzenranken waren ein Sinnbild des *Goldenen Zeitalters* (Zanker 1987, S. 186). An der Metapher der *blühenden Landschaft* finden Politiker bekanntlich bis heute Gefallen.

Köche, Kochgeräte und pflanzlicher Dekor visualisierten einen sozialen Themenbereich, dem die erhabenen Würdeformeln der herrschaftlichen Architektur entgegenstanden. Neben den monumentalen Bauteilen eines Schlosses, seinen Türmen, Treppen, Portalen und der Befestigung waren es die auf Fernsicht angelegten Giebel, in denen sich der Herrschaftsanspruch mitteilte. Der frühneuzeitliche Potentat verstand sich als Teil einer höheren Ordnung, welche die niedere Natur beherrschte und gestaltete. Cranach d. Ä. malte 1530 eine Art Familie, die sich bacchantisch um eine mit Wein gefüllte Kufe versammelt hat, vor der eine von des Malers Quellnymphen zu ruhen scheint, die man bekanntlich nicht aufwecken durfte. Im Hintergrund sehen wir zwei Schlösser. Eines liegt in der Ebene, niveaugleich hinter der Hauptszene, und zeigt mittelalterliche Treppengiebel. Das zweite Schloß mit den modernen italienischen Giebeln hat der Maler dagegen auf einen Berg gestellt. Das scheinbar rätselhafte Gemälde drückt aus, was der Bauherr eines Schlosses mit *welschen Giebeln* intendiert haben mag:

Der Burgberg war ein Sinnbild des Guten. Er ist ein geläufiges Motiv bei Cranach d. Ä. und hat oft die Bedeutung des *Tugendbergs*, den Cranach d. J. 1548 zum Thema eines Gemäldes nahm (Schade 1974, Nr. 222). Das ebenfalls aus Themen wie *Parnaß* und *Herkules am Scheideweg* vertraute Motiv lebt von der zeichenhaften Polarität der landschaftlichen Höhenunterschiede. Auf dem Gipfel residiert die Tugend, hingegen bietet das Tal der triebgelenkten menschlichen Natur eine Wohnstätte. Cranach d. Ä. verband die italienischen Giebel mit dem Tugendberg. Sie verkörperten etwas Erhabenes, ihr Bauherr oder Besitzer war Teil tugendsamer Hofkultur. Anders verhält es sich mit dem mittelalterlichen Schloß im Hintergrund der orgiastischen Szene, dessen Treppengiebel es als Sinnbild einer veralteten, in Ermangelung von *Virtus* allein auf *Nobilitas* gründenden Adelskultur kennzeichnen mag.

Am narrativen Dekor der frühen Renaissanceschlösser ist ablesbar, daß die fürstlichen Bauherren ein angemessenes Vokabular von Zierformen verwendeten, um darin den Anspruch ihrer hervorgehobenen sozialen Stellung auszudrücken. In den Augen der Stilkundler erschien die Zeit des Wandels von der Gotik zur Renaissance als ein eklektizistisches Miteinander von Formen, die sich nach der Stillogik widersprechen. Dabei hielt man Ausschau nach dem Neuen in seiner denkbar reinsten, idealen Form. In der historischen Wirklichkeit waren die Dekorformen dem spezifischen Kontext kultureller Aufgaben untergeordnet. Ihre Verwendung ergab sich wie die Disposition der Räume des Schlosses aus den tradierten Bedürfnissen des Zeremoniells und der Repräsentation, nicht aus künstlerischen Ideen oder formalem Kunstwollen.

13. Stadthagen, Schloß. Südflügel, 1534–41. Erdgeschoß, ehemalige Küchendurchreiche.
14. Lucas Cranach d. Ä., Bacchanal bei der Kufe, 1530. Öl auf Holz. (New York, Privatbesitz.)

13. Stadthagen, Schloss. South wing, 1534–41. Ground floor, former kitchen hatch.
14. Lucas Cranach the Elder, Bacchanal by the Cask, 1530. Oil on wood. (New York, private property.)

of the rooms involved. Its significance was well known, and it was capable of reworking Biblical table scenes, as is revealed by Cranachs Last Supper and another picture, *Feast of Herod*, which served as the title woodcut for Wittenberg-printed books by Nickel Schirlentz (Luther 1909, p. 11). Indeed, older examples of the Last Supper – paintings by Pietro Lorenzetti (Assisi) und Dieric Bouts (Leuven) – show openings into the kitchen.

The aristocratic table duty documented the subordinate rank of the nobles in relation to the ruler. The nourishment and service of the ruler symbolically reinforced his position as the head of the society and the court, to whom the nobility were also subject. Because of the metaphorical nature of the castle kitchen, its portal and window surrounds were duly decorated with representations of kitchen staff and cooking equipment. This was not to amuse the beholder. Rather, the images of the lower social testified that here was a higher being ordained by God, for whose sustenance these others were intended and through whom their subordinate existence received its social meaning. Farmers, manual workers and cooks formed the *Nährstand* (the food-providing class), whose purpose it was to provide for the *Lehr-* und *Wehrstand* (the educated and defensive classes): the clerics and the nobility. In the court table ceremonial, the castle kitchen was a metaphor for subservient material work as the nourishing foundation of the state.

The ruler's nourishment as ordained by God might be portrayed via kitchen scenes and cooking equipment, but also through vegetable ornamentation. The former kitchen hatch in Stadthagen has a rising branch motif connected at the top, springing from two cooking pots. Linked to it are knives and spoons. Just as nature nourishes the branch as it strives upwards, his subjects were to provide for the ruler. Such symbolism explains how Cranach the Younger could stage the Last Supper in Joachim von Anhalt's epitaph as a state banquet. In this way he tells the observer that the deceased and his Lutheran court attend Christ at table like a ruler, placing him above the earthly hierarchy. The Corinthian column signifies Christ, supporting the ceiling as a metaphor for heaven. At the hatch on the other hand, the caryatids represent the lower social ranks. According to classical mythology as related by Vitruvius, they were humble slaves, i. e., servants.

Since classical antiquity, working in a kitchen had been considered the lowest social position. The alleged all-too human behaviour of kitchen servants and footmen provided the comedy writers with material. Cicero numbered cooks among the dishonourable professions and denied their ability to constitute a body politic (*De officis*, I, XLII, 150). In the hierarchically-structured society of the 16th century, as in the classical period, pictorial motifs and ornaments expressed the nature of a social place. The choice of a motif depended on its appropriateness and the propriety of its usage (*decorum*). According to the personal understanding of the social elite, nature – including human nature – formed the opposing pole to politics, religion and the humanities. The intention was not to exclude nature, but to give her a social place, one whose purpose was defined through service to the social elite. Without the forces of nature, that is, without vegetable fruitfulness and work, no common weal is possible. The motifs of the kitchen walls reinforce this in a positive fashion. As with the Stadthagen hatch, a stair newel at Detmold (illus. 53) and the portal to a stair tower at Neuhaus (illus. 101) are decorated with branch motifs. As the stairs connected kitchen and hall, they were a metaphor for the ruling upper level and the sustaining lower level. The ceremonial use of the stairs by nobles serving dishes can be seen in 16th-century paintings (Borggrefe, Lüpkes et al. 2002, pp. 283, 337). At the same time, the meaning of the climbing plants goes back to a classical motif tradition. The emperor Augustus initiated a popular iconic cult which used vegetable motifs – for instance, the *Ara pacis* – as expressions of the fruitfulness of his politics. These plant tendrils were a metaphor for the *Golden Age* (Zanker 1987, p. 186). As is well known, politicians today still enjoy the metaphor of the *blühende Landschaft* (flowering landscape).

Cooks, cooking equipment and ornaments with floral motifs made visible a social thematic area which stood in contrast to the elevated, dignified formulations of lordly architecture. Aside from the monumental building elements of a castle – its towers, stairs, portals and fortifications – it were the gables, intended to be visible from a distance, which communicated the ruler's claim. The early modern potentate understood himself to be part of a higher order which ruled and shaped lower nature. In 1530, Cranach the Elder painted a kind of family, gathered in a bacchanalian fashion around a tub of wine, in front of which one of the painter's nymphs appears to be resting – as is known, she must not be awoken. In the background, we can see two castles. One is on a plain, on the same level as the central scene, with medieval corbie or stepped gables. The painter has placed the second castle, with modern Italian gables, on a hill. The seemingly cryptic painting expresses what may have been intended in commissioning a castle with *welsche Giebel*:

The castle hill was a symbol of the good. It is a motif commonly used by Cranach the Elder, and often signifies the mount of virtue which Cranach the Younger took as a theme for a painting in 1548 (Schade 1974, no. 222). The motif, also familiar from scenes such as *Parnassus* and *Hercules on the crossroad* is given meaning by the figurative polarity of the landscape's different levels of height. Virtue resides on the peak, while the valley offers impulse-drive human nature a home. Cranach the Elder united the Italian gables with the mount of virtue. They embodied something elevated, the owner of the building endowed with them was a part of the virtuous courtly culture. The medieval castle in the background of the orgiastic scene, whose stepped gables mark it as a metaphor for an outdated noble culture, based solely on *Nobilitas* in the absence of *Virtus*, is another matter.

From the narrative decor of early Renaissance castles it can be seen that the rulers who commissioned the buildings used a measured vocabulary of decorative forms to express their right to their elevated social position. To a hisorian of styles, the period of transition between the Gothic and Renaissance styles appears to be an eclectic mixture of forms which, by the logic of style, contradict one another. This view goes hand in hand with searching for the new in its purest possible, ideal form. In historical reality, forms of decor were subordinate to the specific context of cultural assignments. Like the uses to which rooms in the castle were put, their use sprang from the traditional requirements of ceremonial and display, not from artistic ideas or formal volition towards art.

G. Ulrich Großmann

Architektur und Ornamentik zwischen 1550 und 1620

Renaissance, die Wiedergeburt der Antike, oder die »antigisch Art«, wie bereits Albrecht Dürer den neuen Stil bezeichnete, wird einerseits aufgrund der Dekorationsformen definiert, die teilweise aus der Antike übernommen und dabei im Norden vor allem durch Musterbücher bekannt gemacht wurden, andererseits durch Modernisierungen der Baustruktur, insbesondere beim Schloßbau. Der Forschungsstand zu diesen Aspekten hat sich in den letzten Jahren, nicht zuletzt durch das Engagement des Weserrenaissance-Museums in Lemgo, erheblich verändert, wobei auch manche sicher geglaubte Erscheinung heute mit Fragezeichen versehen werden muß.

Die Einführung regelmäßiger geschlossener Vierflügelanlagen unter einem gemeinsamen Dach ist in Italien bereits im 14. Jahrhundert weitgehend vollzogen, wie die Papstburg in Spoleto (um 1358–70, Bauherr: Kardinal Albernoz) erkennen läßt, sie erscheint im deutschsprachigen Raum zuerst, wenn auch noch unvollkommen, in Tratzberg bei Schwaz (1500/02).

Aus der italienischen Kunst wurden zunächst nur einige Detail- und Ornamentformen übernommen, namentlich Halb- und Viertelkreisgiebel sowie Portaleinfassungen mit Kandelabern. Hinsichtlich der Giebel gehören im Weserraum jene mit Halbkreisaufsätzen zu den frühesten deutschen Beispielen (Schloß Neuhaus: um 1525, Stadthagen: um 1534), doch inzwischen kennen wir weitere frühe Beispiele (Frankenberg in Mittelfranken: 1528, Ziesar in Brandenburg, Bergfried-Aufsatz: um 1528), ja sogar frühere (Halle/Saale, sogenannter Dom: um 1520, Halle, Schloß Moritzburg: vor 1520, Mansfeld, Schloß: vor 1520), was die herausragende Stellung des Weserraums etwas relativiert.

Bald nach der Mitte des 16. Jahrhunderts kommen erstmals im Weserraum klassische Renaissanceformen vor, also Formen, die nicht allein aus Italien übernommen wurden wie die Halbkreisgiebel, sondern darüber hinaus bereits deutlich in der römischen Antike geprägt worden sind. Dazu zählen Pilaster, Halbsäulen und Gebälke, also tragende und getragene Elemente, sowie Giebel in flacher Dreiecksform. Derartige Motive waren den Baumeistern im Weserraum nicht durch eigene Anschauung bekannt, für keinen von ihnen läßt sich ein Italienaufenthalt nachweisen. Allenfalls einzelne Bauherren dürften die eine oder andere italienische Stadt kennengelernt haben, sei es durch Handelskontakte, sei es durch einen Studienaufenthalt. Bekannt wurden die antiken Bauformen vielmehr durch *Säulenbücher*, die den Gebrauch der römischen Säulenordnung erklärten und ab etwa 1550 rasche Verbreitung fanden, sei es als italienische, französische oder niederländische Originalausgabe, sei es als deutsche Übersetzung. Auch übernahm man manches Vorbild aus den südlichen Niederlanden, wo der Kontakt mit Italien enger gewesen ist und die klassischen Säulenordnungen früher bekannt wurden.

Herzog Erich II. von Braunschweig-Calenberg hatte durch seine Beteiligung an den Kämpfen gegen die protestantischen Niederlande enge Kontakte vor allem zum Brüsseler Hof und offenbar auch zu niederländischen Handwerkern und Künstlern. Die drei in seinem Auftrag errichteten Schlösser Uslar (1559–64), Neustadt am Rübenberge (1573–84) und Hannoversch Münden (um 1561/62 und 1572–75) zeigen die früheste Verwendung von dreieckigen Giebelaufsätzen. Gleichzeitig kommen hier Portaleinfassungen mit Pilastern, Gebälk und Giebel vor, die klassischer Renaissancearchitektur entsprechen. Solche Formen hatte Sebastiano Serlio in seinen *Sette Libri d'Architettura* schon vor 1550 propagiert.

Die Giebel von Schloß Hannoversch Münden haben Konturen aus C-Schwüngen, die an den Kreuzungsstellen wie mit Nieten verschraubt scheinen und kleine Obelisken tragen. Die äußere Form dieser Giebel stammt aus Vorlagebüchern eines niederländischen Künstlers, der bald auch persönlich im nördlichen Deutschland tätig werden sollte, so vermutlich in Braunschweig und Wolfenbüttel: Hans Vredeman de Vries hatte nach verschiedenen Vorbildern aus Frankreich und Italien sowie aus den Niederlanden (Cornelis Floris) umfangreiche Ornamentstiche vorgelegt, die weite Verbreitung fanden. Besonders auffällig unterscheiden sich die Fenster von denen der vorausgegangenen Stilphase: Sie haben ein schwellendes Gebälk und darüber, ähnlich den Giebelfronten, einen flachen Dreiecksgiebel als Bekrönung. Wahrscheinlich handelt es sich in Münden um die ältesten Beispiele für Beschlagwerk an Giebeln im Weserraum, entstanden in der Bauphase nach 1560 unter Mitwirkung niederländischer Bauleute, die sowohl archivalisch als auch an einigen Bauformen (bis hin zur Dachkonstruktion!) nachweisbar sind. Selten ist eine aus einer entfernten Landschaft übernommene Bauform so deutlich erkennbar wie im Dachwerk des Schlosses, das sich völlig von den Konstruktionen im Weserraum unterscheidet und Zimmererarbeiten im Brüsseler Raum gleicht.

Das Aufgreifen gedruckter Vorlagegraphiken für Dekorationsarbeiten wird im Innern des Schlosses noch deutlicher. Zwei Räume, das *Römergemach* (nach den dort dargestellten antiken Gestalten) und das *Gemach zum Weißen Roß* (nach dem Wappen des Bauherren, 1562), sind mit figürlichen Wandbildern in gemalten Nischen sowie mit Texten römischer Autoren in reichen Beschlagwerkrahmen versehen. Diese Rahmen beziehen sich auf graphische Vorlagen von Jakob Floris (um 1564), möglicherweise auch von Hans Vredeman de Vries (um 1553). Wahrscheinlich gehören die Malereien also erst dem zweiten Bauabschnitt um 1572/75 an. Herausragend sind die fein gearbeiteten Portale im Vorraum des *Gemachs zum Weißen Roß*, ursprünglich ein größerer Saal, die Kenntnis der römischen Antike verraten. Sie folgen Vorbildern der *Sette Libri* von Serlio. Genutzt wurde der untere der beiden aufwendig bemalten Räume als Ratsstube, nur durch den erwähnten Saal zu betreten, während das *Römergemach* im obersten Geschoß auch ein Bett enthielt und ein eher privat genutztes Sommergemach war.

Auch Schloß Neustadt am Rübenberge läßt baulich Beziehungen zu den Niederlanden erkennen, es ist aus Backstein mit sogenannten *Specklagen*, also waagerechten Bändern aus kleinen Natursteinquadern, gebaut worden, die in den Niederlanden im 15. und 16. Jahrhundert beliebt waren. Ursprünglich sollte das Schloß wohl vierflügelig werden, errichtet wurden ein langer und zwei kurze Flügel sowie zwei Treppentürme in den Hofwinkeln, ferner eine aufwendige äußere Befestigung.

Um 1570 haben sich Volutengiebel und pilastergegliederte Fassaden durchgesetzt. Zu den frühen Beispielen für Volutengiebel gehört Schloß Schwöbber, ab 1570 für Hilmar von Münchhausen und dessen Witwe Lucia von Reden errichtet. Zunächst entstand nur der Mittelflügel, doch von Anfang an scheint eine dreiflügelige Anlage geplant gewesen zu sein, denn der zentrale Treppenturm

1. Caspar Merian, Schloß Uslar. Detail. Kupferstich aus Martin Zeiller und Matthäus Merians d. Ä. Erben, *Topographia* [...] *Braunschweig und Lüneburg*, Frankfurt/Main 1654.
2. Hans Vredeman de Vries, Schweifwerkgiebel. Kupferstich aus *Dorica Ionica*, Antwerpen 1565.

1. Caspar Merian, Schloss Uslar. Detail. Engraving from Martin Zeiller and Matthäus Merians d. Ä. Erben, *Topographia* [...] *Braunschweig und Lüneburg*, Frankfurt/Main 1654.
2. Hans Vredeman de Vries, Scrolled Pediment. Engraving from *Dorica Ionica*, Antwerp 1565.

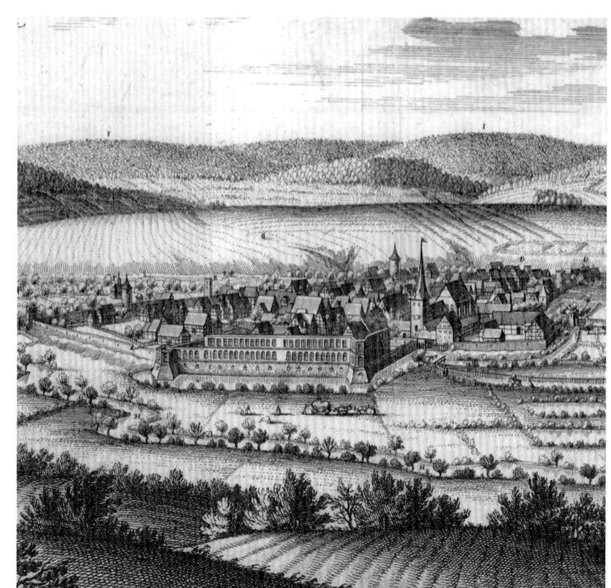

G. Ulrich Großmann

Architecture and ornamentation between 1550 and 1620

Renaissance, the rebirth of the classical age or, as Albrecht Dürer described the new style, the »antigisch Art« (antique style), is defined on the one hand by the decorative forms which were partially absorbed from the classical period and became known in the North mainly through pattern books and on the other hand through modernisation of architectural structures, especially those of castles. The state of research of these aspects has changed considerably in the past few years, not least due to the activities of the Weserrenaissance-Museum in Lemgo, meaning that a question mark must be appended to many phenomena once firmly believed to be valid.

The introduction of regular multi-winged complexes under a single roof had already become extensively established in Italy in the 14th century, as shown by the papal castle in Spoleto (around 1358–70, commissioner cardinal Albernoz). Its first appearance in the German-speaking area, admittedly in an incomplete form, was the Tratzburg at Schwaz (1500/02).

Initially, only a few detail and ornament forms were borrowed from Italian art, namely half and quarter-circular gables as well as portal framing with candelabras. With regard to gables, the semi-circle-crowned gables in the Weser area are among the earliest German examples (Schloss Neuhaus: around 1525, Stadthagen: around 1534), although other early examples have more recently come to light (Frankenberg in Middle Franconia: 1528, Ziesar in Brandenburg, the crown of the keep: around 1528), and some even earlier than these (Halle/Saale, so-called Dom: around 1520, Halle, Schloss Moritzburg: before 1520, Schloss Mansfeld: before 1520), putting the pioneering position of the Weser area into perspective somewhat.

Soon after the middle of the 16th century, classical Renaissance forms appear in the Weser area for the first time; i. e. forms which were not simply borrowed from Italy like the semi-circular gable, but were in addition clearly influenced by the Roman Classical period. These include pilasters, half pillars and entablatures, i. e. supportive and supported elements, as well as gables with a flat triangular form. This kind of motif was not known to master builders in the Weser area through personal experience; there is no proof that any of them ever travelled to Italy. At best a few of the buildings' commissioners may have been familiar with one or two Italian cities, through trade contacts or time spent studying there. Rather, classical architectural forms became known through *Säulenbücher* (column books), which explained the customary Roman classical architectural orders, known by the columns used, and quickly became widespread following 1550, as Italian, French and Dutch originals and as German translations. Some models were also taken from the south Netherlands, where contact with Italy had been closer and the classical orders became known earlier.

While taking part in battles against the Protestant Netherlands, Herzog Erich II von Braunschweig-Calenberg came into contact with the court of Brussels and clearly also with Dutch craftsmen and artists. Schloss Uslar (1559–64), Schloss Neustadt am Rübenberge (1573–84) and Schloss Hannoversch Münden (around 1561/62 and 1572–75), commissioned by him, display the earliest use of triangular superstructures for gables. Portal framing with pilasters, entablatures and gables matching classical Renaissance architecture are also in evidence here. Sebastiano Serlio had been propagating forms like these in his work *Sette Libri d'Architettura* before 1550.

Schloss Hannoversch Münden's gables have C-curved contours, which appear to have been riveted together at the intersections and support small obelisks. The external form of these gables came from pattern books by a Dutch artist who was soon to be employed in the northern Germany in person. That is, Hans Vredeman de Vries is presumed to have been employed at Braunschweig and Wolfenbüttel. Following a variety of models from France and Italy as well as the Netherlands, he had presented engravings of ornaments (Cornelis Floris). These engravings were distributed widely. The windows in particular are conspicuously distanced from those of the preceding style. They have curved frames and are topped with a flat triangular gable, similar to the gable fronts. Münden is probably the oldest example of strapwork on gables in the Weser area, created in the building phase after 1560 with the assistance of Dutch builders. This can be proved by archives as well as by some of the building forms used (including in the roof construction!). It is rare for an architectural form from a distant landscape to be so clearly recognisable as in this castle's roof framework, which is completely different from Weser area constructions and resembles constructions by domestic carpenters found in the Brussels area.

Two rooms, the *Römergemach* (Roman chamber, named after the classical figures displayed there) and the *Gemach zum Weißen Roß* (white horse chamber, after the building's owner's coat of arms, built in 1562) are equipped with figurative wall paintings in painted niches and texts by Roman authors in lavish strapwork frames. These frames are based on graphical models by Jakob Floris (around 1564) and possibly also Hans Vredeman de Vries (around 1553). These paintings therefore probably belong to the second building stage, around 1572/75. The delicately worked portals in the *Gemach zum Weißen Roß* antechamber, originally a larger hall, are exceptional and show a familiarity with Roman antiquity. They follow models from the *Sette Libri* by Serlio. The lower of the two elaborately painted rooms was used as a council chamber and could only be reached through the hall already mentioned, while the *Römergemach* in the upper storey also contained a bed and was more of a private summer chamber.

Schloss Neustadt am Rübenberge also has visible connections with the Netherlands. It is built of brick with small blocks of natural stone in horizontal bands which were popular in the Netherlands in the 15th and 16th centuries. Originally the castle was probably intended to have four wings. One long and two short wings were erected as well as two stair towers in the corners of the courtyard, as well as a considerable external fortification.

Around 1570, volute gables and pilaster-structured façades became established. Schwöbber castle, built after 1570 for Hilmar von Münchhausen and his widow Lucia von Reden is one of the early examples of volute gables. The central wing was built first, but a three-wing construction would appear to have been planned from the beginning, as the central stair tower is not situated in front of the façade, as was usual, but is located within the building's interior, so as not to visually disrupt an extension of the layout. The extension was carried out by

steht nicht – wie üblich – vor der Fassade, sondern ist im Gebäudeinnern untergebracht worden, so daß er bei einer Erweiterung der Anlage nicht störend wirkt. Diese Erweiterung erfolgte unter Hilmar d. J. von Münchhausen in den Jahren zwischen 1588 (Torflügel) und 1602 bis 1607 (Nordflügel); an der Nahtstelle zwischen dem älteren Flügel und den beiden neuen entstanden in den Winkeln Treppentürme. Die Schloßanlage öffnet sich heute zum Park hin, doch dies ist eine Folge des Abbruchs von Nebengebäuden, die ursprünglich eine geschlossene Hofansicht bewirkten. Ähnliche Detailformen wendeten die Herren von Münchhausen auch beim Ausbau ihres Schlosses in Leitzkau nahe Magdeburg an (um 1593); die Bauherrschaft spielt für die Übertragung von Formen also eine wesentliche Rolle. Schwierig gestaltet sich die Frage nach dem Baumeister. Der Mittelflügel von Schwöbber ist mit einem großen Meisterzeichen im Nordgiebel versehen, dieser Bau stammt danach von Cord Tönnis (sicher nachweisbar zwischen 1553 und 1589), der 1553 Jörg Unkair (gest. 1553) in Detmold nachgefolgt war.

Das Schloß in Brake bei Lemgo zeigt vor allem am Turm die Verwendung antikisierender Gliederungselemente, obwohl die Fassaden weit von den klassischen antiken Vorbildern entfernt sind, die man auch gar nicht unmittelbar nachahmen wollte. Das Schloß wurde 1584 bis 1592 unter Simon VI. zur Lippe ausgebaut, dabei entstanden der Nordflügel über einem im Kern aus dem späten 12. Jahrhundert stammenden Bau und der siebengeschossige Schloßturm anstelle des einstigen runden Bergfrieds. Der Turm hat an der Außenseite Pilaster, die in den unteren fünf Geschossen nicht unmittelbar an den Ecken stehen, sondern von ihnen weggerückt sind und ein Gebälk tragen, das seitlich als Gesims um den Turmkörper herumgeführt ist. Auch der Westgiebel des Nordflügels ist mit Pilastern und Gebälken gegliedert. Die Pilaster werden in gleichmäßigen Abständen von Bossenquadern unterbrochen. Das (rekonstruierte) Giebeldreieck zeigt Schweifwerk mit ausladenden Hörnern und Obelisken. Die Gestaltung sollte keine Kopie antiker Architektur sein, sondern eine moderne Fassade mit antikisierenden Elementen. Selten ist die Bedeutung des Schloßturms in der Renaissance so deutlich wie hier in Brake. Mit einem halben Dutzend verschiedener Treppen ist er eine bewußt verspielte Architektur, auch wenn zur Bauzeit nicht jede Treppe jedem Besucher zugänglich war. Vermutlich enthielt der Turm auch die Studierstuben des Grafen, er hatte hier seine beachtliche Bibliothek und Möglichkeiten zur Sternbeobachtung. Der Nordflügel mit den wichtigsten Räumen hat eine reiche Gliederung, vor allem an der Hofseite. Hier ist dem Obergeschoß ein Laufgang vorgelagert, der eine Erschließung der Räume vom Schloßturm aus und somit von außen ermöglicht. Sockelgeschoß und die zwei Hauptgeschosse des Nordflügels enthielten einen großen und einen kleinen Saal, die Küche, die Kapelle, eine *Hofstube* im Sockelgeschoß und die Wohnappartements des Grafen und der Gräfin. Wie schon das Äußere erkennen läßt, handelt es sich hier um den Hauptflügel des Schlosses.

Baumeister war Hermann Wulff, wie die Rechnungen ausweisen; er war auch am Lemgoer Rathaus beschäftigt. Wulff kam offenbar aus dem Steinmetzhandwerk und leitete die Baustelle finanziell sowie als persönlich anwesender Handwerker, wie ähnlich auch bereits Jörg Unkair in der frühen Phase der *Weserrenaissance* bei den Schlössern Neuhaus, Stadthagen und Detmold. Für viele Bauten fehlen aber gesicherte Angaben zum Baumeister, nur eine Zuschreibung aufgrund stilistischer Ähnlichkeiten ist möglich. Thorsten Albrecht vermutet etwa, daß an der Hämelschenburg Eberhard Wilkening (nachgewiesen 1582–1605) tätig war, für den Schloß Barntrup belegt ist.

Das im Auftrag von Anna von Canstein (Witwe des Söldnerführers Franz von Kerßenbrock) 1584–92 errichtete Schloß in Barntrup fällt durch seine kräftigen Ecktürme auf, die ihm einen wehrhaften Eindruck verleihen, doch als Vorbild dürfte ausgerechnet das Kasseler Lusthaus (1570–71, im späten 17. Jahrhundert abgebrochen) gedient haben, also wahrlich kein militärisches Bauwerk. Besonders verspielt sind die beiden Giebel, deren Pilaster mit Bossenquadern durchsetzt sind, den für die *Weserrenaissance* charakteristischen waffelähnlich bearbeiteten Steinen. Die Giebeldreiecke zeigen reiches Beschlagwerk mit Hörnern (Schweifwerk). Nicht ohne Witz sind auch die plastischen Bildwerke: Über dem Haupteingang zum Treppenturm findet sich eine kleine Büste der Bauherrin, über dem Portal zum Keller gießt ein Mundschenk Wein in ein Glas.

Die Hämelschenburg gilt als Beispiel des Manierismus im Weserraum schlechthin, sind doch die Fassaden aller drei zwischen 1588 und 1609 unter Georg Klencke entstandenen Flügel so vollständig mit Quaderbändern und -lisenen ausgestattet, daß sich fast der Eindruck eines geschlossenen Bossenquaderbaus einstellt. Allerdings waren die kleinen Flächen aus Bruchstein zwischen den Fenstern ursprünglich verputzt. Dadurch hatte sich der Eindruck von Quaderbändern ergeben, die im dichten Wechsel zu Putzflächen stehen, vermutlich eine Reminiszenz an niederländische Bauten. Alle Quader sind mit geometrischen Kerbschnittmustern versehen, Kreisen und Rauten, während die Fenstergewände kaum hervorgehoben sind. Auch die Portale weisen eine schwere Rahmung mit Nischen, Halbsäulen und kräftigen, fast drückend wirkenden Gebälken auf. Bei allem bleibt aber auch hier noch Platz für Ironie. Angesichts der reichen, ja überladen wirkenden Fassade mutet der Hinweis auf den Pferdestall bescheiden an, der besagt, daß jeder diesen Stall meiden müsse, der mit mehr als vier Pferden reiten wolle – Herr Klencke erschien also nur mit magerem Gefolge, wenn man dies mit den hochadeligen Verhältnissen vergleicht. Ähnlich waren die Fassaden des Hochzeitshauses in Hameln sowie des Rattenfängerhauses, das 1602 als Wohnhaus für den Bürgermeister Arendes errichtet worden war, die führende bürgerliche Schicht übernahm Formen adliger Bauten. Die Schloßarchitektur wirkte also als Vorbild für das bürgerliche Bauwesen in der benachbarten Stadt.

Das 1591–1600 im Auftrag von Graf Simon VI. zur Lippe erbaute Schloß Varenholz läßt das Ideal einer regelmäßigen Schloßanlage mit rechtwinkligem oder gar quadratischem Hof erkennen, gleichzeitig aber auch die Bereitschaft zu architektonischen Spielereien und zu Kompromissen. Varenholz entstand wie fast alle Renaissanceschlösser an der Stelle einer mittelalterlichen Burg, von der ein Wohnturm erhalten blieb – in Brake war gleichzeitig der mittelalterliche Bergfried durch einen modernen Turm ersetzt worden. Drei neue Flügel bilden jedoch ein Rechteck, dessen Regelmäßigkeit im Hof nur durch die ungleiche Fensteraufteilung seitlich der mittleren Auslucht durchbrochen wird. Auf der Außenseite sind die der Weser zugewandten Ecken durch zwei niedrige Türme betont, deren Sockelgeschosse spitzwinklig nach außen geschoben sind. Diese sind zwar mit kleinen Schießscharten versehen, die vielleicht für Ha-

3. Hameln, Rattenfängerhaus, 1602.

3. Hameln, Rattenfängerhaus (Ratcatcher's House), 1602.

Hilmar the Younger von Münchhausen in the years between 1588 (gate wing) and 1602–07 (north wing) At the meeting point of the old wing and the two new wings, stair towers were built at the inside corners. Today, the castle complex opens onto a park, but this is a result of the demolition of outbuildings, which originally created the effect of a closed courtyard. In expanding their castle at Leitzkau near Magdeburg (around 1593), the lords of Münchhausen used similar forms for the details, showing that the person who commissioned a building could play a significant role in transmitting forms. Schwöbber's middle wing has a large master's mark on the north gable, according to which it was built by Cord Tönnis (for whom clear evidence exists between 1553 and 1589), who had succeeded Jörg Unkair (who died in 1553) at Detmold in 1553.

It is above all the tower of the castle at Brake near Lemgo that shows the application of classical structuring elements, although the façades are very different from the standard classical models, which it was not the intention to directly imitate. The castle was expanded in 1584–92 by Simon VI zur Lippe, creating the north wing above a building whose main structure dated from the late 12th century and the seven storey castle tower in place of the existing round keep. This tower has pilasters on the exterior which in the case of the lower five storeys do not stand directly at the corners, but are displaced from them and support an entablature which circles the tower to form a cornice. The north wing's west gable is also patterned with pilasters and entablatures. These pilasters are interspersed with rusticated stone blocks at regular intervals. The (reconstructed) gable triangle shows baroque scrollwork with projecting horns and obelisks. The design is not intended as a copy of a classical design, but as a modern façade with classical elements. Seldom is the significance of the Renaissance castle tower so clear as here in Brake. With half a dozen different kinds of stairs, it is consciously whimsical architecture, even if at the time of building not every stair was accessible to all visitors. Presumably the stair tower also included the Graf's study; here he would have access to his considerable library and the possibility of observing the stars. The north wing, containing the most important rooms, is richly patterned, especially on the courtyard side. A gallery is situated in front of the upper storey, making the rooms accessible from the castle tower and thereby from outside. Within its foundation storey and two main storeys, the north wing contains a large and a small hall, the kitchen, the chapel, a court parlour in the foundation storey and the count's and countess's living apartments. As the exterior makes clear, this is the main wing of the castle.

The master builder was Hermann Wulff, as shown by the records; he was also employed for the Lemgo town hall. It is clear that Wulff's background was in masonry, and he directed building operations financially as well as being personally present as a craftsman, as Jörg Unkair had done during the early *Weserrenaissance* at Schloss Neuhaus, Schloss Stadthagen and Schloss Detmold. For many buildings, however, there is no safe record of the master builder, and only an attribution based on stylistic similarity is possible. For instance, Thorsten Albrecht presumes that Eberhard Wilkening (of whom evidence exists from 1582 to 1605), the proven builder of Schloss Barntrup, had been employed for the Hämelschenburg.

Schloss Barntrup, commissioned by Anna von Canstein (widow of the mercenary captain Franz von Kerßenbrock) and built from 1584 to 1592 is striking due to its massive corner towers, which lend it a martial appearance. And yet it is the pleasure estate at Kassel (1570/71, demolished in the late 17th century) which likely served as the model for it, most certainly not a military construction. The two gables, whose pilasters are interspersed with rusticated stone blocks with the waffle-like finish characteristic for the *Weserrenaissance*. The gable triangles display rich strapwork with horns (baroque scrollwork). The plastic images too are not without ingenuity. Above the main entrance to the stair tower is a small bust of the mistress of the castle and over the doorway to the cellar, a cup-bearer pours wine into a glass.

The Hämelschenburg is considered the prize example of Mannerism in the Weser area. The façades of all three wings built between 1588 and 1609 under Georg Klencke are so well endowed with stone block bands and pilaster strips that they almost give the impression of a uniform rusticated stone construction. Admittedly, the small expanses of non-dressed stone between the windows were originally plastered. This resulted in an impression of bands of masonry closely interspersed with plastered surfaces, presumably inspired by Dutch constructions. All the stone blocks are decorated with geometrical chip-carved patterns, circles and lozenges, while the window surrounds are barely emphasised. The portals are also heavily framed with niches, engaged columns and massive, almost oppressive-seeming entablatures. In spite of all this, scope for irony remains. In relation to the rich, even overburdened façade, the inscription of the stable looks rather modest, telling that this stable is not for anyone wishing to ride more than four horses – Herr Klencke must therefore have had a sparse retinue compared to that of high nobility.

The façades of the *Hochzeitshaus* in Hamelin and the *Rattenfängerhaus,* which was erected in 1602 as the residence of mayor Arendes, were similar; the highest class of burghers borrowed forms from noble's architecture. Castle architecture was therefore the model for bourgeois architecture in the neighbouring town.

Schloss Varenholz, commissioned by Graf Simon VI zur Lippe and built 1591–1600 shows signs of an ideal regular castle layout with a rectangular or even square courtyard, but also an openness to architectural whimsy and compromises. Varenholz, like almost all Renaissance castles, was built on the site of a medieval castle, of which a residential tower remained – at the same time in Brake, a medieval keep was replaced with a modern tower. However, three new wings formed a rectangle, whose regularity in relation to the courtyard was disrupted only by the unequal distribution of the windows to the side of the middle bay window. On the outer side of the walls, the corners facing the Weser are emphasised by two small towers, whose foundation storeys thrust outwards at a sharp angle. Admittedly there are small arrow slits in the walls, perhaps intended for arquebuses, but they could not have enabled a defence of the castle. It had eventually been recognised that one had to move the defensive line around a castle outwards, and at many castles the compound had duly been expanded, for instance at Detmold before the middle of the 16th century and at Neustadt am Rübenberge around 1570. The tower construction and arrow slits at Varenholz can only be seen as whimsy.

In architectural history, the castle at Bevern (1602–12) is one of the high points of the *Weserrenaissance*. It was

kenbüchsen geeignet waren, aber eine Verteidigung des Schlosses kaum gewährleisten konnten. Längst hatte man erkannt, daß man die Verteidigungslinie um ein Schloß nach außen verschieben mußte, und bei vielen Schlössern hatte man den Zwinger entsprechend ausgebaut, zum Beispiel in Detmold noch vor der Mitte des 16. Jahrhunderts und in Neustadt am Rübenberge um 1570. Schießscharten und Turmgestaltung in Varenholz können nur als Spielerei verstanden werden.

Das Schloß in Bevern (1602–12) zählt architekturgeschichtlich zu den Höhepunkten der *Weserrenaissance*. Es wurde für Statius von Münchhausen errichtet, der über der Baumaßnahme allerdings Bankrott anmelden mußte, das fertige Schloß ging bald darauf in den Besitz des Herzogs von Braunschweig-Lüneburg über. Das Schloß steht auf einem fast quadratischen Grundriß und hat damit neben Schloß Neuhaus (vollendet um 1591, Bauherr: Dietrich von Fürstenberg, Fürstbischof von Paderborn), Schmalkalden (1585–92, Bauherr: Landgraf Wilhelm IV. von Hessen-Kassel) und Aschaffenburg (1605–14, Bauherr: Johann Schweikhard von Kronberg, Erzbischof von Mainz) eine der regelmäßigsten Erscheinungsformen eines Renaissanceschlosses in Deutschland. Es mißt sich mit den Bauten des Hochadels. Die Fassaden sind durch Pilaster und Gesimse gegliedert und waren neben Giebeln und Zwerchgiebeln noch durch Erker bereichert. Die Fassade des mächtigen Baukörpers wirkte dadurch kleinteilig und keineswegs absolut symmetrisch. Der Verzicht auf eine strenge Symmetrie ist für die Renaissance im Weserraum typisch. Während am Außenbau der Eindruck von Quadern und Werksteinen vorherrscht, waren die Hoffassaden durch ein Obergeschoß aus Fachwerk etwas bescheidener. Bedeutende Ausstattung war auch für die Innenräume vorgesehen. Der schon in der *Topographie* des Matthäus Merian gelobte *Goldene Saal* war ein Raum von weit mehr als 300 qm, der vermutlich goldenfarbig ausgemalt war, erhalten haben sich blaugraue Farbfassungen an den Deckenbalken. Die Wohnräume erstreckten sich über das gesamte Obergeschoß, die Appartements mit Wohnstuben und Schlafkammern befanden sich im Nordflügel, die Küche im Nordwesten. Leider wurde das Innere durch unsachgemäße Umbauten ab etwa 1985 erheblich beeinträchtigt, teilweise sogar zerstört.

Hinsichtlich des Grundrisses bietet die Wewelsburg eine bemerkenswerte Alternative zum Vierflügelschloß. Unter Verwendung eines mittelalterlichen Burggebäudes entstand 1603–09 ein dreiflügeliges Schloß in gleichschenkliger Dreiecksform, an den Ecken zum Berg hin mit zwei kleineren und zum Tal hin mit einem größeren Rundturm versehen. Der Bauherr Dietrich von Fürstenberg hatte zuvor Schloß Neuhaus vollenden und durch vier runde Ecktürme zu einer regelmäßigen rechtwinkligen, kastellartigen Anlage erweitern lassen. Die äußere Erscheinung als Kastell ist aber weniger ein Aspekt der Wehrhaftigkeit als der repräsentativen Gestaltung und der Demonstration von Macht. Gegen eine anrückende Armee war ein solches Schloß kaum zu verteidigen. Der Stolz des Bauherrn auf die beiden großen Bauprojekte äußert sich nicht zuletzt an seinem Grabdenkmal im Paderborner Dom, das Reliefs beider Schlösser enthält.

Mehrere Schlösser des Weserraums sind nur zweiflügelig und verfügen über einen Treppenturm im Hofwinkel, der beide Flügel erschließt. Damit wirken sie wie ein Ausschnitt aus einem Vierflügelschloß. Die beiden freistehenden Giebel werden in diesen Fällen gern stärker betont, wie sich besonders in Thienhausen zeigen läßt, 1609 für Tönnies Wolf von Haxthausen errichtet. Teile eines im 19. Jahrhundert abgebrochenen Giebels befinden sich heute im Weserrenaissance-Museum. Auch Schloß Haddenhausen (1613–16, Bauherr: Hilmar d. J. von Münchhausen) folgt diesem Typ. Die Schlösser in Wendlinghausen (1613–16) und in Barntrup (1584–92) haben zwar nur einen Flügel, doch seitliche Stellung und Anschluß des Treppenturms sprechen dafür, daß in beiden Schlössern ein zweiter Flügel geplant gewesen sein dürfte.

Schloß Wolfsburg ist keine so regelmäßige Anlage wie Bevern, doch gleichfalls vierflügelig und mit Treppentürmen in den Hofwinkeln versehen. Die zeittypische Übernahme mittelalterlicher Bauteile erklärt einige Unregelmäßigkeiten, unter denen der Erhalt des Schloßturms am auffälligsten ist. Der nordöstliche Hauptflügel enthält mehrere gewölbte und teils mit Stukkaturen versehene Säle, ein Fries aus Stuck stellt Jagdszenen dar. Das Schloß wurde zwischen 1574 und 1620 durch die Herren von Bartensleben ausgebaut.

Zu einem Zentrum manieristischer Architektur entwickelte sich Bückeburg, wo Graf Ernst von Holstein-Schaumburg noch vor der Errichtung der Stadtkirche (1610–15) das schon um 1560 erneuerte Schloß ausbauen und ausstatten ließ. Markant ist vor allem der *Güldene Saal*, ursprünglich als *Weiße Stube* bezeichnet. Die Stube nahm ein Geschoß des früheren Bergfrieds ein, wovon man im Innern nach dem Umbau nichts mehr bemerkt. Als Vorlagen für die Ornamentik dienten vor allem die Drucke von Wendel Dietterlin (1551–1599). In diesem Zusammenhang steht auch das fürstliche Mausoleum, daß an der Ostseite der Stadtkirche von Stadthagen angefügt ist. Dieses von dem in Sachsen ansässigen Italiener Giovanni Maria Nosseni (1544–1620) geplante Bauwerk enthält eine Skulpturengruppe von Adriaen de Vries (um 1560–1626) mit einer Darstellung des auferstehenden Christus. Der Bildhauer war zu diesem Zeitpunkt in Prag und am Prager Hof tätig, vor allem im Auftrag Kaiser Rudolfs II.

Schloß Thedinghausen (um 1619) stellt den Schlußpunkt für die *Weserrenaissance* dar, auch wenn es als Bauwerk im Bremer Umland weitgehend aus Backstein errichtet wurde und sich dadurch von den Renaissancebauten an Mittel- und Oberweser unterscheidet. Erzbischof Johann Friedrich von Holstein-Gottorp bekannte sich zum protestantischen Glauben und errichtete seiner Lebensgefährtin Gertrud von Hermeling das Schloß. Nur die Pilaster der beiden seitlichen Ausluchten sind aus Quadern gemauert, während der mittlere Treppenrisalit bis auf Portal und Fenster aus Backstein besteht. Ihr Auf- und Abschwellen ist weit entfernt von der klassischen antiken Säulenordnung, wie sie von Serlio in der Mitte des 16. Jahrhunderts verbreitet worden war. Der Begriff *Manierismus* für diese letzte Phase der Renaissance geht nicht zuletzt auf diesen verspielten, unklassischen Umgang mit der Antike zurück.

Zu einer Weiterentwicklung kam es im Schloßbau in den nächsten Jahrzehnten nicht. Der 1618 einsetzende Dreißigjährige Krieg schränkte das Bauwesen zunehmend ein, bis es um 1640 völlig zum Erliegen kam, nur einige bürgerliche Fassaden entstanden in diesen Jahren noch, vornehmlich aus Fachwerk. Nach dem Dreißigjährigen Krieg gab es ganz andere Bauaufgaben und man orientierte sich an völlig neuen Vorbildern.

4. Heinrich Gröninger, Schloß Wewelsburg. Alabasterrelief, 1616/22. (Paderborn, Dom, Wandgrabmal des Fürstbischofs Dietrich von Fürstenberg.)
5. Heinrich Gröninger, Schloß Neuhaus. Alabasterrelief, 1616/22. (Paderborn, Dom, Wandgrabmal des Fürstbischofs Dietrich von Fürstenberg.)
6. Wendel Dietterlin, Entwurf eines Kamins. Kupferstich aus *Architectura*, Nürnberg 1598.
7. Adriaen de Vries, Grabmal mit Christi Auferstehung, 1618–21. Bronzeguß, Marmor. (Stadthagen, Mausoleum des Fürsten Ernst von Holstein-Schaumburg.)

4. Heinrich Gröninger, Schloss Wewelsburg. Alabaster relief, 1616/22. (Paderborn, cathedral, wall tomb of Fürstbischof Dietrich von Fürstenberg.)
5. Heinrich Gröninger, Schloss Neuhaus. Alabaster relief, 1616/22. (Paderborn, cathedral, wall tomb of Fürstbischof Dietrich von Fürstenberg.)
6. Wendel Dietterlin, Design for a Fireplace. Copperplate engraving from *Architectura*, Nuremberg 1598.
7. Adriaen de Vries, Tomb with Resurrection of Christ, 1618–21. Bronze casting, marble. (Stadthagen, mausoleum of Fürst Ernst von Holstein-Schaumburg.)

built for Statius von Münchhausen, who however had to declare himself bankrupt due to the building activities, whereupon the castle quickly passed into the possession of the Herzog von Braunschweig-Lüneburg. The castle has a virtually square ground plan, therefore possessing, after Schloss Neuhaus (completed around 1591, Dietrich von Fürstenberg, prince-bishop of Paderborn), Schloss Schmalkalden (1585–92, Landgraf Wilhelm IV von Hessen-Kassel) and Schloss Aschaffenburg (1605 to 1614, Johann Schweikhard von Kronberg, archbishop of Mainz) one of the most regular appearances of any Renaissance castle in Germany. It measures up to constructions of the high nobility. The façades are structured by pilasters and cornices and were enhanced by bay windows as well as gables and dormers. This meant that the façades of the massive building looked intricate and by no means absolutely symmetrical. This dispensing with absolute symmetry is typical for the Renaissance in the Weser area. While the dominant impression of the exterior is of ashlars, the façades facing the courtyard were somewhat more modest, with a half-timbered upper story. The interior was also impressively appointed. The *Goldener Saal,* praised in Matthäus Merian's *Topographia,* was a room more than 300 square m in size, presumably painted gold. Blue-green painted carvings on the ceiling beams are preserved. The living quarters were spread throughout the whole upper storey. The apartments with living rooms and bedrooms were in the north wing, with the kitchen in the northwest wing. Unfortunately the interior was considerably affected, and even destroyed in parts, by ill-advised conversions around 1985.

With regard to ground plan, the Wewelsburg presents a remarkable alternative to the four-winged castle. Between 1603 and 1609, a three-winged castle in the shape of an isosceles triangle incorporating a medieval castle was created, with two small round towers on the corners facing the hill and one larger round tower towards the valley. The building's commissioner, Dietrich von Fürstenberg, had previously had Schloss Neuhaus completed and extended to form a regular right-angled fort-like complex using four round corner towers. The external appearance of a fort is less a martial aspect and more one of impressive design and the demonstration of power. Such a castle would be barely defensible against an approaching army. The pride the commissioner took in the two large building projects was expressed not least in his memorial in Paderborn cathedral, which contains reliefs of both castles.

Several castles in the Weser area only have two wings, and have a stair tower in the corner of the courtyard providing access to both wings. In this respect they look like a fragment of a four-winged castle. In these cases, the two free-standing gables are often more strongly emphasised, as can be seen especially well at Thienhausen, built in 1609 for Tönnies Wolf von Haxthausen. Schloss Haddenhausen (1613–16, Hilmar the Younger von Münchhausen) also follows this typus. The castles at Wendlinghausen (1613–16) and Barntrup (1584–92) only have one wing, but the lateral positioning and connection of the stair tower suggests that a second wing may have been planned for both castles.

Schloss Wolfsburg is not such a regular complex as Bevern, but also has four wings and stair towers in the corners of the courtyard. The incorporating of medieval building elements typical of the period explains some of the irregularities, of which the preservation of the castle tower is the most conspicuous. The northeast main wing contains several vaulted and sometimes stuccoed rooms, and a stucco frieze portrays hunting scenes. The castle was extended between 1574 and 1620 by the lords of Bartensleben.

Bückeburg developed into a centre of Mannerist architecture, where, before the building of the city church (1610–15) Graf Ernst von Holstein-Schaumburg had the castle, which had already been renovated around 1560, extended and re-fitted. The *Güldene Saal*, originally known as the *Weiße Stube* in particular is distinctive. This room incorporated a storey of the earlier keep, a fact which cannot be seen from the interior following the conversion. Prints by Wendel Dietterlin (1551–1599) were the main models for the ornamentation. The princely mausoleum connected to the east side of the town church of Stadthagen belongs to the same context. This building, planned by an Italian, Giovanni Maria Nosseni (1544–1620), living in Saxony, contains a sculpture group by Adriaen de Vries (around 1560–1626), with a portrayal of Christ's resurrection. At this time, the sculptor was in Prague, employed at the court of Prague, mainly on commissions from Kaiser Rudolf II.

Schloss Thedinghausen (around 1619) was the final flourish of the *Weserrenaissance*, even if this building, erected in the environs of Bremen, was to a great extent built from bricks, making it different from Renaissance buildings of the middle and upper Weser area. Archbishop Johann Friedrich von Holstein-Gottorp declared his Protestant faith and built the castle for his consort Gertrud von Hermeling. Only the pilasters on the two laterally placed bay windows are made of masonry, while the middle stair protruding façade bay consists of bricks, except for the portals and windows. Its curvature is very different from the classical pillar order as disseminated by Serlio in the mid 16th century. This whimsical, non-classical treatment of antiquity is a significant reason for the term *Mannerism*, used to describe this final phase of the Renaissance.

The following centuries did not see further developments in castle architecture. The Thirty Years' War, which began in 1618, increasingly suppressed building activities until they came to a total halt in 1640. Only a few bourgeois façades, usually half-timbered, were constructed during these years. After the Thirty Years' War, architecture's task had changed, and builders oriented themselves on entirely new models.

Thomas Fusenig

Künste und Bildung an den Höfen im Weserraum

Fürsten aus dem Weserraum kamen im 16. und 17. Jahrhundert weit herum. Auf Reichstagen trafen sie mit dem Kaiser zusammen, vielfältige Besuche und Gesandtschaften sowie Kavalierstouren am Ende der Prinzenerziehung führten zu intensivem Austausch, der ein europäisches Anspruchsniveau höfischer Kultur zur Folge hatte (Paravicini 2003/05). Höfische Kunst diente vor allem der Ausstattung repräsentativer Räume. Ziel waren Unterhaltung und Inszenierung des Fürsten. Es wurde nicht streng zwischen verschiedenen Medien unterschieden. Sie konnten kombiniert werden oder bei Bedarf einander vertreten. Teppichkunst und Malerei waren bisweilen austauschbar, Bildhauerei grenzte sowohl an Goldschmiedearbeiten wie an Möbelschreinerei.

Die Stellung der Künste bei Hof läßt sich anhand des langjährigen Kasseler Hofmalers Christoph Jobst (1557 bis 1630) erläutern. Er zählte zur Bauabteilung (*Baustube*), die 1623 innerhalb einer Kostenübersicht des beinahe 500köpfigen Hofes zwischen dem Marstall und der Jägerei aufgeführt wird (Metz 1961). Das waren angesehene Funktionen am Hof. Ein Entwurf der Bestallung von Jobst im Jahr 1586 nennt neben Verpflegung und jährlicher Hofkleidung einen wöchentlichen Lohn von etwas mehr als einem Gulden. In den Listen »vor die cost zu hoff«, die in sechs, später sieben Klassen unterteilt wurden, wird er zusammen mit den Sängern und Instrumentalisten, dem Büchsenmeister, Hofschneider, Brunnenmeister und Kostümschneider in der fünften/siebten Klasse angeführt (Kümmel 1996, S. 72). Die in Geldwert umgerechnete Entlohnung des Hofmalers dürfte etwa 200 Gulden pro Jahr betragen haben. Seit 1598 arbeitete der Maler mit einem kleinen Team an einer heute verlorenen Ausmalung von Schloß Eschwege zusammen (Fusenig 2000a, S. 106–109). Selbst wenn Jobst zusätzliche Prämien erhalten haben mag, so stand sein Lohn doch in bescheidenem Verhältnis zu den etwa 2800 Gulden, die es kostete, Schloß Eschwege insgesamt auszumalen. Die Halbjahreseinnahmen aller hessischen Amtsbezirke wurden zur Frankfurter Herbstmesse 1605 mit etwa 5600 Gulden veranschlagt (Reutzel 2002, S. 193). Der Kasseler Kanzler erhielt zur selben Zeit eine jährliche Entlohnung von umgerechnet etwa 1000 Gulden (Metz 1961, Habich 1969, S. 16 f.).

Der Kasseler Hof kaufte auf der Messe in Frankfurt/Main regelmäßig Goldschmiedearbeiten und Schmuck. Die Kosten überstiegen den Lohn des Hofmalers um ein Mehrfaches. Etwa 2900 Gulden kosteten vergoldete Becher, Ringe und ein Halsband, welche der Landgraf als Geschenke für die Hochzeit seiner Schwester Hedwig mit Ernst von Holstein-Schaumburg erwarb. Bedarf bestand auch auf der Reise des Landgrafen durch Norddeutschland 1601, auf der er großzügig »Kleinodien, Ringe, Silbergeschir undt Brustbilder« verteilte (Schwarzwälder 1987, S. 431–437). Geschenke mit hohem Materialwert eigneten sich, um politischen Wünschen Nachdruck zu verleihen. 1599 zahlte Herzog Heinrich Julius für Mitbringsel an den Prager Kaiserhof etwa 5000 Taler. Bisweilen entstanden in solchen Zusammenhängen subtile Meisterwerke wie der Pokal mit Aktäon-Darstellung des Paulus von Vianen von 1610, in dessen Deckelinnenseite ein Porträtrelief des Herzogs eingefügt wurde (Hofkunst 1998, Nr. 86). Goldschmiedearbeiten wurden besonders für das höfische Buffet benötigt. Auf Etageren beziehungsweise Kredenzen wurden bei Festen die Schaustücke der Silberkammer als Ausweis der Kontinuität und des Rangs der Dynastie zur Schau gestellt. Herzog Heinrich d. J. von Braunschweig-Wolfenbüttel und Moritz der Gelehrte verfügten gleichermaßen über reiches Gold- und Silbergeschirr für diesen Zweck (Ottomeyer 1997, Thöne 1963, S. 45).

Neben der Kunst der Goldschmiede, zu der in gewissem Maße die Herstellung von Uhren, Automaten und astronomischen Geräten zählte (Kümmel 1996, S. 92 bis 107), waren seit dem Mittelalter Tapisserien das Leitmedium höfischer Kunst. Wandteppiche besaßen aufgrund ihrer Mobilität und Wärmedämmung großen praktischen Nutzen. Als großformatige Bildträger eigneten sie sich für figürliche Darstellungen. Alle fürstlichen Haushalte im Weserraum verfügten über kostspielige Tapisserien. Das Inventar der Witwe des Wolfenbütteler Herzogs Heinrich d. J. verzeichnet viele Wandteppiche. Einige Ritterdarstellungen hatte der spanische König Philipp II. geschenkt (Thöne 1963, S. 45 f.). Ein Inventar der Tapisserien, Tischteppiche und Betthimmel des Landgrafen Wilhelm IV. von Hessen von 1573 verzeichnet neben dekorativen Stücken, Wappentüchern und religiösen Historien zwei soeben von Johann von Diegen in Wesel erworbene Serien, eine 14teilige *Geschichte des Cyrus* und eine 21teilige *Geschichte König Davids*. Der in Kassel ansässige Teppichwirker Franz von Steinbach aus Oudenaarde, einem für Teppiche berühmten Ort zwischen Antwerpen und Gent, fertigte zur selben Zeit weitere Historien, eine neunteilige Serie der Lebensalter und Allegorien an. Letztere fußte offenbar auf Entwürfen des Landgrafen. Den astronomischen Interessen Wilhelms IV. entsprachen drei Tapisserien mit Sternzeichen (Drach 1889, S. 122). Landgraf Moritz ließ in Kassel ab 1611 und in einem zweiten Anlauf seit 1622 Teppiche mit den Taten Philipps des Großmütigen anfertigen (Kümmel 1996, S. 81–83). Um die Kosten zu senken, beschäftigte man

1. Anonymus, Höfische Gesellschaft, 1615. Bolzenkasten des Prinzen Otto von Hessen, Bemalung der Deckelinnenseite. (Bad Wildungen, Schloß Friedrichstein.)
2. Schmalkalden, Schloß Wilhelmsburg. *Großer Saal* (sogenannter *Riesensaal*), um 1590 und 1626.

1. Anonymous, Courtly Society, 1615. Chest for crossbow bolts belonging to Prinz Otto von Hessen, paintwork of the side of the lid. (Bad Wildungen, Schloss Friedrichstein.)
2. Schmalkalden, Schloss Wilhelmsburg. *Großer Saal* (so called *Riesensaal*), around 1590 and 1626.

Thomas Fusenig

The arts and education at courts of the Weser area

Rulers from the Weser area tended to get around in the 16th and 17th centuries. When imperial councils were held, they would meet with the emperor himself, while a variety of visits and embassies as well as grand tours to conclude heirs' upbringing led to an intensive exchange, which resulted in a European-class degree of courtly culture (Paravicini 2003/05). Court art's main function was the furnishing of suitably impressive spaces. The intention was to entertain the ruler and present him to best advantage. There was no strict separation of different media. They could be combined, or, when necessary, stand in for one another. Tapestry and painting were sometimes interchangeable. Sculpture shaded into goldsmithing and cabinet-making.

The position of the arts at court is illustrated by the example of the long-standing court painter at Kassel, Christoph Jobst (1557–1630). He was included in the building department (*Baustube*) which, in an audit taken in 1623 was entered between the royal stables and the hunting staff (Metz 1961). These were highly-regarded functions at court. A draft document on Jobst's appointment from 1586 mentions a weekly wage of somewhat more than a guilder, as well as living costs and a suit of courtly clothes every year. In the lists »vor die cost zu hoff« (of meals at court), which are divided into six and later seven classes, he is included in the fifth, later seventh class together with singers and instrumentalists, the gunsmith, the court tailor, the fresh water supplier and the costume tailor (Kümmel 1996, p. 72). Converted into money, the court painter's pay may have been about 200 guilders per year. From 1598 onwards, the painter, together with a small team, decorated Schloss Eschwege (their work have since been destroyed) (Fusenig 2000a, pp. 106–109). Even if Jobst also received additional bonuses, his pay was modest in comparison with the 2800 guilders it took to paint all of Schloss Eschwege. At the Frankfurt autumn fair in 1605, the monetary income of Hessen's combined administrative districts for half a year was estimated to be about 5600 guilders (Reutzel 2002, p. 193). At this time, the chancellor in Kassel received an annual wage of approximately 1000 guilders (Metz 1961, Habich 1969, pp. 16 f.).

The court of Kassel regularly bought jewellery and goldsmith's work at the fairs in Frankfurt/Main, with the cost being several times greater than the court painter's wage. Gilded cups, rings and a necklace bought by the landgrave as gifts for his sister Hedwig's marriage to Ernst von Holstein-Schaumburg cost about 2900 guilders. The landgrave's travels through north Germany in 1601, during which he generously distributed »Kleinodien, Ringe, Silbergeschir undt Brustbilder« (pieces of jewellery, rings, silvery cutlery and head-and-shoulders portraits), also imposed demands (Schwarzwälder 1987, pp. 431–437). Gifts with a high material value served to give weight to political requests. In 1599, Herzog Heinrich Julius paid about 5000 talers for gifts to take to the emperor's court at Prague. Complex masterpieces sometimes appeared in this connection such as the goblet depicting Actaeon by Paulus von Vianen of 1610, with a relief portrait of the duke added to the inside of its lid (Hofkunst 1998, no. 86). In particular, goldsmith's work was required for the court's tableware. At banquets, display pieces from the silver chest would be displayed on shelves or credenzas as a sign of the dynasty's continuity and rank. Herzog Heinrich the Younger von Braunschweig-Wolfenbüttel and Moritz der Gelehrte both owned rich gold and silver tableware for this purpose (Ottomeyer 1997, Thöne 1963, p. 45).

Apart from goldsmithing, which also involved, to a certain extent, the making of clocks, automata and astronomical instruments (Kümmel 1996, pp. 92–107), it was tapestry which had been the main medium of courtly art since the Middle Ages. Due to their portability and insulation value, wall tapestries' practical use was considerable. As large format picture areas, they were suitable for figurative representation. All rulers' households in the Weser area possessed valuable tapestries. An inventory taken by Heinrich the Younger, duke of Wolfenbüttel's widow lists many wall tapestries. Some of them, depicting knights, were gifts from King Philip II of Spain (Thöne 1963, pp. 45 f.). Apart from decorative pieces, armorial hanging and religious histories, an inventory of tapestries, tablecloths and bed canopies for Landgraf Wilhelm IV von Hessen from 1573 lists two series purchased by Johann von Diegen in Wesel, a 14-part *History of Cyrus* and a 21-part *History of King David*. The tapestry maker Franz von Steinbach from Oudenaarde, a city famed for tapestries between Antwerp and Ghent, then living in Kassel, was completing further historical tapestries at this time, as well as a nine-part series of *Ages of Man* and allegories. These last were clearly based on designs by the landgrave. Three tapestry series showing star signs are in keeping with Wilhelm IV's interest in astronomy (Drach 1889, p. 122). After 1611 and in a second phase from 1622 onwards, Landgraf Moritz had tapestries made in Kassel showing the deeds of Philipp der Großmütige (Kümmel 1996, pp. 81–83). Since 1590, the tapestry maker Balduin von Brüssel in Wolfenbüttel had been employed in order to reduce costs (Stiegemann 2003, no. 100, Thöne 1963, pp. 54, 71 f.). Graf Ernst von Holstein-Schaumburg purchased several series from Joost van Herseele, who had moved his workshop from Antwerp to Hamburg in 1589. Among others, Van Herseele completed a series of 11 or 12 tapestries showing Augustus for the *Langer Saal*, and a series of seven tapestries showing Scipio for the *Roter Saal* in Schloss Bückeburg (Großmann 1989a, no. 743). Some of these tapestries were later given by his widow Hedwig to his brother, Landgraf Moritz (Drach 1889, p. 153).

Sculptures as well as tapestries could determine the design of a space, as with the *Alabaster-Gemach* at Schloss Kassel, completed by the workshop of Elias Godefroy, born in Cambrai, between 1555–57 (remains in Landesmuseum Kassel, Borggrefe et al., 1997, no. 284). The room was a particularly noted spectacle, and was sometimes used to house ambassadors. Godefroy was also employed at Hannoversch Münden, and his student Liquier Beaumont later worked for the court of Wolfenbüttel. It was admittedly unusual for a room to be decorated entirely with sculptures. Usually fireplaces with an allegorical content, like the one at Arend Robyn in Stadthagen (illus. 140), the Acteon fireplace in Schloss Neuhaus castle or the fireplace depicting the Virtues at Wewelsburg were considered sufficient. Stucco also conveys the impression of a sculpted design, as in the *Jagdsaal* (hunt room) of Schloss Wolfsburg (illus. 194, 195) or Schloss Brake. In the Hessian exclave of Schmalkalden, exceptionally beautiful works in stucco from the workshop of the court sculptor Wilhelm Ver-

seit 1590 in Wolfenbüttel den Teppichwirker Balduin von Brüssel (Stiegemann 2003, Nr. 100, Thöne 1963, S. 54, 71 f.). Graf Ernst von Holstein-Schaumburg kaufte mehrere Serien bei Joost van Herseele, der 1589 seine Teppichmanufaktur aus Antwerpen nach Hamburg verlegt hatte. Van Herseele fertigte unter anderem eine Augustus-Serie von 11 oder 12 Teppichen für den *Langen Saal* und eine Scipio-Serie mit sieben Teppichen für den *Roten Saal* in Schloß Bückeburg an (Großmann 1989a, Nr. 743). Einige der Teppiche schenkte seine Witwe Hedwig später ihrem Bruder Landgraf Moritz (Drach 1889, S. 153).

Neben Wandteppichen konnten auch Skulpturen die Raumgestaltung bestimmen, wie etwa im *Alabaster-Gemach* des Kasseler Schlosses, das die Werkstatt des aus Cambrai gebürtigen Elias Godefroy in den Jahren 1555–57 anfertigte (Reste im Landesmuseum Kassel, Borggrefe u. a. 1997, Nr. 284). Der Raum war eine besondere Sehenswürdigkeit und diente gelegentlich dazu, Gesandte zu beherbergen. Godefroy war auch in Schloß Hannoversch Münden tätig, sein Schüler Liquier Beaumont später für den Wolfenbütteler Hof. Daß ein Raum vollständig mit Skulpturen geschmückt wurde, war allerdings eine Ausnahme. Meist beschränkte man sich auf Kamine mit allegorischen Gehalten wie etwa die von Arend Robyn in Stadthagen (Abb. 140), den Aktäon-Kamin in Schloß Neuhaus oder den Kamin mit Tugenden in der Wewelsburg. Den Eindruck bildhauerischer Gestaltung vermittelte auch Stuck wie im *Jagdsaal* in Schloß Wolfsburg (Abb. 194, 195) oder in Schloß Brake. In der hessischen Exklave Schmalkalden sind ausnehmend schöne Stuckarbeiten aus der Werkstatt des Hofbildhauers Wilhelm Vernuken in der Wilhelmsburg erhalten. Auch an Türgerichten, den architektonisch gestalteten Eingängen im Schloßinneren, wurden Skulpturen angebracht, wie im *Goldenen Saal* in Bückeburg. Die Werkstatt von Ebbert d. J. und Jonas Wolff aus Hildesheim integrierte Gestalten Giambolognas in eine überbordende Komposition (Abb. 40). Bisweilen begnügte man sich jedoch mit gemalten Türgerichten mit Figuren, wie etwa im großen Saal der Wilhelmsburg in Schmalkalden. Ernst von Holstein-Schaumburg legte besonderen Wert auf Skulpturen. Neben anderen Werken des Prager Hofbildhauers Adriaen de Vries kaufte er dessen monumentale Bronze nach der antiken Figurengruppe des *Farnesischen Stiers* (1614) für sein Privatgemach. De Vries hinterließ in einem Brief an den Grafen eine aufschlußreiche Bemerkung zur Konkurrenz höfischer Bildmedien. Die Bronzegruppe »sey gemachet in einem Saal oder stanza zusetzen worinnen keine Tapezzeria ist, uff einem postament, worauf die cornisa kann umgedrehet werden«. Der geforderte Kaufpreis betrug enorme 3000 Reichstaler (Kastler und Lüpkes 2000, Nr. 82 f).

Bildnisse des Fürsten spielten im höfischen Umfeld eine besondere Rolle. Die anläßlich der Reise des Landgrafen Moritz von 1601 erwähnten »Brustbilder«, die an Mitglieder befreundeter Höfe, vornehme Bürger und Reisehelfer ausgegeben wurden, waren Ehrenpfennige mit und ohne kostbare Ketten. Landgraf Moritz nahm auf seiner Reise knapp 100 solcher Ehrenpfennige mit, von denen er nur sechs übrigbehielt (Schwarzwälder 1987, S. 432–434, Großmann 1989a, Nr. 28/29, Borggrefe u. a. 1997, Nr. 66, Stiegemann 2003, Nr. 73). Es handelte sich bei ihnen um die kleine Münze des Ruhms im Vergleich mit dem aus Italien stammenden Medium der Medaille, das Herzog Erich II. von Braunschweig-Calenberg nutzte, als er anläßlich seiner (vergeblichen) Belagerung der Stadt Bremen 1547 eine Gedenkmünze anfertigen ließ (Kunze 1993, S. 57). Die Darstellung der fürstlichen Gesichtszüge folgte in der Regel Prototypen, die das gewünschte Erscheinungsbild verbindlich festlegten. Das Fürstenbildnis als wichtigste Porträtaufgabe wurde häufig auswärtigen Künstler anvertraut. So malte der in Köln ansässige Niederländer Geldorp Gortzius ein Bildnis von Simon VI. (heute Schloß Detmold). Ernst von Holstein-Schaumburg ließ sich von dem in Hamburg nachweisbaren Jacob van Doordt und von dem in Venedig und Augsburg wirkenden Hans Rottenhammer malen (heute Schloß Bückeburg), Herzog Heinrich Julius von dem in Prag lebenden kaiserlichen Hofmaler Hans von Aachen. Das Bild ist durch einen Kupferstich überliefert. Manche Porträtkupferstiche wurden offenbar in Auftrag gegeben, so daß sie zur höfischen Repräsentation gerechnet werden können, wie etwa das des Dietrich von Fürstenberg von Anton Eisenhoit, das neben einer Fülle von Wappen (Ahnenprobe) die Residenz Schloß Neuhaus und vier allegorische Gestalten zeigt, unter anderem die *Liberalitas* (Freigiebigkeit) (Stiegemann 2003, Nr. 74). Früher oder später mußten sich die gemalten Bildnisse in die Familiengalerie einfügen, die ebenso wie gemalte Stammbäume dem Nachweis der dynastischen Kontinuität dienten. Galerien mit Bildnissen der Vorfahren und Verwandten sind etwa in Hessen belegt (Borggrefe u. a. 1997, Nr. 25, 27). Die schöne Porträtgalerie in Schloß Detmold ist eine historistische Installation. Daneben sammelte man Darstellungen europäischer Fürsten, mit denen man sich verbunden fühlte. Eine umfangreiche Sammlung europäischer Herrscher und Fürsten des Heiligen Römischen Reiches befand sich im *Goldenen Saal* in Kassel (Borggrefe u. a. 1997, Nr. 282). Bescheidener war die Galerie der Stammstube in Wolfenbüttel, die auf Tuch gemalte Bildnisse verwandter Fürsten und ihrer Familien enthielt (Uppenkamp 2002, S. 69).

Dem Gedanken der dynastischen Kontinuität entsprechen Darstellungen des eigenen Territoriums. Im *Burgundischen Saal* in Wolfenbüttel ließ Herzog Julius repräsentative Abrisse von Harzbergwerken sowie Karten der schiffbar gemachten Oker und der Grenzen seines Territoriums an der Weser aufhängen (Uppenkamp 2002, S. 73). Die Fürsten von Holstein-Schaumburg gaben bei dem in Hamburg und Lüneburg tätigen Maler Daniel Frese eine Riesenkarte der umstrittenen Besitzung Pinneberg bei Hamburg in Auftrag, die sich noch in Bückeburg erhalten hat. Landgraf Moritz besaß eine steinerne Tischplatte mit einer eingeätzten Karte Hessens und kosmologischen Angaben (Borggrefe u. a. 1997, Nr. 280).

Die ursprüngliche Anbringung mobiler Bildmedien ist nicht immer zu bestimmen, die Zusammenhänge sind meist zerstört und lassen sich anhand von Inventaren nur mühsam rekonstruieren. In einigen Glücksfällen haben sich ursprüngliche Ausstattungskontexte erhalten. 1572–74 ließ Herzog Erich II. in Schloß Münden zwei Gemächer ausmalen, die das wichtigste erhaltene Ensemble höfischer Malerei im Weserraum bilden. Das sogenannte *Römergemach* im dritten Stock, das als sommerliches Fürstengemach diente, zeigt unter Verwendung einer Kupferstichvorlage des Haarlemer Künstlers Marten van Heemskerck ein Bildprogramm der *Liberalitas* (Freigiebigkeit) des Fürsten (Abb. 86). Die Wände des Raumes sind illusionistisch mit Nischen bemalt, in denen lebensgroße Bronzefiguren stehen und Zierrahmen hängen. Im Raum darunter, dem sogenannten *Gemach zum Weißen Roß*, trafen sich bei besonderen Ge-

3. Adriaen de Vries, Der Farnesische Stier, 1614. Bronzeguß. (Gotha, Schloßmuseum.)
4. Philips Galle nach Marten van Heemskerck, Berühmte und berüchtigte Reiche. Kupferstich aus der Serie *Elend der Reichen*, Antwerpen 1563.
5. Anton Eisenhoit, Fürstbischof Dietrich von Fürstenberg, 1592. Kupferstich.

3. Adriaen de Vries, The Farnesian Bull, 1614. Bronze casting. (Gotha, Schlossmuseum.)
4. Philips Galle after Marten van Heemskerck, Famous and Notorious Rich. Engraving from the *Misery of the Rich* series, Antwerp 1563.
5. Anton Eisenhoit, Fürstbischof Dietrich von Fürstenberg, 1592. Engraving.

nuken are preserved at the Wilhelmsburg. Sculptures were also located in the *Türgerichte*, or architectonically shaped entrances to the interior rooms, as with the *Goldener Saal* in Bückeburg. The workshop of Ebbert the Younger and Jonas Wolff from Hildesheim integrated designs by Giambologna into an exuberant composition (illus. 40). Sometimes, however, a painted *Türgericht* with figures was considered sufficient, as with the great hall in the Wilhelmsburg in Schmalkalden. Ernst von Holstein-Schaumburg placed particular value on sculptures. He bought the Prague court painter Adriaen de Vries' bronze casting in imitation of a classical sculpture, *The Farnesian bull* (1614) for his private chamber, as well as other works by the same sculptor. In a letter to the count, Adriaen de Vries made an interesting remark about competing courtly media: the group of bronze »sey gemachet in einem Saal oder stanza zusetzen worinnen keine Tapezzeria ist, uff einem postament, worauf die cornisa kann umgedrehet werden« (should be placed in a hall or chamber where there are no tapestries, on a pedestal whose cornice can be revolved). The asking price was a huge 3000 imperial talers (Kastler and Lüpkes 2000, no. 82 f.).

Images of the ruler played a particularly important role in the court environment. The head-and-shoulders portraits mentioned earlier in connection with Langraf Moritz' journey in 1601, which were issued to members of allied courts, prominent burghers and travelling companions were *Ehrenpfennige* (pennies of honour) with or without valuable chains. Landgraf Moritz took over 100 of these pennies of honour on his journey, only 6 of which were not given away (Schwarzwälder 1987, pp. 432–434, Großmann 1989a, nos. 28–29, Borggrefe et al. 1997, no. 66, Stiegemann 2003, no. 73). In contrast with these small honour coins, Herzog Erich II von Braunschweig-Calenberg used the medium of the medallion, which originated in Italy, when he had a commemorative medal minted on the occasion of his (unsuccessful) siege of the town of Bremen in 1547 (Kunze 1993, p. 57). Portrayals of the ruler's features generally followed regulating prototypes which prescribed the desired appearance. As the most important of commissions, the ruler's painting was often entrusted to foreign artists. For instance, the Dutch Geldorp Gortzius, living in Cologne, painted Simon VI (today at Schloss Detmold). Ernst von Holstein-Schaumburg had himself painted by Jacob van Doordt, who has been traced to Hamburg, and Hans Rottenhammer, who worked in Venice and Augsburg (today at Schloss Bückeburg), while Herzog Heinrich Julius was painted by the imperial court painter Hans von Aachen, who lived in Prague. This picture is known to us through an engraving. Some engraving portraits were clearly commissioned, and can therefore be considered a form of courtly display, like that of Dietrich von Fürstenberg by Anton Eisenhoit, which, apart from an abundance of coats of arms (the *Ahnenprobe* or proof of noble ancestry), shows his estate at Schloss Neuhaus and four allegorical figures, including *Liberalitas* or generosity (Stiegemann 2003, no. 74). Sooner or later the painted depictions would be added to the family gallery, which served as proof of the dynasty's continuity, like a painted family tree. The presence of galleries with paintings of the owner's ancestors and relatives in Hessen, for instance, has been proved (Borggrefe et al., 1997, nos. 25, 27). The beautiful portrait gallery in Schloss Detmold is a historicist installation. Portraits of European rulers with whom a connection existed would also be collected. An extensive collection of European monarchs and rulers of the Holy Roman Empire was kept in the *Goldener Saal* at Kassel (Borggrefe et al. 1997, no. 282). The gallery in the *Stammstube* in Wolfenbüttel, which contained paintings on cloth of related rulers and their families, was more modest (Uppenkamp 2002, p. 69).

Representations of the ruler's own territory corresponded to concepts of dynastic continuity. In the *Burgundischer Saal* in Wolfenbüttel, Herzog Julius hung impressive depictions of the Harz mines as well as maps of the Oker, which had been made navigable, and the border of his territory at the Weser (Uppenkamp 2002, p. 73). The rulers of Holstein-Schaumburg commissioned a giant map of the disputed possession of Pinneberg near Hamburg which is still preserved at Bückeburg from Daniel Frese, a painter who worked in Hamburg and Lüneburg. Landgraf Moritz had a stone tabletop with an engraved map of Hessen with cosmological data (Borggrefe et al. 1997, no. 280).

Where any portable form of image was originally housed is not always traceable, as the context has usually been destroyed, and can only be reconstructed from inventories with difficulty. In a few fortunate cases, we know the original setting. From 1572 to 1574, Herzog Erich II had two chambers at Schloss Münden painted, which represent the most important ensemble of courtly painting preserved in the Weser area. The room known as the *Römergemach* on the third storey, which served as a summer chamber for the ruler, had, according to an engraved model by the Haarlem artist Marten van Heemskerck, contained a programme showing the ruler's *Liberalitas* (generosity) (illus. 86). The walls are painted to give the illusion of niches in which life-size bronze figures are standing, and decorative borders are hung. The room underneath, known as the *Gemach zum Weißen Roß*, was used for extraordinary meetings of the ruler's council (*Ratsstube*). It is decorated with illusionist architecture and representations of virtuous heroes from the Old Testament, which relate to the divine right of the ruler (illus. 87, 88). The painting of both rooms depends heavily on contemporary room decorations from Antwerp, which is not surprising given that the duke had many connections in the Netherlands. Only a few years previously, a relative, Herzog Wilhelm the Younger von Braunschweig-Lüneburg, had ordered about three dozen pictures, some large format, from the Antwerp painter Marten de Vos for the chapel at Schloss Celle. The pictures, delivered around 1570, represent the largest ensemble of Antwerp painting from the 16th century still in existence (illus. 46). The duke and his consort Dorothea of Denmark can be seen portrayed in courtly surroundings on the side-wings of the main altar, which are attributed to Ludger tom Ring the Younger. The Catholic Erich II and his Lutheran relative Wilhelm the Younger both imported a significant amount of their courtly art directly from Antwerp around the same time. In this, the iconography of sovereignty and virtue and religious confession blended into one. The concept of the ruler answering only to God was inter-denominationally obligatory, without belying the explicitly Lutheran content of the Schloss Celle chapel.

Naturally, ruler's chapels were particular sites of confessional ostentation. For instance, the altar by Hans Vredeman de Vries in the church *Beatae Mariae Virginis* in Wolfenbüttel, which was made in 1590 for the destroyed chapel of Schloss Hessen (the seat of Herzog

legenheiten die fürstlichen Räte (*Ratsstube*). Er ist mit einer Scheinarchitektur und Darstellungen von Tugendhelden aus dem Alten Testament geschmückt, die sich auf das Gottesgnadentum des Fürsten beziehen (Abb. 87, 88). Die Ausmalung beider Räume lehnte sich eng an zeitgenössische Raumausstattungen in Antwerpen an, was nicht verwundert, verfügte der Herzog doch über vielfältige Beziehungen in die Niederlande. Nur wenige Jahre zuvor hatte ein Verwandter, Herzog Wilhelm d. J. von Braunschweig-Lüneburg, für die Schloßkapelle in Celle etwa drei Dutzend zum Teil großformatige Bilder bei dem Antwerpener Maler Marten de Vos bestellt. Die in den Jahren um 1570 gelieferten Arbeiten bilden das größte erhaltene Ensemble Antwerpener Malerei aus dem 16. Jahrhundert (Abb. 46). Auf den Seitenflügeln des Hauptaltars, die vermutlich von Ludger tom Ring d. J. stammen, sind der Herzog und seine Gattin Dorothea von Dänemark in höfischer Umgebung zu sehen. Der katholische Erich II. und sein lutherischer Verwandter Wilhelm d. J. importierten zur selben Zeit einen bedeutenden Teil ihrer höfischen Kunst direkt aus Antwerpen. Dabei flossen Herrschafts-, Tugendprogrammatik und religiöses Bekenntnis ineinander. Die Vorstellung des Fürsten, der einzig Gott untertan sei, war überkonfessionell verbindlich, ohne den ausdrücklich lutherischen Gehalt der Celler Schloßkapelle zu leugnen.

Natürlich waren gerade fürstliche Kapellen Orte der konfessionellen Repräsentation. So zeigt der Altar von Hans Vredeman de Vries in der Kirche Beatae Mariae Virginis in Wolfenbüttel, der 1590 für die zerstörte Kapelle von Schloß Hessen entstand (dem Sitz der Witwe von Herzog Julius), eine Kreuzigung mit einer lutherischen Allegorie der Erbsünde (Borggrefe, Lüpkes u. a. 2002, Nr. 160). Die Flügel zeigen ähnlich wie in Celle das herzogliche Paar in architektonischem Kontext mit ihren Kindern. In der Kapellenstiftung des Paderborner Fürstbischofs Dietrich von Fürstenberg für Schloß Schnellenberg bei Attendorn verbanden sich ebenfalls fürstliche Memoria, genealogisches Denken und konfessionelle Propaganda (Stiegemann 2003, S. 42–50). Für die weitgehend erhaltene Ausstattung zog man Künstler aus Mainz und Frankfurt/Main sowie aus der Region heran. Hervorzuheben ist als Meisterwerk der Goldschmiedekunst das Kapellengeschirr von Anton Eisenhoit (Stiegemann 2003, Nr. 75 f., 93). Eisenhoit wohnte in Warburg im Paderborner Territorium. Er war auch als Kupferstecher tätig, nachdem er um 1580 einige Jahre in Rom gearbeitet hatte. Früher hatte er bereits Aufträge für die Höfe in Kassel und Lemgo ausgeführt. Nach Eisenhoits Zeichnungen entstand seit etwa 1588 in der Werkstatt des Hildesheimer Malers Johannes Hopffe ein 13teiliger Zyklus der *Geschichte Abrahams* für Schloß Brake (heute Landesmuseum Detmold, Stiegemann 2003, Nr. 40–43). Der Abraham-Zyklus war ebenso wie die alttestamentlichen Gestalten im *Gemach zum Weißen Roß* in Münden nicht für die Ausstattung der Kapelle bestimmt (Sauer 2002, S. 169). Spätestens nachdem Graf Simon VI. 1605 in der Schloßkapelle Brake das Abendmahl auf kalvinistische Weise gefeiert hatte, hatte er ohnehin alle religiösen Bilder aus dem Raum entfernen lassen. Anders sein lutherischer Schwager Ernst von Holstein-Schaumburg, der die Kapelle in Schloß Bückeburg in diesen Jahren überbordend von Hopffe und Gehilfen mit Ornamenten und biblischen Szenen ausmalen ließ (Abb. 39). Nachdem sich das Vorhaben zerschlagen hatte, ein großes *Jüngstes Gericht* des Prager Hofmalers Joseph Heintz unterhalb der Fürstenprieche anzubringen, weil sich Kaiser Rudolf II. das Bild aus dem Künstlernachlaß angeeignet hatte (heute Burggalerie Prag), bemühte sich Ernst um eine Fassung von Hans Rottenhammer. Zudem beauftragte er den in Wolfenbüttel tätigen Christoph Gertner, wohl ein Schüler Hans von Aachens. Der überregionale Kunsterwerb wurde durch einen weitverzweigten Kunsthandel gefördert (Kümmel 1996, S. 85 bis 107, Fusenig 2002, Vermeylen 2003). Daneben waren Künstler an der Vermittlung von Kunstwerken und anderen Künstlern beteiligt (Borggrefe 2000b, Habich 1969, S. 16 f., Anm. 35).

Von herausragender Bedeutung für die persönliche Fama und die dynastische Memoria waren fürstliche Grabmonumente. Für den Niederlandismus in der Region setzte das Wandgrab Landgraf Philipps des Großmütigen in der Kasseler Martinskirche in den späten 1560er Jahren Standards. Es wurde von Elias Godefroy entworfen und durch Adam Liquier Beaumont vollendet (Jolly 1999, S. 122). Der niederländische Bildhauer Arend Robyn fertigte ab 1580 das Epitaph von Graf Otto IV. von Holstein-Schaumburg in St. Martini in Stadthagen (Tebbe 1996, S. 81, Nr. 157). In Celle findet sich in der Stadtkirche eine Gruppe solcher Monumente. Die Stile der norddeutschen Skulptur seit der Mitte des 16. Jahrhunderts bis zum Barock können hier auf wenigen Metern abgeschritten werden. Das Grafenmonument in Stadthagen wurde aus dem Chor der Kirche in die Turmhalle verlegt. Im Chorscheitel befindet sich heute der Eingang zum siebeneckigen Mausoleum (1620–25) für Fürst Ernst, das architektonisch einen ausgesprochen italienischen Akzent setzt. Das mit italienischen Marmorsäulen versehene Innere enthält eine vielfigurige *Auferstehung* von Adriaen de Vries (Tebbe 1996, S. 134–152). Ein überaus kunstreiches und großes Epitaph ließ auch Fürstbischof Dietrich im Paderborner Dom von Heinrich Gröninger errichten (Stiegemann 1989).

An welches Publikum richtete sich die höfische Kunst in den Residenzen (Völkel 2007, S. 68 f.)? In der ersten Reihe saß natürlich der Fürst, dicht umringt vom inneren Zirkel des eigenen Hofs. Sodann wollte man Standesgenossen und diplomatische Öffentlichkeit beeindrucken. Audienzräume und Festsäle betonen daher mit historischen oder allegorischen Darstellungen den fürstlichen Rang, besonders dann, wenn man sich wie Ernst von Holstein-Schaumburg um eine Rangerhöhung bemühte. 1563 ordnete Landgraf Philipp an, daß Johann von Rantzau, Kanzler des dänischen Königs, durch Schloß Kassel geführt werden solle, um ihm die repräsentativen Räume und die Kapelle zu zeigen (Heppe 1995, S. 82). Gesandte wurden, je nach Gunst, in Schlössern herumgeführt oder nur zu bestimmten Räumen zugelassen. 1577 begleitete der Herzog in Celle einen sächsischen Gesandten bei der Besichtigung der Schloßkapelle (Zweite 1974). Die bürgerliche Obrigkeit erhielt bisweilen Zugang zu den Residenzen, um Rechtsgeschäfte abzuwickeln. Auch Reisende ohne diplomatische Mission erhielten Eintritt in Schlösser, wie etwa der Engländer John Taylor, der 1616 im glanzvollen Bückeburg seinen Bruder besuchte (Schwarzwälder 1987, S. 519–533).

Im 16. Jahrhundert setzte sich das Ideal eines umfassend gebildeten Höflings gegenüber der älteren soldatisch-ritterlich geprägten Auffassung durch. Dienten bildende Künste am Hof der Unterhaltung und der Repräsentation des Fürsten, so erfüllten auch Bildung und Gelehrsamkeit am Hof verschiedene Zwecke. Vor allem unterstrichen Wissenschaft und Bildung die herausgehobene Stellung des Fürsten im Gefüge der göttlichen

6. Ludger tom Ring d. J., Herzog Wilhelm d. J. von Braunschweig-Lüneburg mit Schloß Celle und Kleinem Lustgarten im Hintergrund, um 1570. Altarretabelflügel. Öl auf Holz. (Celle, Schloßkapelle.)

6. Ludger tom Ring the Younger, Herzog Wilhelm the Younger of Braunschweig-Lüneburg with Schloss Celle and Kleiner Lustgarten in the background, around 1570. Altarpiece wing. Oil on wood. (Celle, Schlosskapelle.)

Julius' widow), shows the crucifixion with a Lutheran allegory of original sin (Borggrefe, Lüpkes et al. 2002, no. 160). The side panels are similar to those at Celle, showing the ducal pair with their children in an architectonic context. In the chapel endowed by Fürstbischof (prince-bishop) Dietrich von Fürstenberg for Schloss Schnellenberg near Attendorn a ruler's memorial, genealogical concerns and confessional propaganda are united in the same way (Stiegemann 2003, pp. 42–50). Artists from Mainz and Frankfurt/Main as well as from the region were involved in its decoration, which is largely still preserved today. Special attention is to be given to the gold work of the chapel's utensils, a masterpiece by Anton Eisenhoit (Stiegemann 2003, nos. 75, 76, 93). Eisenhoit lived in Warburg in the Paderborn territory. He was also active as a copper engraver, after working for some years in Rome around 1580. He had previously executed commissions for the courts of Kassel and Lemgo. Around 1588, a 13-part cycle, the *History of Abraham* was created for Schloss Brake in the workshop of the Hildesheim painter Johannes Hopffe from drawings by Eisenhoit (today in the Landesmuseum Detmold, Stiegemann 2003, nos. 40–43). Like the Old Testament figures of the *Gemach zum Weißen Roß*, the Abraham cycle was not intended for the castle's chapel (Sauer 2002, p. 169). By 1605, the year in which Graf Simon VI celebrated Holy Communion in Brake's chapel according to Calvinistic tradition, at the latest, he would have removed all religious images from the chapel in any case. In contrast to this his Lutheran brother-in-law Ernst von Holstein-Schaumburg had the chapel at Bückeburg exuberantly painted with ornamentation and Biblical scenes by Hopffe and his assistants during this time (illus. 39). After a plan to hang a large *Last Judgement* by the Prague court painter Joseph Heintz on the wall beneath the ruler's seat failed due to Kaiser Rudolf II appropriating this picture (today in the castle gallery at Prague) from among those left on the artist's death, Ernst tried to obtain a rendition by Hans Rottenhammer. In the same matter he employed Christoph Gertner, who worked in Wolfenbüttel and was probably a student of Hans von Aachen. Inter-regional art purchasing was encouraged by a widespread trade in art (Kümmel 1996, pp. 85–107, Fusenig 2002, Vermeylen 2003). This also involved artists taking part in negotiations involving artworks and other artists (Borggrefe 2000b, Habich 1969, pp. 16 f., editor's note, 35).

Ruler's tomb monuments were of exceptional importance to their personal fame and dynastic commemoration. In the late 1560s, the wall tomb of Landgraf Philipp der Großmütige in the Martinskirche in Kassel set the standard for the Netherlandish style in this region. It was designed by Elias Godefroy and completed by Adam Liquier Beaumont (Jolly 1999, p. 122). Some time after 1580, the Dutch sculptor Arend Robyn completed the epitaph for Graf Otto IV von Holstein-Schaumburg in St. Martini in Stadthagen (Tebbe 1996, p. 81, no. 157). In the town church in Celle, there is a group of such monuments. Here, we pass through all the styles in north German sculpture since the mid 16th century up to the baroque within a few metres. The count's monument in Stadthagen was transferred from the choir of the church to the tower hall. The entrance to the septagonal mausoleum (1620–25) of Fürst Ernst, which has a markedly Italian architectonic tone, is today located in the central passage of the choir. The interior, with its pillars of Italian marble, contains an *Resurrection* with multiple figures by Adriaen de Vries (Tebbe 1996, pp. 134–152). Fürstbischof Dietrich also had a very ornate and large epitaph erected by Heinrich Gröninger in Paderborn cathedral (Stiegemann 1989).

What audience was the courtly art in estates intended for (Völkel 2007, pp. 68 f.)? The ruler would naturally be in the front row, surrounded closely by the *inner circle* of his own court. One would also wish to impress others of the same rank and the diplomatic public. Audience rooms and banqueting rooms therefore highlight the ruler's rank, with historical or allegorical depictions, especially when, as with Ernst von Holstein-Schaumburg, he had set his sights on higher rank. In 1563, Landgraf Philipp arranged for Johann von Rantzau, the King of Denmark's chancellor, to be shown Schloss Kassel in order to show him the impressive rooms and chapel (Heppe 1995, p. 82). Envoys might be favoured with a tour of a castle, and only permitted to enter certain rooms. In 1577 the duke accompanied an envoy from Saxony in viewing the castle chapel at Celle (Zweite 1974). Prominent burghers would sometimes be granted admission to the estates, in order to conclude legal business. Travellers with no diplomatic mission would also be allowed into castles, for instance the Englishman John Taylor, who visited his brother in the glittering Bückeburg in 1616 (Schwarzwälder 1987, pp. 519–533).

In the 16th century, the ideal of a courtier with a comprehensive education triumphed over the older martial/chivalric concept. If visual art at court was useful to a ruler's amusement and reputation, education and learnedness also fulfilled diverse purposes at court. Above all, science and education served to emphasise the exalted position of the ruler in the structure of the divine world order. The upbringing and education of a ruler's heirs was considered especially important. At about seven years old, boys would receive their own little household, consisting of noble's sons or relatives of the same age, as well as a master of the household and a private tutor (Praeceptor), to whom the early education of the young princes was entrusted. During the Middle Ages, this educational task had already given rise to the *Fürstenspiegel* literary genre. The Marburg professor of rhetoric Reinhard Lorich (Lotichius) dedicated such a work to the young son of the Hessian landgrave Philipp, Wilhelm IV. von Hessen: *Wie junge Fürsten und großer herrn kind rechtschaffen instituirt und unterwisen* […], Marburg 1537 (Mühleisen et al. 1997, pp. 22–85). Lorich's catalogue of virtues portrays *Liberalitas* (generosity) as an especially important virtue for rulers, while stating that one should be moderate, as in all things. With the future Landgraf Wilhelm IV, further exhortations to shrewdness and justness clearly did not fall on deaf ears. The Latin edition of the book, which appeared in printed form a year later, was dedicated by Lorich to Herzog Erich II von Braunschweig-Calenberg, who was brought up at the court in Kassel together with the sons of the Hessian landgrave. It must be admitted that this Welf duke is not remembered for especially well-considered government or for being particularly well-educated. Graf Simon VI zur Lippe's library contained an expanded Latin version of Lorich's book published in 1567. This well-read copy with notes from the count's own hand is preserved in the state library at Detmold (Huneke 1993, pp. 287 f.).

The needle's eye which had to be passed through in achieving education lay in acquiring languages, especially Latin. Latin was the Europe-wide compulsory lan-

Weltordnung. Erziehung und Ausbildung des Fürstennachwuchses maß man besondere Bedeutung zu. Die Knaben erhielten im Alter von etwa sieben Jahren einen eigenen kleinen Hofstaat mit einigen gleichaltrigen Adelssöhnen oder Verwandten sowie einem Hofmeister und Hauslehrer (Praezeptor), denen die erste Ausbildung der jungen Prinzen anvertraut wurde. Diese pädagogische Aufgabe hatte schon im Mittelalter die Literaturgattung der Fürstenspiegel ins Leben gerufen. Der Marburger Professor für Rhetorik Reinhard Lorich (Lotichius) widmete ein solches Werk dem jungen Sohn des hessischen Landgrafen Philipp, Wilhelm IV. von Hessen: *Wie junge Fürsten und großer herrn kind rechtschaffen instituirt und unterwisen* [...], Marburg 1537 (Mühleisen u. a. 1997, S. 22–85). Lorichs Tugendkatalog stellt die *Liberalitas* (Freigiebigkeit) als besondere Fürstentugend heraus, doch solle man wie in allen Dingen das rechte Maß einhalten. Beim späteren Landgrafen Wilhelm IV. fielen die weiteren Ermahnungen zu Klugheit und Gerechtigkeit offenbar auf fruchtbaren Boden. Die lateinische Ausgabe des Buches, die ein Jahr darauf im Druck erschien, widmete Lorich Herzog Erich II. von Braunschweig-Calenberg, der zusammen mit den Söhnen des hessischen Landgrafen am Kasseler Hof erzogen wurde. Dieser Welfenherzog ist allerdings nicht durch besonnene Regierung oder besondere Bildung im Gedächtnis geblieben. Die Bibliothek von Graf Simon VI. zur Lippe enthielt Lorichs Buch in einer ergänzten lateinischen Ausgabe von 1567. Das zerlesene und mit eigenhändigen Notizen versehene Exemplar des Grafen hat sich in der Landesbibliothek in Detmold erhalten (Huneke 1993, S. 287 f.).

Das Nadelöhr für den Zugang zur Bildung lag in den Sprach-, besonders Lateinkenntnissen. Latein war die europaweit verbindliche Sprache der Gelehrsamkeit, und im Lateinunterricht wurden zentrale Bildungsinhalte vermittelt. Von den lippischen Grafen haben sich Schulhefte erhalten. Als Grundlage für Übersetzungsübungen ins Lateinische diente etwa eine deutsche Übersetzung von Giovanni Pontanos Traktat *De principe* (Vom Fürsten). Pontano forderte unter anderem, ein Fürst solle »freymildig« (*liberalis*) und gütig (*clemens*) sein (Fink 1991, S. 36 f.). Neben Stilübungen kamen im Unterricht Politik, Theologie und Jura zur Sprache. Mit 13 Jahren reiste Simon VI. 1567–68 einige Monate an das angesehene *Gymnasium illustre* in Straßburg und verbrachte nach kurzem Aufenthalt in der Universitätsstadt Köln als Abschluß seiner Ausbildung 1569–72 mehrere Jahre am Hof von Herzog Julius von Braunschweig. Dessen katholischer Vater Heinrich d. J. hatte ihn für ein kirchliches Amt vorgesehen gehabt und an die katholische Universität in Löwen geschickt. Julius hat seinen eigenen Sohn Heinrich Julius schon als Kind zum Rektor der neugegründeten Landesuniversität in Helmstedt gemacht, so daß dieser neben Latein auch Griechisch und Hebräisch erlernte. Seine besonderen juristischen Kenntnisse stellte er als regierender Fürst in zahlreichen Prozessen vor den Reichsgerichten und in umfangreichen Publikationen unter Beweis. Ernst von Holstein-Schaumburg hielt sich einige Monate an der Universität Helmstedt auf (Hense 1991), später für einige Wochen an der Universität Padua. Als ein nicht für die Regierung vorgesehener Fürstensohn wurde er weniger rigide ausgebildet, doch wußte er um die Bedeutung der Bildung für die Versorgung der Landesverwaltung mit geeigneten Beamten, so daß er später in Rinteln eine Universität einrichtete. Eine ähnliche Initiative hatte auch sein kalvinistischer Schwager Landgraf Moritz in Kassel unternommen, als er in Kassel zunächst eine Hofschule und 1599 eine Ritterakademie, das *Collegium Mauritianum*, gründete. Die jesuitische Universität in Paderborn erhielt auf Betreiben von Fürstbischof Dietrich von Fürstenberg 1615 die begehrten Universitätspatente von Papst und Kaiser. In Henry Peachams ausführlichem Lob des hessischen Landgrafen, der den Beinamen der Gelehrte erhielt, wird die repräsentative Funktion der Bildung des Fürsten deutlich. In dem Buch *The Compleat Gentleman* (1622) stellte Peacham fest, gerade einem Fürsten gebühre es, gelehrt zu sein, da er Vorbildfunktion für seine Untertanen ausübe (Borggrefe u. a. 1997, Nr. 23).

Anhand der beinahe vollständig überlieferten Bibliothek des Grafen Simon VI., die ursprünglich im Braker Schloßturm aufbewahrt wurde, läßt sich der fürstliche Bildungsanspruch konkreter charakterisieren. Neben den theologischen Schriften, die beinahe die Hälfte der etwa 3000 Bände ausmachen, finden sich viele historische und juristische Werke (Altenhöner 1993, Huneke 1993). Der Graf zeigte, daß er nicht nur das Tagesgeschäft pflichtschuldig erledigte, sondern für sein obrigkeitliches Handeln über umfassende Orientierung verfügte. Neben den geistigen Inhalten wurde bei der Prinzenerziehung auf Kräftigung des Körpers und die Beherrschung der überkommenen ritterlichen Künste, besonders Reiten, Wert gelegt. Als erholsame Form der körperlichen Übung galt die Jagd, die der Landesherr anders als seine adeligen Untertanen ohne Einschränkung auf bestimmte Tiere betreiben durfte. Für das Pallone-Spiel erbaute man in Brake und Kassel eigene Anlagen und beschäftigte einen italienischen Spezialisten, der die Bälle herstellte (Borggrefe u. a. 1997, Nr. 84). Ein musischer Zeitvertreib war das Malen, das Herzog Heinrich Julius und dessen Sohn Christian d. J. sowie Graf Simon VI. zur Lippe als Hobby betrieben (Kastler 2000,

7. Joseph Heintz d. Ä., Jüngstes Gericht, 1606/09. Öl auf Holz. (Prag, Burggalerie.)
8. Simon VI. zur Lippe, *Exercitia styli ex epistolis Ciceronis*, 1568/69. Lateinübungsheft. (Detmold, Lippische Landesbibliothek.)
9. Jost Bürgi, astronomischer Himmelsglobus, um 1582/1586. Bronze, vergoldet. (Kassel, Astronomisch-physikalisches Kabinett.)

7. Joseph Heintz the Elder, Last Judgement, 1606/09. Oil on wood. (Picture Gallery of Prague Castle.)
8. Simon VI. zur Lippe, *Exercitia styli ex epistolis Ciceronis*, 1568/69. Latin exercises book. (Detmold, Lippische Landesbibliothek.)
9. Jost Bürgi, astronomic celestial globe, around 1582/1586. Bronze, gilded. (Kassel, Astronomisch-physikalisches Kabinett.)

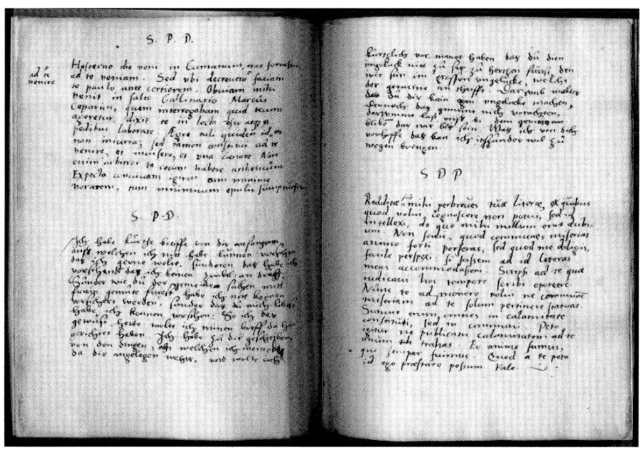

guage of the educated, and facts central to an education were transmitted through Latin lessons. Schoolbooks which belonged to the Lippe counts are preserved today. A German translation of Giovanni Pontanos tract *De principe* (Of the prince) served as the basis for Latin translation exercises. Pontano demanded that a ruler be »freymildig« (*liberalis*) and benevolent (*clemens*) (Fink 1991, pp. 36 f.). As well as style exercises, politics, theology and law were discussed in class. In 1567–68, at the age of 13, Simon VI spent some months at the highly-regarded *Gymnasium illustre* in Strasburg and, after a short stay in the university town of Cologne, spent several years (1569–72) at the court of Herzog Julius von Braunschweig to complete his education. Julius' Catholic father Heinrich the Younger intended him for a position in the Church and had sent him to the Catholic university at Leuven. Julius made his own son Heinrich Julius rector of the newly founded local university at Helmstedt while he was still a child, meaning that he had to learn Greek and Hebrew as well as Latin. As a reigning ruler, he proved his extensive legal knowledge in numerous processes before the imperial court and in extensive publications. Ernst von Holstein-Schaumburg spent several months at the university of Helmstedt (Hense 1991) and later spent several weeks at the university of Padua. As a ruler's son not intended to succeed his father, his education was less rigid, but he knew the importance of education for the maintenance of regional administration with capable officials, and later instituted a university in Rinteln. His Calvinist brother-in-law Landgraf Moritz in Kassel undertook a similar initiative, by founding first a court school and then in 1599 a knightly academy, the *Collegium Mauritianum*. The Jesuit university in Paderborn received the sought after official title of university from the emperor and the pope at the instigation of Fürstbischof Dietrich von Fürstenberg in 1615. In Henry Peacham's detailed praise of the Hessian landgrave, who was known as *der Gelehrte* (the Learned), the role that education played in a ruler's self-representation is clear. In the book *The Compleat Gentleman* (1622), Peacham maintained that it was especially important for a ruler to be well-educated, as he acted as a role-model for his subjects (Borggrefe et al., 1997, no. 23).

The demands rulers make on education can be defined more clearly by looking at the almost perfectly preserved library of Graf Simon VI, originally housed in Schloss Brake's tower. Aside from theological texts, which make up almost half of the approximately 3000 volumes, there are many works on history and law (Altenhöner 1993, Huneke 1993). It is clear that the count did not only carefully perform his everyday duties, but had access to extensive background knowledge on which to orient his aristocratic behaviour. In an heir's education, value was placed on the strengthening of the body and the mastering of traditional knightly arts, particularly riding, as well as intellectual aspects. Hunting, which for a local ruler, unlike his noble subordinates, meant the unrestricted hunting of all types of animals, was considered a healthy form of physical exercise. At Brake and Kassel, fields were set up especially for ball games, and a specialist Italian ball-maker was employed (Borggrefe et al. 1997, no. 84). The artistic pastime of painting was conducted by Herzog Heinrich Julius and his son Christian the Younger, as well as Graf Simon VI zur Lippe, as a hobby (Kastler 2000, pp. 270 f.). Moritz der Gelehrte drew architecture; many of his designs and architectural drafts are still preserved today. At the courts in Kassel, Wolfenbüttel and Bückeburg, special attention was given to music (Strate 1989, Laakmann 2000). Moritz played the lute, and also composed for this instrument. Simon VI could play the organ, and in an inventory of Ernst von Holstein-Schaumburg's chamber, a table for a keyed instrument is mentioned (Kastler, and Lüpkes 2000, p. 308). The vault of his mausoleum in Stadthagen was painted with angels with instruments from the ruler's well-equipped instrumental chamber (Schröder 2002). Just as important as aristocratic musical culture, which created connections with London and Venice, were the initiatives of rulers in the Weser area in natural science.

From 1560 onwards, astronomical instruments belonging to Wilhelm IV were set up on clear nights on two balconies at the newly erected Schloss Kassel. In the 1580s, measurements made here were accurate to +/–1°. This meant that Kassel provided the most accurate results of the 16th century after Tycho Brahe's Uraniborg (+/–0.6°). This involved the Swiss clockmaker and mathematician Jost Bürgi, who was appointed and brought to Kassel by the landgrave in 1579. Bürgi made important innovations in clockmaking. A group of grandiose clocks, mechanical globes and scientific globes from the Kassel court which were engraved by Eisenhoit have been preserved (Stiegemann 2003, nos. 61–66, 68, 69). An astronomical bracket clock by Bürgi from 1591 has a large face on the underside of the lid with two extra dials, which show the position of the moon in the zodiac. This is the only known mechanism to apply the moon epicycle theory as propounded by Copernicus in *De revolutionibus orbium coelestium* (1543). In this case, the Kassel court goldsmith Hans Jakob Emck (active 1591/1610) decorated the casing with reliefs showing the history of astronomy (Fusenig 2000d, illus. 5–9). The famous representation of a wall quadrant in Tycho Brahe's *Astronomiae instauratae mechanica* (Wandsbek 1598) illustrates how clocks helped in determining star positions. Brahe dedicated and sent a copy to Simon VI zur Lippe, who also made astronomical observations from Schloss Brake's tower balcony. After the death of Wilhelm IV, Bürgi initially remained in the service of Hessen. The work of the Kassel observatory was continued. However, the young Landgraf Moritz was more interested in alchemy (Moran 1997, 2000), causing Bürgi to transfer, at Kaiser Rudolf II's request, to the Prague court, where he worked with Johannes Kepler. In 1595, Bürgi visited Schloss Brake to make clock mechanisms and instruments. In 1598, Bürgi dedicated a *Büchlein vom Probieren und Schmelzen* to the Lippe count, which related to actual mining plans by the same person. It is easy to forget that alchemists were required for the testing of mineral ores (Soukup and Mayer 1997, p. 61). Julius in Wolfenbüttel, who was considerably interested in practical engineering science and in the expansion of his mines, had an alchemical testing oven (Uppenkamp 2002, p. 70). His son had an alchemical text illustrated (Hofkunst 1998, no. 29). Of course, alchemy was also entwined with concepts of magic, which experienced a particular resurgence around 1600. Landgraf Moritz, who maintained a fully-equipped laboratory in a garden house at Schloss Kassel, was less interested in material gain than in the relentless search for the Philosopher's Stone as a Paracelsian panacea (Borggrefe 2000a, Borggrefe et al. 1997, no. 391). He also owned a large library of alchemical and hermetical manuscripts.

S. 270 f.). Moritz der Gelehrte zeichnete Architektur, von ihm sind zahlreiche Entwürfe und Architekturzeichnungen erhalten. Besondere Aufmerksamkeit widmete man an den Höfen in Kassel, Wolfenbüttel und Bückeburg der Musik (Strate 1989, Laakmann 2000). Moritz spielte Laute und komponierte für dieses Instrument. Simon VI. beherrschte die Orgel, und im Inventar des Fürstengemachs von Ernst von Holstein-Schaumburg ist ein Tisch für ein Tasteninstrument erwähnt (Kastler und Lüpkes 2000, S. 308). In das Gewölbe des Mausoleums in Stadthagen malte man Engel mit Instrumenten aus der wohlausgestatteten Instrumentenkammer des Fürsten (Schröder 2002). Ebenso bedeutend wie die hochrangige Musikkultur, die Verbindungen nach London und Venedig herstellte, sind die naturwissenschaftlichen Initiativen der Fürsten im Weserraum.

Am neu errichteten Schloß in Kassel wurden seit 1560 auf zwei Altanen in klaren Nächten die astronomischen Instrumente Wilhelms IV. aufgestellt. Die hier gemachten Messungen erreichten in den 1580er Jahren eine Genauigkeit von +/–1°. Damit lieferte Kassel neben Tycho Brahes Uraniborg (+/–0,6°) die genauesten Ergebnisse des 16. Jahrhunderts. Daran beteiligt war der Schweizer Uhrmacher und Mathematiker Jost Bürgi, den der Landgraf im Jahre 1579 nach Kassel berief. Bürgi führte wichtige Innovationen im Uhrenbau ein. Es hat sich eine Gruppe von grandiosen Uhren, mechanisierten Globen und wissenschaftlichen Instrumenten vom Kasseler Hof erhalten, die von Eisenhoit graviert wurden (Stiegemann 2003, Nr. 61–66, 68, 69). Eine astronomische Stutzuhr Bürgis von 1591 trägt auf der Unterseite des Deckels ein großes Zifferblatt mit drei zusätzlichen Platten, welche die Stellung des Mondes in den Sternzeichen anzeigen. Es handelt sich um die einzige bekannte Mechanik, welche die Mondepizyklentheorie umsetzt, wie sie Kopernikus in *De revolutionibus orbium coelestium* (1543) vorschlug. In diesem Fall versah der Kasseler Hofgoldschmied Hans Jakob Emck (tätig 1591/1610) das Gehäuse mit Reliefs, die eine Geschichte der Astronomie illustrieren (Fusenig 2000d, Abb. 5–9). Wie Uhren bei der Bestimmung von Sternenpositionen halfen, illustriert die berühmte Darstellung des Mauerquadranten aus Tycho Brahes *Astronomiae instauratae mechanica* (Wandsbek 1598). Brahe schickte ein Widmungsexemplar an Simon VI. zur Lippe, der auf dem Turmaltan von Schloß Brake ebenfalls astronomische Beobachtungen durchführte. Nach dem Tod von Wilhelm IV. blieb Bürgi zunächst in hessischen Diensten. Die Beobachtungen der Kasseler Sternwarte wurden weitergeführt. Der junge Landgraf Moritz interessierte sich allerdings stärker für die Alchemie (Moran 1997, 2000), so daß Bürgi auf Bitten Kaiser Rudolfs II. an den Hof nach Prag wechselte, wo er mit Johannes Kepler zusammenarbeitete. 1595 war Bürgi in Schloß Brake, um Uhrwerke und Instrumente anzufertigen. 1598 widmete Bürgi dem lippischen Grafen ein *Büchlein vom Probieren und Schmelzen*, das im Zusammenhang mit handfesten Bergwerksplänen des lippischen Grafen stand. Leicht wird übersehen, daß zur Bestimmung des Erzgehalts von Gesteinen Alchemisten herangezogen werden mußten (Soukup und Mayer 1997, S. 61). Auch Julius in Wolfenbüttel, der ein großes Interesse an praktischem Ingenieurswissen und dem Ausbau seiner Bergwerke hatte, besaß einen alchemistischen Probierofen (Uppenkamp 2002, S. 70). Sein Sohn ließ eine alchemistische Handschrift illustrieren (Hofkunst 1998, Nr. 29). Doch natürlich war die Alchemie auch mit magischem Gedankengut verbunden, das um 1600 eine besondere Blüte erlebte. Weniger um den materiellen Gewinn bemüht, sondern auf der hartnäckigen Suche nach dem Stein des Weisen als einem paracelsischen Universalmedikament war Landgraf Moritz, der ein voll ausgestattetes Laboratorium im Gartenhaus des Schlosses in Kassel unterhielt (Borggrefe 2000a, Borggrefe u. a. 1997, Nr. 391). Er besaß zudem eine große Bibliothek alchemistischer und hermetischer Manuskripte. In seiner Hofdruckerei, die im selben Gartenhaus wie das Laboratorium untergebracht war, wurden 1614 und 1615 die aufsehenerregenden Rosenkreuzer-Schriften erstmals gedruckt (Borggrefe u. a. 1997, Nr. 374 f., Gilly 1994, S. 144 f.). Durch die Fenster seines Laboratoriums konnte Moritz eine andere wissenschaftliche Nachlassenschaft seines Vaters erblicken, die der Gesundheit vermutlich wesentlich zuträglicher war. Landgraf Wilhelm hatte die Gärten in der Flußaue unterhalb des Kasseler Schlosses zu einer erholsamen Sammlung botanischer Raritäten gemacht.

Adelige aus der Region wurden häufig Mitglieder an den Höfe ihrer Territorialherren und waren als Standesgenossen grundsätzlich am Hof zugelassen. Die angesehenen Bauherren der Schlösser Hehlen, Hämelschenburg und Bevern konnten sich ihre repräsentativen Bauten aufgrund der gleichen Einkommensquellen wie ihre Landesherren leisten (Hufschmidt 2000). Statius von Münchhausen geriet 1618 mit dem Bau in Bevern zwar in Konkurs, doch er, wie auch Georg Klencke oder Hans von Bartensleben, der den Beinamen *der Reiche* erhielt, wetteiferten in ihrer Baugesinnung mit den Landesherren. Neben der Vorliebe für kostbaren Schmuck und goldhaltige Tafelzier lassen sich qualitätvolle Porträts nachweisen wie das des Celler Kanzlers von Reden von Ludger tom Ring d. J. oder die des Ehepaars Klencke von Adam Offinger (Lüpkes und Borggrefe 1996, S. 71, 246). Einige Epitaphe des Adels sind besonders aufwendig gestaltet, und die lateinische Inschrift mit der Beschreibung der Kriegstaten am beeindruckenden Epitaph des Georg von Holle in der Marienkirche in Minden belegt eine hohe Selbsteinschätzung (Tebbe 1996, S. 40, Abb. 12, Kastler und Lüpkes 2000, Nr. 69). Bürgerliche erhielten Zugang zum Hof meist durch akademische Bildung als Theologen, Juristen oder Mediziner. Bei längerem Hofdienst erlangten bürgerliche Räte häufig ein Adelspatent. Doch gab es keineswegs eine strenge Grenze zwischen dem Amtsadel und den Mitgliedern der bürgerlichen Obrigkeit in den Städten. Wenn es darum ging, die herausgehobene Stellung des städtischen Patriziats als Obrigkeit am eigenen Wohnhaus, bei Baumaßnahmen am Rathaus oder in der Ausstattung der Stadtkirche deutlich zu machen, griff man auf die Formen der höfischen Repräsentation zurück (Fusenig 2000b).

Entgegen älteren Deutungen der *deutschen Renaissance* als ein bürgerliches Phänomen oder der *Weserrenaissance* als regionale Volkskunst waren die Höfe und Residenzen die kulturellen Trendsetter und künstlerischen Taktgeber in einem geographischen Raum, der trotz vielfältiger Binnenkontakte ökonomisch und kulturell eine offene Region war. Die Künste und die Bildung waren Teil der auf den Fürsten zentrierten Hofkultur. In dieser Perspektive erschließen sich die Schlösser als architektonische Hüllen fürstlicher Repräsentation – und die adeligen Bauten in Bevern, Hämelschenburg, Schwöbber oder Barntrup als ein anspruchsvolles Nacheifern im besten Sinn.

10. Territorien des Weserraums um 1580.

10. Territories of the Weser area around 1580.

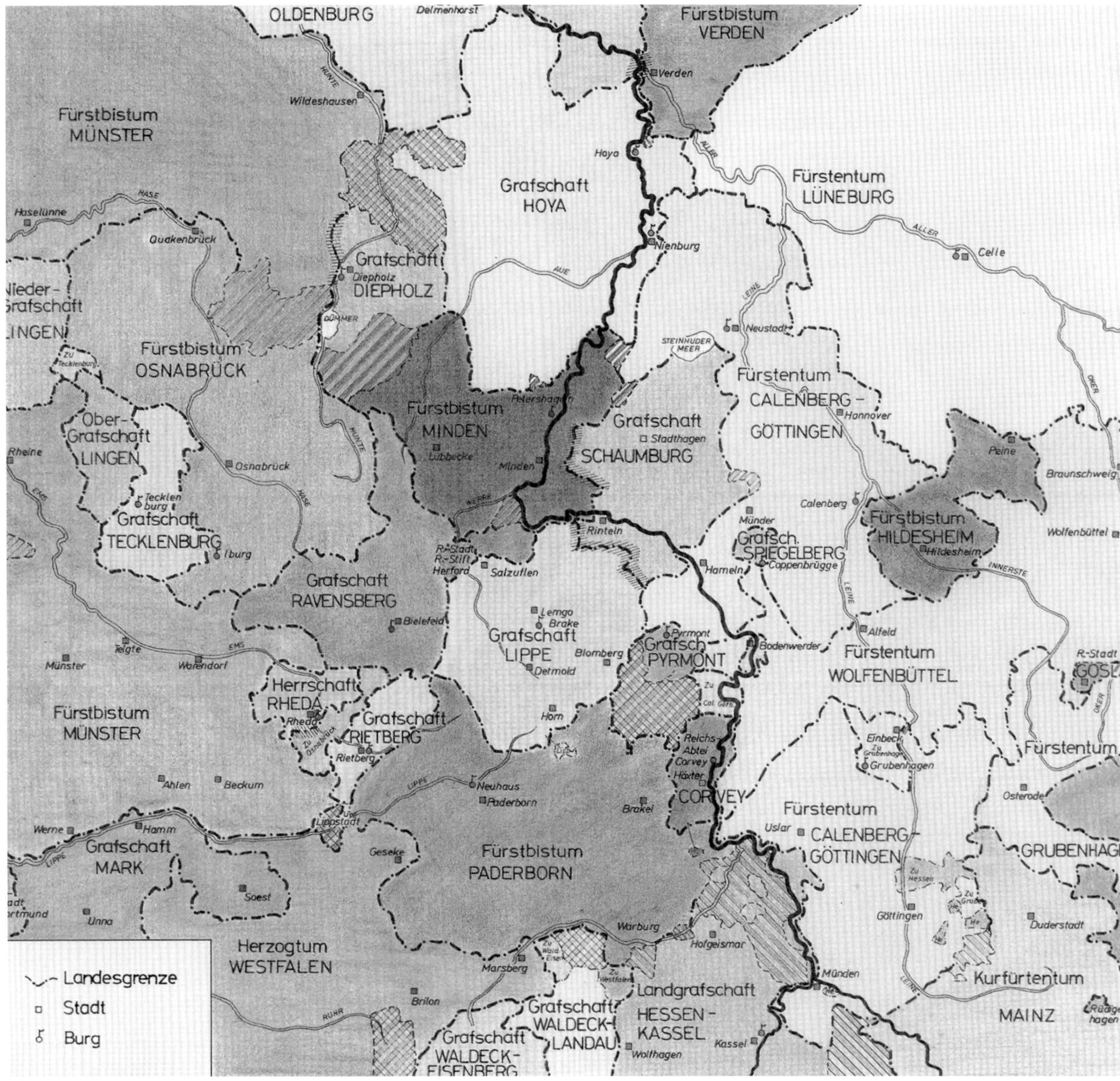

The sensational Rosicrucian texts were first printed in 1614 and 1615 in his court printing house, housed in the same garden house as the laboratory (Borggrefe et al. 1997, nos. 374 f., Gilly 1994, pp. 144 f.). From the window of his laboratory, Moritz could see another scientific legacy of his father, which presumably made a significantly greater contribution to health. Landgraf Wilhelm had turned the gardens in the river meadow below Schloss Kassel into a restorative collection of botanical rarities.

Nobles from the region were often members of the local ruler's court and, as members of the same class, were admitted to the court on principle. The highly regarded commissioners of Schloss Hehlen, Schloss Hämelschenburg and Schloss Bevern could afford their impressive building projects due to the same sources of income as the local rulers (Hufschmidt 2000). Statius von Münchhausen may have been bankrupted in 1618 by the building of Bevern, but he, Georg Klencke and Hans von Bartensleben, known as *der Reiche* (the Rich), rivalled the local rulers in their enthusiasm for building. Aside from the preference for valuable jewellery and golden tableware, there is evidence of high-quality portraits such as that of the Celle chancellor von Reden by Ludger tom Ring the Younger or that of the Klencke pair by Adam Offinger (Lüpkes and Borggrefe 1996, pp. 71, 246). Some noble epitaphs are especially elaborate, and the Latin inscription describing military achievements on Georg von Holle's impressive epitaph in Minden's Marienkirche shows his high self-esteem (Tebbe 1996, p. 40, illus. 12, Kastler and Lüpkes 2000, no. 69). Burghers usually gained access to the court by means of an academic education, as theologians, lawyers or physicians. Long court service often earned bourgeois advisors a patent of nobility. However, there was by no means a sharp demarcation between nobility in official positions and prominent burghers in the cities. When these urban patricians wished to demonstrate their elevated position in the architecture of their own houses, in building a town hall or furnishing a church, courtly methods of image-projection were the frame of reference (Fusenig 2000b).

In contrast to previous interpretations of the *German Renaissance* as a bourgeois phenomenon or the *Weserrenaissance* as regional folk art, the courts and estates were the cultural trendsetters and artistic impetus for a geographical area which, in spite of a variety of internal connections, was economically and culturally open. Art and education were part of the court culture, which centred around the ruler. Seen in this way, the castles reveal themselves as architectonic shells for rulers' self-presentation – and the aristocratic buildings at Bevern, Hämelschenburg, Schwöbber and Barntrup as ambitious emulation in the best sense of the word.

Rolf Schönlau

Sandstein aus Obernkirchen – eine kleine Wirtschaftsgeschichte

Der gelblichgraue Sandstein von den Bückebergen, einem Gebirgszug etwa 20 km östlich von Minden, ist eines der ältesten und bekanntesten Exportgüter des Weserraums. In den Brüchen bei Obernkirchen wurde bereits seit dem Mittelalter Stein abgebaut. Zu den frühesten Gebäuden aus Obernkirchener Sandstein zählen der Mindener Dom aus dem 12. Jahrhundert und die Stiftskirche in Obernkirchen von 1165. Gegen Ende des Mittelalters war der Stein auch über die Region hinaus bekannt.

Der Vertrieb bis an die Nordseeküste ist für das 15. Jahrhundert in Schriftquellen belegt, doch erst im 16. Jahrhundert florierte der Handel, und es begann eine Phase der Hochkonjunktur, die bis zum Dreißigjährigen Krieg andauerte. Nicht nur die Baumeister der Renaissance entlang der Weser haben ihr Material für den Fassadenschmuck von Schlössern, Rathäusern und Bürgerbauten mit Vorliebe aus den Brüchen oberhalb von Obernkirchen bezogen; der Stein gelangte – nach seinem Umschlaghafen später *Bremer Stein* genannt – auch auf dem Seeweg vor allem in die Niederlande und in das Baltikum. Die begreiflicherweise nur in der Fremde gängige Bezeichnung wurde nicht exklusiv für Obernkirchener Sandstein verwendet, sondern im Sinne von *Stein aus Bremen* auch für andere dort gehandelte Steine (Heil 2001, S. 173 f., Anm. 7).

Im 19. Jahrhundert expandierte der Handel mit dem hochwertigen Stein, der nun wieder unter seinem eigenen Namen vertrieben wurde, denn der jahrhundertealte Transportweg über die Weser mit Bremen als Drehscheibe des Fernhandels war von einem neuen Verkehrsweg abgelöst worden, der Köln–Mindener Eisenbahn.

Von Baltimore bis St. Petersburg findet sich der Obernkirchener Sandstein an zahlreichen repräsentativen Bauten vom Mittelalter bis zur Gegenwart. Neben den Rathäusern in Antwerpen, Leiden und Amsterdam sind die Fleischhalle in Haarlem, der Friedenspalast in Den Haag, Schloß Kronenborg im dänischen Helsingör, die Börse in Bergen, die Commerzschule in Riga, das Zarenschloß Zarskoje Selo bei St. Petersburg, die Kathedrale in Baltimore und das brasilianische Nationaldenkmal in Belèm de Parà nur einige wenige herausragende Beispiele für seinen Export in alle Welt.

Zu den zahlreichen Repräsentationsbauten in Deutschland, die unter Verwendung des Sandsteins von den Bückebergen errichtet wurden, gehören das Rathaus und der Schütting in Bremen, das Leibnizhaus in Hannover, die Siegessäule in Berlin, die Villa Hügel in Essen, der Turm des Ulmer Münsters, die Türme des Kölner Doms sowie der Berliner Reichstag, dessen Innenfassaden bei der Renovierung 1997/98 ebenfalls mit Obernkirchener Sandstein gestaltet wurden. Wie sich bei jüngsten Untersuchungen herausstellte, hatte die *Batavia*, die 1629 mit einem Bausatz für das Portal der Zitadelle von Batavia, dem heutigen Djakarta, vor der australischen Küste unterging, aller Wahrscheinlichkeit nach Obernkirchener Sandstein geladen (Zinkernagel 2007). Die hochkarätige Referenzliste spricht für die Wertschätzung, die dem Werkstein aus Obernkirchen seit jeher entgegengebracht wurde.

Was den Sandstein vom Kamm der Bückeberge über Jahrhunderte zum Exportschlager machte, war zum einen seine besondere Eignung für das raue Klima, die ihm bereits in einem Gutachten der Bremer Hochbauinspektion von 1908 bescheinigt wurde: »Das Ornament und der figürliche Schmuck ist an diesen Gebäuden [gemeint sind: Rathaus, Stadtwaage, Kornhaus, Schütting und Gewerbehaus, R.S.] noch vollständig erhalten und zeigt nur wenig Verwitterung« (Anonym 1908, S. 116). Dazu kommen die gleichmäßig feine Körnung und die mittlere Festigkeit, die gewährleisten, daß der Stein sehr präzise zu behauen ist – eine Voraussetzung für das Herausarbeiten des detailreichen Fassadenschmucks der Renaissance. Die überragenden physikalischen Eigenschaften gehen einher mit einer hohen ästhetischen Qualität, die gerade in nördlichen Gegenden wirksam wird. Die tief stehende Sonne, wie sie dort in den langen Wintermonaten vorherrscht, entzündet die gelben Adern des Steins, der eine warme Tönung annimmt und freundlichere Jahreszeiten suggeriert.

Eigentümer der Steinbrüche auf den Bückebergen waren zunächst die Landesherren, die Grafen zu Holstein-Schaumburg. Frühester Nachweis dafür ist ein Privileg von 1485 für das Stift Möllenbeck, dessen Prior und Konvent es gestattet wird, »dat se mogen bruken unses Berghes ghenant de Buckesberch Hauwesteyn« (Poestges 1982/83, S. 96). Im Zuge der Befreiung der Einwohner Obernkirchens aus der Leibeigenschaft im Jahre 1565 bekamen die Steinhauer die Brüche vom Landesherrn zur Pacht und mußten im Gegenzug gemäß der abgebauten Gesteinsmenge Abgaben zahlen, die sogenannte *Bergwar*. Nach einer überlieferten Preisliste waren das für jeden Baumwagen mit Steinen sechs Groschen, für Pritschenwagen vier und für Karren zwei (Poestges 1980, S. 39). Daß zur Kontrolle eigens ein Schreiber eingesetzt war, der die Namen von Käufer und Verkäufer sowie die verkaufte Menge festhielt, läßt auf regen Handel schließen.

1597 entstand die Obernkirchener Steinhauerzunft aus dem Zusammenschluß von 26 Steinhauermeistern, die ihre bislang mündlich überlieferten Regeln und Gebräuche in 28 Artikeln schriftlich fixierten. Wie in jeder Zunftordnung waren die Bedingungen für die Aufnahme sowie Rechte und Pflichten der Meister, Gesellen und Lehrlinge festgelegt. Auf dem Jahreszahlenstein von 1597 (heute Obernkirchen, Berg- und Stadtmuseum) demonstriert die Obernkirchener Steinhauerzunft ihr handwerkliches Können und gestalterisches Vermögen: Vier im Relief angedeutete, kannelierte Pilaster teilen den 50 x 200 cm großen Schmuckstein in drei etwa gleich große Felder. Die beiden äußeren zeigen Beispiele der beliebten Kerbschnitt-Technik, links ein Sechsblatt und rechts einen Sichelschnitt, beide in feinster Manier mit Beschlagwerk gerahmt. Das mittlere Feld ist einer bekränzten Kartusche vorbehalten, in der das Stadtwappen, die Stiftskirche und das Schaumburger Nesselblatt abgebildet sind.

Zu den auffälligsten Bestimmungen der Zunftordnung gehörte die gegenseitige Verpflichtung, die Steine zu einem gemeinsam festgesetzten Preis zu verkaufen und zwar ausschließlich am Verladeplatz an der Weser und nicht »auf dem Berge« (Poestges 1982/83, S. 97). Mit dem Verbot, in den Steinbrüchen selbst zu verkaufen, wollte man die marktbeherrschende Position der eigenen Werkstätten schützen und verhindern, daß Rohblöcke in fremde Steinhauereien gelangten. Der Stein, der wegen seiner hohen Qualität überall begehrt war, versetzte die Obernkirchener in eine Position der Stärke, die sie zu protektionistischen Maßnahmen nutzten.

Rolf Schönlau

Sandstone from Obernkirchen – a short economic history

The yellowish-grey sandstone of the Bückeberge, a chain of mountains about 20 km east of Minden, is one of the oldest and best-known export goods of the Weser area. Stone had been hewn from the quarries at Obernkirchen since the Middle Ages. Minden cathedral, built in the 12th century, and the Collegiate church at Obernkirchen from 1165 are among the earliest buildings to be built out of Obernkirchen sandstone. By the end of the Middle Ages, this stone was known outside the region.

Written evidence exists to prove that the stone was distributed as far as the North Sea coast during the 15th century, but it was really in the 16th century that the trade began to flourish, and a boom phase began which lasted up until the Thirty Years' War. It was not only the master builders of the Renaissance along the Weser who preferred to take the stone for decorative façades, castles, town halls and middle-class buildings from the quarries above Obernkirchen; the stone – later known as *Bremer Stein* after the harbour where it was transferred – also made its way abroad, to the Netherlands and the Baltic in particular. This description, for obvious reasons only used outside Germany, was not exclusively used for Obernkirchen sandstone, but also in the sense of *Stone from Bremen* for other kinds of stone traded there (Heil 2001, pp. 173 f., editor's note 7).

In the 19th century, trade in this valuable stone expanded. It was now marketed under its own name, as the centuries old transport route via the Weser with Bremen as the hub for long-distance trade had been replaced by a new trade route, the Cologne–Minden railway. From Baltimore to St. Petersburg, Obernkirchen sandstone can be found in many impressive buildings, from the Middle Ages to the present day. As well as the town halls in Antwerp, Leiden and Amsterdam, the butcher's hall in Haarlem, the Palace of Peace in the Hague, Kronenborg castle in Danish Helsingör, the Stock Market in Bergen, the School of Commerce in Riga, the Tsar's castle Zarskoje Selo near St. Petersburg, the Cathedral in Baltimore and the Brazilian National Monument in Belèm de Parà are only a few prominent examples of its export all over the world.

The numerous German buildings with a representative function built using sandstone from the Bückeberge include the Rathaus (town hall) and Schütting (guildhall) in Bremen, the Leibniz house in Hannover, the Siegessäule in Berlin, the Villa Hügel in Essen, the tower of Ulm Minster, Cologne cathedral tower and the Berlin Reichstag, whose inner façades were also constructed from Obernkirchen sandstone during the 1997/98 renovation. Recent research shows that the *Batavia,* which sunk off the Australian coast while delivering building supplies for the citadel portal of Batavia, today Jakarta, was probably carrying Obernkirchen sandstone (Zinkernagel 2007). This prestigious reference list shows the value which has always been placed on this Obernkirchen quarried stone.

One part of what make the sandstone from the crest of the Bückeberge a popular export for centuries was its particular suitability for a rough climate, as observed during an inspection by the Bremer Hochbauinspektion in 1908: »The ornamentation and decorative figures on these buildings [meaning the Rathaus (town hall), the Stadtwaage (weighhouse), Kornhaus (granary), Schütting (guildhall) and Gewerbehaus (chamber of commerce), R.S.] are fully preserved and show only minor weathering« (Anonymous 1908, p. 116). In addition to this, its consistent fine granulation and intermediate solidity ensure that this stone can be cut very precisely – a requirement for creating the detailed Renaissance façade decoration. These exceptional physical characteristics are combined with high aesthetic qualities, which are especially effective in northern surroundings. When low in the sky, as it is there in the long winter months, the sun ignites the yellow veins of the stone, which take on a warm tone and suggest a friendlier time of year.

The Bückeberge quarries initially belonged to the local ruler, the Graf von Holstein-Schaumburg. The earliest proof of this is a charter made out in 1485 to the abbey at Möllenbeck, whose prior and convent were thereby permitted »dat se mogen bruken unses Berghes ghenant de Buckesberch Hauwesteyn« (to quarry the stone of our mountains known as the Buckesberch) (Poestges 1982/83, p. 96). During the release of Obernkirchen's inhabitants from serfdom in 1565, the quarries were leased by the territorial ruler to the quarrymen, who in return had to pay a tax on the total amount of stone quarried, the so-called *Bergwar.* According to a preserved price list, this consisted of six groschen for every timber wagon full of stones, four for a drop-sided truck and two for a cart (Poestges 1980, p. 39). That a clerk was engaged to take down the names of buyer and seller as well as the amount sold shows that trade was vigorous.

In 1597, the *Obernkirchener Steinhauerzunft* (Obernkirchen Quarrymen's Guild) was created, an association of 26 master quarrymen who set down their rules and customs, previously handed down orally, in 28 articles. As with all guild regulations, conditions of admission, rights and duties of masters, journeymen and apprentices were prescribed. The *Obernkirchener Steinhauerzunft* demonstrated their abilities as craftsmen and their powers of design on the *Jahreszahlenstein* (stone marked with dates) from 1597 (today kept in Obern-

1. Jahreszahlenstein der Obernkirchener Steinhauerzunft, 1597. Sandstein. (Obernkirchen, Berg- und Stadtmuseum.)

1. Years stone of the Obernkirchen stonemasons guild, 1597. Sandstone. (Obernkirchen, Berg- und Stadtmuseum.)

Von den Brüchen am Kamm der Bückeberge wurden die Steine auf Pferdefuhrwerken zu den Steinhauereien in Obernkirchen oder gleich zum Verladeplatz an der Weser gebracht. Bis zur Mitte des 17. Jahrhunderts befanden sich diese in Minden und Petershagen, was den Transport erleichterte, da es nur bergab ging. Mit der Teilung Holstein-Schaumburgs im Jahre 1640 kam Obernkirchen jedoch zu Hessen. Der Weg von den Brüchen zur Weser hinunter verlief nun durch schaumburg-lippisches Gebiet. Um dem fälligen Zoll zu entgehen, wurden die Steine über das Wesergebirge gekarrt und in Kohlenstädt verladen. 1829 verlegte man die Verladestelle in das nahe Rinteln, wo ein größerer Lagerplatz zur Verfügung stand.

Der Weitertransport erfolgte auf Lastkähnen weserabwärts bis Bremen, wo die Steine entweder für den Transport nach Übersee in hochseetüchtige Schiffe umgeladen oder im Hafen gelagert wurden. Für die Strecke, bei der allein die starke Strömung die Lastkähne in Fahrt hielt, benötigte man etwa fünf Tage. Von einer durchgehenden Schiffahrt, wie sie erst 1823 mit der Unterzeichnung der Weserschiffahrtsakte erreicht werden sollte, war man in der frühen Neuzeit noch weit entfernt. Aufgrund der territorialen Zersplitterung entlang des Flusses mußten zwischen Minden und Bremen bis zu 10 Zollstellen passiert werden. Schiffsmühlen und Gierseilfähren, von denen noch heute mehr als ein Dutzend die Flußufer verbinden, beeinträchtigten die Fahrt zusätzlich.

Es verwundert kaum, daß es auf der viel befahrenen Wasserstraße zu Unfällen kam. Detailliert konnte die Havarie zweier Schiffe aufgeklärt werden, die 1769 bei Hochwasser in der Weserschleife bei Rohrsen nahe Nienburg sanken und 1995 durch Zufall entdeckt wurden. Es handelt sich um plattbodige Lastkähne mit großer Ladekapazität bei geringem Tiefgang – einem seit dem Altertum gängigen Schiffstyp, der besonders geeignet war für den Betrieb auf Flüssen, wie der über weite Strecken unregulierten Weser mit ihren zahlreichen natürlichen und künstlichen Hindernissen über und unter Wasser. Die Weserböcke konnten eine tonnenschwere Steinlast aufnehmen, weil sich das Gewicht auf einer großen Bodenfläche von bis zu 40 m Länge und 2,10 m Breite verteilte. Der Schiffsführer stand auf der Heckplattform am Ruder, das mit einem bis zu 7 m langen Blatt versehen war. Noch größere Lastkähne wären vermutlich nicht mehr handhabbar gewesen (Deichsel 2001, S. 52).

Die Ladung der beiden nebeneinander geketteten Weserböcke, die nach einem Navigationsfehler in Sekundenschnelle gesunken sein müssen, bestand aus insgesamt 60 Tonnen Obernkirchener Sandstein: roh behauene Steinblöcke, Brunnenringe und Grenzsteine. Daß die drei Hausmarken, die in die Steine geschlagen waren, Bremer Handelshäusern zugewiesen werden konnten, stellt ein weiteres Indiz für deren Monopol im Handel mit Obernkirchener Sandstein im 18. Jahrhundert dar. Doch bereits im 16. und 17. Jahrhundert soll das Verbot, »auf dem Berge« zu kaufen, von Bremer Steinhändlern unterlaufen worden sein, indem sie Rohblöcke kurzerhand als Ballast für geleichterte Kähne deklarierten und so zu den Steinhauereien in Bremen brachten.

Aufschluß über die genauen Modalitäten einer Steinlieferung gibt die Korrespondenz zum Erweiterungsbau der Harburg zwischen Herzog Otto II. von Braunschweig-Lüneburg und Graf Otto IV. von Holstein-Schaumburg. Am 28. November 1561 wird der Graf vom Herzog gebeten, einen Meister auf seine Kosten nach Harburg zu schicken, der sich vor Ort über sein Bauvorhaben informieren solle. Nach dem offenbar erfolgten Besuch berichtet der Herzog dem Grafen am 17. März 1562 über die Bestellung von sechzehn Fenstern, elf Gesimsen und Fenstern sowie zwei Tischen. Unter der Korrespondenz findet sich ein undatierter Werkvertrag zwischen Herzog Otto und dem Meister Harmen Kaitmar aus Obernkirchen über eben jenes Auftragsvolumen: »Dies alles soll er bei seinem Verlag aufspitzen [grob behauen] und alhier zu Harburg, wan solches ohne seine

2. Anton Wilhelm Strack, Lastschiffe auf der Weser, 1795. Radierung. Detail.
3. Weser bei Rohrsen, Weserschiff mit Steinladung während der Bergung, 1999.

2. Anton Wilhelm Strack, Barges on the Weser River, 1795. Etching. Detail.
3. Weser near Rohrsen, Weser barge with cargo of stones during salvage, 1999.

kirchen, Berg- und Stadtmuseum). Four relief-carved, grooved pilasters divide the 50 x 200 cm wide decorative stone into three fields of roughly the same area. The two outer fields show examples of the popular chip-cutting technique, with the left radially divided into six and the right with a sickle cut, both surrounded with the finest strapwork. The central field is reserved for a crested cartouche, in which the state coat of arms, the Collegiate Church and the Schaumburg nettle-leaf are depicted.

One of the most striking clauses in the guild regulations concerns the mutual obligation to sell the stone at a mutually established price, and at the place of embarkation on the Weser, not »in the hills« (Poestges 1982/83, p. 97). The ban on selling at the quarries was meant to protect the market position of the guild's workshops and prevent rough blocks from coming into the hands of outsider masons. In demand everywhere due to its high quality, the stone placed the Obernkirchen group in a position of power, which they used to impose protectionist methods.

From the quarries at the crest of the Bückeberge, the stone would be transported by wagon to the masons' workshops in Obernkirchen or straight to the embarkation place on the Weser. Until the middle of the 17th century, this was at Minden or Petershagen, which made transport easier as the whole route was downhill. However, when Holstein-Schaumburg was divided in 1640, Obernkirchen was apportioned to Hessen. The route from the quarries to the Weser now passed through the Schaumburg-Lippe area. In order to avoid the toll involved, the stone was carted over the Wesergebirge and shipped from Kohlenstädt. In 1829 the loading place was moved to nearby Rinteln, where a greater storage area was available.

In the next phase of transport, the stone was taken down the Weser on barges to Bremen, where it was either loaded onto seagoing vessels to be transported overseas or stored in harbour. This journey took about five days, with the barges propelled only by the strong current. In the early modern period, there was no question of a continuous journey, which was first achieved in 1823 with the signing of the *Weserschiffahrtsakte* (Weser Ship Traffic Acts). Due to the territorial fragmentation along the river, a ship travelling from Minden to Bremen had to pass up to 10 toll-posts. Floating watermills and reaction ferries, of which more than a dozen still connect the banks today, would also have made passage difficult.

It is hardly surprising that there were accidents on this much-used waterway. The damage to two ships which sank in 1769 when the Weser was in flood at the Rohrsen bend near Nienburg and were rediscovered by accident in 1995 was elucidated in detail. They were flat-bottomed barges with a large carrying capacity combined with a shallow draft – a type of ship common since ancient times, especially suited to river transport in cases like that of the Weser, with its unregulated stretches and numerous natural and man-made obstacles above and below water. These *Weserböcke* could carry loads of stones weighing tonnes because they distributed the weight over a large surface area of up to 40 m by 2.10 m. The ship's master would stand on the stern platform to operate the rudder, which had a blade of up to 7 m in length. Presumably yet bigger barges could not be dealt with (Deichsel 2001, S. 52).

The cargo of these two Weserböcke, chained together, which must have sunk in seconds following a navigational error, consisted of 60 tonnes of Obernkirchen sandstone, rough-cut stone blocks, well surrounds and border stones. That the three brand marks cut into the stone can be traced to Bremen trading houses is further proof that Bremen had a monopoly on trading Obernkirchen sandstone in the 18th century. However, in the 16th and 17th centuries the ban on buying »on the mountains« was apparently already being subverted by Bremen stone dealers. They would simply declare rough blocks as ballast for lightened barges and bring them to the stoneworking yards in Bremen in this way.

Unkosten hergeschafft, zur Reine hauen und setzen nach Anweisung des Musters ihm zugestellt« (Kruse 1994, S. 34). Reisespesen in bar, freie Unterkunft, Verpflegung in Naturalien und ein Lohn von drei Talern pro Fenster werden vereinbart.

In dieselben Jahre fällt einer der bedeutendsten Aufträge der Zeit, die 1561–63 erfolgte Lieferung von 1400 Fudern – das entspricht etwa 800 cbm – behauenen Sandsteins für den Neubau des Rathauses in Antwerpen. Die Antwerpener kauften den Stein nicht unbesehen, sondern schickten zwei Gesandte mit Briefen und Geschenken zum Grafen nach Stadthagen, um die Auswahl der Steine zu überwachen, die von den Brüchen bis »opt water – alß op de weser« (Bernstorf und Soenke, 1964, S. 44) geschafft werden mußten, um von dort aus verschifft zu werden. Offenbar war es gängige Praxis, daß die Baumeister oder ihre Vertreter die Werksteine selbst in Augenschein nahmen, denn schon Jörg Unkair kam in den 1540er Jahren mehrfach höchstpersönlich nach Obernkirchen, wie aus den Bauregistern des Schlosses Petershagen hervorgeht.

Neben preisgünstigeren Alternativen wie dem Solling- oder Süntelsandstein wurden viele Bauwerke entlang der Weser mit Obernkirchener Sandstein errichtet oder renoviert, etwa Stadthagen, Bückeburg, Petershagen, Uslar oder Thedinghausen. Dennoch tauchen die entsprechenden Steinlieferungen nur selten in den gut untersuchten Weserzollisten auf. Zurückzuführen ist diese Diskrepanz auf die Zollfreiheit von Fürsten, Adeligen und Inhabern von Amtssitzen, also genau jenem Personenkreis, der repräsentative Steinbauten errichten ließ.

Die Hochkonjunktur brachte es mit sich, daß Obernkirchener Steinmetzen häufig ins Ausland kamen. Graf Otto muß eine Abwanderung von Fachkräften und damit einhergehende finanzielle Einbußen befürchtet haben, denn wie sonst ließe es sich erklären, daß er seinen Steinmetzen 1563 verbot, Arbeiten außer Landes anzunehmen. Wer dagegen verstoße, solle seine ganze Habe verlieren. Die Erneuerung des Verbots 1569 läßt darauf schließen, daß es nach wie vor attraktive Angebote aus dem Ausland gab.

Spätestens um die Jahrhundertwende wurden Aufträge auch unter Umgehung des holstein-schaumburgischen Grafen und der Obernkirchener Meister abgewickelt. So wandte sich der Rat der niederländischen Stadt Leiden 1595 mit Plänen zur Modernisierung des Rathauses an Lüder von Bentheim, der nicht, wie man vermuten möchte, mit Bentheimer Sandstein handelte, sondern mit Obernkirchener. Lüder von Bentheim war Baumeister der Stadt Bremen und selbständiger Unternehmer eines florierenden Baugewerbes. Der Geschäftskontakt wurde über die Brüder Andries und Daniel van der Meulen gestiftet, reiche Antwerpener Kaufleute, die 1585 als Glaubensflüchtlinge nach Bremen emigriert waren. Daniel, der 1591 nach Leiden zog, fungierte als Berater und Verhandlungsführer zwischen dem Rat der Stadt Leiden und dem Bremer Steinhändler (Fusenig 2000c, S. 292).

Der Auftrag mit einem Volumen von 2200 Reichstalern umfaßte die Herstellung und Lieferung einer baufertig gearbeiteten Fassade aus »guden Buckebarger Steen schonn und rein gewarket« (St. Albrecht 1995/96, S. 69), die dem mittelalterlichen Rathaus vorgeblendet werden sollte. Lüder von Bentheim fertigte die Fassade in seiner Bremer Werkstatt, versandte die Einzelteile auf acht Schiffen nach Leiden und ließ sie dort unter Aufsicht seiner Mitarbeiter Albert und Hans Rotvelt d. J. setzen. Daß deren Vater Hans Rotvelt d.Ä. ein Gründungsmitglied der Obernkirchener Steinhauerzunft war, zeigt, wie wenig die protektionistischen Maßnahmen des Grafen und der Steinhauerzunft griffen.

In Bremen wurde Obernkirchener Stein um 1600 an zahlreichen Gebäuden verwendet, so auch am Rathaus, das von 1608 bis 1615 nach dem Leidener Vorbild durch Lüder von Bentheim umgebaut und mit einer Renaissancefassade versehen wurde. Die rege Nachfrage muß die Preise derart in die Höhe getrieben haben, daß die Bremer Steinhauer versuchten, die Obernkirchener vollends aus dem Geschäft zu drängen und 1614 beim Rat den Erlaß erwirkten, daß »keinerley art grauwen stein, Sie sein wie sie wollen, diese Statt vorüber und die weser hienunter sollen ausverstellet, sondern dieselbe dahier von frembden oder andern alhier gesessenen anhero gebracht, dies orts verkauft und verhandelt und verbraucht werden« (Poestges 1982/83, S. 98).

Von dieser per Ratsbeschluß verfügten Ausdehnung des Stapelrechts auf Obernkirchener Sandstein mochte zwar die Bremer Steinhauerschaft profitieren, nicht aber der Handel, den es empfindlich störte, daß mit Stein beladene Schiffe Bremen nicht mehr passieren durften. Den Hamburgern zum Beispiel, die sich darauf beriefen, daß sich das Bremer Stapelrecht nach dem kaiserlichen Privileg von 1541 nicht auf Sandstein erstrecke, wurde zwar die Durchfahrt gewährt, doch nicht ohne ihnen den guten Rat zu geben, in Zukunft die Steine nicht mehr in Obernkirchen, sondern in Bremen zu erwerben. 1620 wurde ein erneutes Gesuch Hamburgs, Schiffen mit Obernkirchener Sandstein den Transit durch Bremen zu gewähren, trotz Intervention durch den Fürsten Ernst von Holstein-Schaumburg strikt abgelehnt.

Selbst eine gemeinsame Bittschrift von Bremer Kaufleuten und Obernkirchener Steinhauern zur Abschaffung des ungerechtfertigten Stapelrechts mit seinen katastrophalen wirtschaftlichen Auswirkungen lehnte der Bremer Rat 1624 ab. Die Arbeit in den Brüchen kam daraufhin nahezu völlig zum Erliegen. Statt wie um 1620 im Wochendurchschnitt noch siebzehn Taler, wurden ab 1626 keine zwei Taler für *Bergwar* wöchentlich an den Landesherrn abgeführt. Der Prager Friede von 1635 mag seinen Teil dazu beigetragen haben, daß dem Bremer Rat ein florierender Handel schließlich doch wichtiger erschien als die partikularen Interessen einer Zunft, so daß im Jahr 1638 Schiffen mit Steinladung wieder das Recht auf Vorbeifahrt gestattet wurde.

Mochten die Handelskontakte mit der Stadt Bremen aus Obernkirchener Sicht noch so schwierig sein, so war es doch vor allem die professionelle Vermarktung durch die Bremer Kaufleute, die den Sandstein von den Bückebergen erst zu einer Marke machten. Daß der Markenname in der Fremde mit seinem Umschlaghafen korrespondierte, mag den Steinhauern in den Brüchen als ungerechtfertigte Aneignung ihres qualitativ hochwertigen Produktes erschienen sein. Doch ohne die Kontakte eines Lüder von Bentheim oder der Brüder van der Meulen hätte der Obernkirchener oder Bückeburger Stein im 16. und 17. Jahrhundert kaum die Rolle gespielt, die ihm historisch zufiel.

The correspondence between Herzog Otto II von Braunschweig-Lüneburg and Graf Otto IV von Holstein-Schaumburg concerning the expansion of the Harburg provides more detailed information on stone delivery. On the 28th November 1561, the count was asked by the duke to send a master to Harburg at his own expense to gain information concerning the building plan onsite. On 17th March 1562, after the visit, plainly successful, the duke reported to the count the ordering of sixteen windows, eleven cornices and windows as well as two tables. This correspondence includes an undated work contract between Herzog Otto and the master craftsman Harmen Kaitmar from Obernkirchen concerning these very orders. »He is to shape all of these roughly at his storage place, and, if this can be done without expense to him, shape them finely here at Harburg and set them according to the pattern provided for him« (Kruse 1994, p. 34). Travel expenses in cash, free accommodation, provisions in kind and a fee of three talers per window are agreed to.

In the same year, one of the most significant commissions of the period was made – for the delivery, which took place from 1561 to 1563, of 1400 cartloads – about 800 cub. m – of cut sandstone for the renovation of the town hall in Antwerp. The people of Antwerp did not buy the stone sight unseen, but sent two envoys with letters and gifts to the count at Stadthagen, to supervise selection of the stones, which the quarrymen were to position »on the water, that is on the Weser« (Bernstorf and Soenke, 1964, p. 44) in order for it to be shipped from there. It was clearly common practice for the master builder or his deputy to view the worked stone personally. Jörg Unkair made several visits to Obernkirchen in person in the 1540s, as can be seen from Schloss Petershagen's building records.

Several buildings along the Weser were built or renovated using Obernkirchen sandstone, apart from the less expensive alternatives such as Solling and Süntel sandstone, for instance Stadthagen, Bückeburg, Petershagen, Uslar and Thedinghausen. However, the corresponding deliveries of stone seldom appear in the well-researched Weser tax records. This discrepancy is due to the freedom of rulers, nobles and occupants of official posts, i. e., exactly the group of people who had impressive stone buildings built, from having to pay tolls.

The boom meant that Obernkirchen masons often travelled abroad. Graf Otto must have been concerned about an emigration of skilled labourers and the resulting financial loss, as this is the only plausible reason why he would forbid his masons to take on work outside his territory in 1563. Anyone who disobeyed was to lose all his goods. The renewal of the ban in 1569 suggests that there were still attractive offers being made from abroad.

By the turn of the century at the latest, commissions were being agreed behind the backs of the Holstein-Schaumburg counts and the Obernkirchen masters. For instance, in 1595 the council of the Dutch city of Leiden went to Lüder von Bentheim, who did not, as one might expect, deal in Bentheim sandstone but in Obernkirchen sandstone, with plans to modernise their town hall. Lüder von Bentheim was the master builder of Bremen, and the independent owner of a flourishing building business. This business contact was initiated by the brothers Andries and Daniel van der Meulen, rich Antwerp merchants who had emigrated to Bremen as religious refugees in 1585. Daniel, who moved to Leiden in 1591, acted as advisor and conducted negotiations between the council of Leiden and the Bremen stone dealer (Fusenig 2000c, p. 292).

This commission, to the sum of 2200 Reichstaler, encompassed the manufacture and delivery of a façade, ready to be erected, of »good Bückeburg stone, cleanly and fairly wrought« (St. Albrecht 1995/96, p. 69), which was to be superimposed on the medieval town hall. Lüder von Bentheim completed the façade in his workshop in Bremen, sent the individual parts to Leiden on eight ships and had them put in place there under the supervision of his colleagues Albert and Hans Rotvelt the Younger. The fact that their father Hans Rotvelt the Elder was a founding member of the *Obernkirchener Steinhauerzunft* shows how little effect the protectionist measures put in place by the count and the quarrymen's guild had.

Around 1600, Obernkirchen stone was used in many buildings in Bremen, including the town hall, which was converted by Lüder von Bentheim according to the Leiden model from 1608 to 1615 and given a Renaissance façade. The rising demand must have driven up prices to the extent that the Bremen stoneworkers tried to force the Obernkircheners out of business entirely. In 1614, they persuaded the council to pass a measure; that »no cut stone of any kind should be transported through this town and down the Weser, whether by aliens or residents here, but should be worked, handled and used here« (Poestges 1982/83, p. 98).

Bremen's stoneworkers may well have profited from this expansion by council resolution of the staple port right for Obernkirchen sandstone. However, the overall trade, which was severely disrupted by no longer being able to take ships loaded with stone past Bremen, did not. The people of Hamburg, for instance, who argued that Bremen's staple port right according to the imperial charter of 1541 did not extend to sandstone, were permitted to pass, but with a word of advice: to buy the stone in Bremen rather than Obernkirchen next time. In 1620, a renewed petition by Hamburg to allow transit of ships carrying Obernkirchen sandstone was rejected, despite the intervention of Fürst Ernst von Holstein-Schaumburg.

Even a joint petition by Bremen merchants and Obernkirchen quarrymen for the abolition of the unjustified staple port right with its catastrophic economic consequences was rejected by Bremen council in 1624. Work in the quarries was nearly brought to a standstill. Whereas in 1620 a weekly average of seventeen talers *Bergwar* was still being paid to the local ruler, after 1626 not even two talers weekly were paid. The Peace of Prague in 1635 may have contributed to the Bremen council finally deciding that a flourishing trade was more important than the partisan interests of a guild, leading to ships with cargoes of stone again being granted right of passage in 1638.

However difficult trade contacts with Bremen were from an Obernkirchen point of view, it was above all the professional marketing of the stone by Bremen merchants which made the Bückeberge sandstone a recognised brand. That its brand name abroad corresponded with the port where it was shipped may have appeared to the stoneworkers in the quarries to be an unfair appropriation of their high-quality product, but without the contacts of people like Lüder von Bentheim and the van der Meulen brothers, Obernkirchen or Bückeberge stone could hardly have played the historical role it did in the 16th and 17th centuries.

Hillert Ibbeken

Wie der Obernkirchener Sandstein entstand

»Noch wunderlicher erschien ich diesem Begleiter, als ich auf allen seichten Stellen, deren der Fluß gar viele trocken läßt, nach Steinchen suchte und die verschiedenen Arten derselben mit mir forttrug. Ich konnte ihm abermals nicht erklären, daß man sich von einer gebirgigen Gegend nicht schneller einen Begriff machen kann, als wenn man die Gesteinsarten untersucht, die in den Bächen herabgeschoben werden, und daß hier auch die Aufgabe sei, durch Trümmer sich eine Vorstellung von jenen ewig klassischen Höhen des Erdaltertums zu verschaffen.« So schrieb Goethe am Mittwoch, den 4. April 1787, in sein Tagebuch der *Italienischen Reise*. Er bringt mit seiner Bemerkung über Flußschotter und die ewig klassischen Höhen des Erdaltertums ein Thema der modernen Geologie auf den Punkt: die Provenance-Analyse, die Klärung der Herkunft der Bestandteile eines Sediments. Konglomerate und Sandsteine setzen sich, um in der Sprache Goethes zu bleiben, aus Trümmern zusammen, aus den Verwitterungs- und Erosionsprodukten von Vorgängergesteinen in einem Liefer- oder Spendergebiet, meist einem Gebirge, das ein Empfänger- oder Sedimentationsgebiet, einen See oder das Meer, mit diesen Erosionsprodukten beliefert. Transportagens ist dabei meist das Wasser, aber auch der Wind oder das Eis von Gletschern.

Da die meisten Gebirge der geologischen Vergangenheit bis auf die Wurzeln abgetragen sind und ihre Reste von jüngeren Sedimenten überdeckt werden, stehen sie selbst für den fragenden Geologen nicht mehr zur Verfügung, häufig aber eben ihre Erosionsprodukte, die sich in begleitenden Senken sammelten und nun ihrerseits den Stoff für neue Gebirge abgaben, neben anderen Gesteinen. Das Problem der Provenance-Analyse besteht nun darin, daß die stofflichen Eigenschaften der Spender- oder Liefergesteine niemals eins zu eins in die empfangenden Sedimentationsgebiete übertragen werden. Um im Themenraum dieses Buches zu bleiben: Die Quarzporphyrschotter des Thüringer Waldes werden zwar von Werra und Weser bis nach Bremen gespült, um irgendwo am Rande der Nordsee ein neues Sediment zu bilden, es wäre aber völlig verfehlt, aus den Prozentanteilen der Quarzporphyrschotter in den Bremer Weserkiesen auf die Prozentanteile der Quarzporphyre in den Gesteinen des Thüringer Waldes schließen zu wollen. Das leuchtet jedem ein, aber warum? Dieses »warum« untersucht die Provenance-Analyse. Das ist nicht *l'art pour l'art*, sondern, natürlich im Kontext einer umfassenden geologischen Analyse, die Voraussetzung für das Verständnis eines Gesteins als Produkt und Zeuge eines geologischen Prozesses und als Gegenstand eines ökonomischen oder kunsthistorischen Interesses.

Der Geologe interessiert sich für den Sandstein als Ausdruck einer bestimmten paläogeographischen Situation in Raum und Zeit, also etwa dem südlichen Rand der Nordseesenke in der Unteren Kreide. Der Ökonom sieht den Sandstein als möglichen Erdgas- und Erdölspeicher und ist bei seiner Prospektion und Nutzung auf die Erkenntnisse von Geologie und Geophysik angewiesen. Menschliche und handwerkliche Erfahrung reichen, wie die vergangenen Jahrhunderte zeigen, um den Sandstein als Baustein zu gewinnen, nicht nur als schnöden Quaderstein, sondern auch als Material für Steinmetzen und Bildhauer. Aber ich bin abgeschweift. Ich gehe zurück zur Provenance-Analyse, führe sie ein wenig aus und möchte dann etwas über die Sandstein-Petrographie erzählen, über die Gesteinskunde des Sandsteins und seine physikalischen Eigenschaften, die uns verraten sollen, warum manche Sandsteine so vorzügliche Schmucksteine sind wie, ja, der Obernkirchener Sandstein mit seinen Skulpturen, die noch nach Jahrhunderten aussehen wie frisch gehauen, und warum andere Sandsteine das nicht leisten, wie etwa der Cottaer Sandstein aus dem Elbsandsteingebirge; trauriges Beispiel sind die Karyatiden am Schloß Sanssouci in Potsdam, teilweise schwärzlich verkrustet nach nur 250 Jahren.

Goethe spricht von den Trümmern, »die in den Bächen herabgeschoben werden«, er meint die Flußschotter, die er makroskopisch, also mit bloßem Auge unterscheidet. Das ist bei der heutigen Schotteranalyse nicht anders, jede andere Analytik wäre viel zu zeitaufwendig, es ist auch gar nicht nötig. Ganz anders sieht das bei den Sanden des Flusses oder Baches aus, die natürlich ebenfalls, und wahrscheinlich viel reichlicher, »herabgeschoben« werden, von denen Goethe nicht spricht und die er auch nicht hätte untersuchen können, weil man dazu im Gelände eine Lupe, im Labor aber ein Mikroskop braucht. Für Goethe, den großen Schauenden, wäre eine mikroskopische Analyse bestimmt nichts gewesen, schreibt er doch im *Faust I*: »Geheimnisvoll am lichten Tag / läßt sich Natur des Schleiers nicht berauben / und was sie deinem Geist nicht offenbaren mag / das zwingst du ihr nicht ab mit Hebeln und mit Schrauben«. Die heutige moderne Sandstein-Petrographie kommt aber ohne Hebel und Schrauben nicht aus, sie benutzt ein Polarisationsmikroskop und andere komplizierte Geräte, um »sich eine Vorstellung von jenen ewig klassischen Höhen des Erdaltertums zu verschaffen«.

Wie arbeitet nun der Provenance-Geologe und Sandstein-Petrograph? Ein Kernspruch der Geologie ist der Satz: »The present is the key to the past.« (Die Gegenwart ist der Schlüssel zur Vergangenheit.) Wer die heutigen Prozesse der Entstehung von Sandstein versteht, der versteht auch die Sandsteine der geologischen Vergangenheit. Ausgangsmaterial ist immer ein Sand, ein Körnergemisch einer bestimmten Korngrößenspanne. Am Fluß, an der Küste, in der Wüste sind Sande das konstituierende Material. Die Gesteine eines aufsteigenden Gebirges wurden bei höheren Drucken und Temperaturen des Erdinnern gebildet oder umgeformt. Wenn sie an der Erdoberfläche von der Erosion freigelegt werden, werden sie mit geringeren Drucken und Temperaturen konfrontiert. Sie werden instabil. Hinzu kommen Wasser und Eis sowie die Gase der Atmosphäre, die das Gestein tiefgründig im Wortsinne verwettern, verwittern lassen.

Gesteine sind fast immer Mineralgemische, jeder kennt den Spruch vom Granit: »Quarz, Feldspat und Glimmer, die drei vergeß' ich nimmer.« Die drei genannten Minerale bilden im Granit ein eng verschränktes Gefüge, das von der Verwitterung aufgebrochen wird, weil sich Quarz, Feldspat und Glimmer bei der Erwärmung durch die Sonne unterschiedlich ausdehnen. Dies ist die physikalische Verwitterung, sie wird begleitet von der chemischen Verwitterung, die hier nicht weiter dargelegt werden soll. Der Mineralzusammenhang zerbricht also, es entstehen unregelmäßig geformte »Trümmer«, die sowohl aus einzelnen, isolierten Mineralen bestehen können als auch aus nicht vollständig aufgebrochenen Mineralaggregaten, den sogenannten Gesteinsbruch-

Hillert Ibbeken

How the Obernkirchen sandstone came into being

»The fact that I stopped at every shallow place, of which the river had allowed many to appear through drying out, to look for small stones, and carried some of each type with me, made me appear even more peculiar to this companion. Several times I tried and failed to explain that the quickest way to gain an impression of a mountainous region is to research the stones which are carried in the streams, and that this was a question of gaining from debris an impression of those eternal classic heights of the earth's antiquity.« On Wednesday the 4th April 1787, Goethe wrote these words in his diary, the *Italienische Reise.* His remarks about river gravel and the eternal classic heights of the earth's antiquity cut to the heart of a theme of modern geology: provenance analysis or explaining the origin of different elements of a sediment. Conglomerates and sandstones form, to use Goethe's idiom, out of debris, from the product of a parent rock's erosion and weathering in a donor or source area, usually a mountain range, which provides a receiver or sedimentation area, a lake or sea, with these products of erosion. Water is the usual transport agent, but it may also be the wind or glacier ice.

As most mountain ranges of the geological past have been worn down to the roots, with their remains covered by more recent sediments, they are out of reach even for the enquiring geologist. However, their erosion products, which collected during the accompanying lowering process and provided the materials for new rocks, do remain among other rocks. The problem with provenance analysis is that the material properties of the donor or source area are never transferred proportionately to the receiving sedimentary area. To remain within this book's thematic area: the quartz-porphyry gravel of the Thüringer Wald may be washed down to Bremen by the Werra and the Weser to form a new sediment somewhere on the rim of the North Sea, but it would be entirely misguided to arrive at a conclusion regarding the percentage of quartz-porphyry in the rocks of the Thüringer Wald based on the percentage of quartz-porphyry in the Bremen Weser gravel. That should be clear to anyone, but why? Provenance analysis takes this »why?« as its subject. This is not a case of *l'art pour l'art*, but a requirement for understanding a rock type as the product and witness of a geological process and the object of an economic or art-historical interest – within the context of a comprehensive geological analysis, of course.

For a geologist, sandstone is interesting as an expression of a certain paleogeographical situation in space and time, e. g., the south rim of the North Sea basin in the Lower Cretaceous. An economist sees sandstone as a possible store of natural gas and mineral oil, and depends in his prospecting and exploitation on the knowledge of geologists and geophysicists. As past centuries show, human and craft-related experience are sufficient in using the sandstone as a building material, not only as rough ashlars, but also as material for masons and sculptors. But I am digressing here. I will return to provenance analysis and explain it somewhat. I would then like to explain something of sandstone petrography, the mineralogy of sandstone and its physical properties, which will hopefully reveal to us why some forms of sandstone are so excellent for decorative purposes, such as the Obernkirchen sandstone, from which sculptures are made which centuries later look as if they have only just been cut, and why other kinds of sandstone, such as the Cotta sandstone from the Elbsandsteingebirge, are inadequate for this task. The Caryatids at Schloss Sanssouci in Potsdam, partially encrusted with black after only 250 years, are an unfortunate example of this.

Goethe refers to the debris »which is carried by the streams«; he means the river gravel which he can distinguish macroscopically, i. e., with the naked eye. For modern gravel analysis, this has not changed. Any other form of analysis would be much too time-consuming, and is in any case not necessary. The sand of a river or stream, which is of course also »carried« in the same way, and generally more abundantly, which Goethe does not mention and which he could not have examined as this requires a magnifying glass in the field and a microscope for laboratory work, is another matter. Goethe, the great observer, would surely not have set much store by a microscopic analysis. After all, he wrote in *Faust I*: »Mysterious in the light of day / Nature will not be robbed of her veil / and what she does not want to reveal to your soul / you cannot force from her with levers and screws.« However, modern sandstone petrography cannot dispense with levers and screws. It uses a polarizing microscope and other complex devices in order to »gain from debris an impression of those eternal classic heights of the earth's antiquity«.

So how does a provenance geologist and sandstone petrographer go about his work? A central principle of geology is: »The present is the key to the past.« Anyone who understands the present-day process of sandstone formation also understands sandstones of the geological past. The initial material is always sand, a granular mixture of certain grain sizes. In a river, on a coast or in the desert, sand is the constituting material. The rock types of a rising mountain are formed or transformed by high pressures and high temperatures within the earth. If they are exposed on the earth's surface due to erosion, they are confronted with lesser pressures and temperatures. They become unstable. To this are added water, ice and atmospheric gases, which literally weather the rock down to its deepest parts.

Rocks are almost always mineral combinations. Everyone knows the saying for granite: »Quarz, Feldspat und Glimmer, die drei vergeß' ich nimmer.« (Quartz, feldspar and mica, these three I will never forget.) In granite, the three minerals named form a dense framework, which is broken by weathering because quartz, feldspar and mica expand at different rates under the heat of the sun. This is physical weathering; it is accompanied by chemical weathering, which is not discussed here. So, the association of minerals is broken apart, and an irregularly formed »debris« is formed which may consist of individual, isolated minerals or of not fully dissociated mineral aggregates, so called rock fragments: the granite mountain walls are broken to debris and sand, the material collects at the foot of the wall and forms a talus. This primary weathering material is taken up by the transport agent, which we will assume to be water, and sent on what may be a long journey, over hundreds or thousands of kilometres of river.

The *granite* signal, which was still easily detectable in the composition of the primary material, now becomes increasingly distorted and mixed with material from other sources. A process takes place which we call structural

stücken: die Granitwand des Gebirges wird in Schutt und Sand zerlegt, das Material sammelt sich am Fuße der Wand und kann einen Schuttfächer bilden. Dieses primäre Verwitterungsmaterial wird von den Transportagenzien erfaßt, wir wollen es beim Wasser belassen, und auf eine gegebenenfalls lange Reise geschickt, über hunderte, ja tausende von Flußkilometern.

Das Signal *Granit*, das sich aus der Zusammensetzung des Primärmaterials noch mühelos ableiten ließ, wird nun zunehmend verstümmelt und mit dem Material anderer Quellen vermischt. Es findet etwas statt, was wir die strukturelle und kompositionelle Reifung nennen. Der Flußtransport ist nämlich ziemlich anstrengend für das Material. Je nach Korngröße und Fließgeschwindigkeit wird es entweder am Boden des Flusses als Bodenfracht oder *bed load* transportiert oder aber in der Schwebe, als *suspended load*. Die groben Schotter werden zumeist als Bodenfracht transportiert, auch die Sande, die bei Hochwasser aber auch schweben können. Der feinkörnige Schluff und die Tonfraktion reisen stets in der Schwebe. Das bedeutet, daß die Kornfraktionen auf ihrer Reise auseinander gezogen werden. Um einmal mehr Werra und Weser zu bemühen: Wenn eine primäre verwitterte Korngemeinschaft den Thüringer Wald verlassen hat, mühen sich vielleicht die groben Schotter noch bei Hannoversch Münden in die Weser, während die Sande bereits an der Porta Westfalica entlang fließen, die Tonfraktion und die schuppigen Glimmer aber schon jenseits von Bremen in die trübe Nordsee gespült werden.

Die Bodenfraktion wird dabei mechanisch zerrieben und zerkleinert, weniger widerstandsfähige Minerale wie die Feldspäte trifft es dabei mehr als die robusteren Quarze, es findet eine Auslese zugunsten der widerstandsfähigeren Minerale statt, die Gesteinsbruchstücke werden in ihre Einzelminerale zerlegt, die Sande werden relativ quarzreicher und feldspatärmer, dies alles ist die kompositionelle Reifung, die Reifung der Zusammensetzung. Die ursprünglich eckigen und unregelmäßigen Körner werden abgerieben, abgerundet und kleiner, das nennt man die strukturelle Reifung. Das mögliche Endprodukt einer solchen Entwicklung ist ein feinkörniger Sand ausschließlich aus gut gerundeten Quarzkörnern, ein reifes Sediment, aber noch lange kein Sandstein. Um aus einem unverfestigten Sand einen kompakten Sandstein entstehen zu lassen, ist vor allem eines notwendig: Zeit, viel Zeit, in der Regel viele Millionen Jahre. Das Liefergebiet unseres Sandes ist meist ein Hebungsgebiet mit forcierter Erosion. Die Flüsse verlassen dieses Gebiet und wenden sich den Sedimentationsgebieten zu, das sind zumeist in Absenkung begriffene Räume.

Diese Absenkung ist eine wichtige Voraussetzung für die Sandsteingenese, weil die Sande stets von neuen Zulieferungen überschüttet, überschichtet werden, wobei Druck und Temperatur zur Tiefe hin zunehmen. So wie bei der eingangs geschilderten Gebirgshebung die Gesteine in Bereiche minderen Drucks und minderer Temperatur an der Erdoberfläche gelangten und dabei instabil und verwittert wurden, so verändern sich jetzt die Bedingungen des jungen Sediments in umgekehrter Richtung zu höheren Drucken und Temperaturen hin, im Maße der Absenkung und Überlagerung durch immer neue Schichten. Die Körner des Sandes rücken näher aneinander, der Zwischenraum, der Porenraum nimmt ab, das Sediment wird kompaktiert. Bestimmte Minerale halten dem erhöhten Druck und der erhöhten Temperatur nicht Stand, sie lösen sich auf oder kristallisieren um, die Lösungsprodukte zirkulieren im Porenwasser und können in neuen Mineralen wieder ausgeschieden werden, wobei die Sandkörner miteinander verklebt werden, das ist die Zementation. Diesen lang andauernden und sehr langsam ablaufenden Prozeß der Kompaktion und Zementation bezeichnet man als Diagenese. Endprodukt ist in unserem Fall der fertige Sandstein, der durch eine Hebung des Sedimentationsgebiets aufsteigt, von der allgegenwärtigen Erosion wieder freigelegt und einem Steinbruchbetrieb zugänglich gemacht wird.

Soweit die Theorie. Jetzt aber zum Obernkirchener Sandstein selbst. Wir wollen uns im folgenden ein wenig mit seiner paläogeographischen Situation beschäftigen, seiner Position in Raum und Zeit der Erdgeschichte, um dann zu seinen petrographischen und physikalischen Eigenschaften zu kommen, die seinen Wert als einer der berühmtesten Bausteine Norddeutschlands ausmachen.

Der Obernkirchener Sandstein als Teil der Bückeburger Schichten wurde in der untersten Stufe der Unteren Kreide sedimentiert, in der Stufe des Berrias, genannt nach einem Ammoniten *Berriasella grandis*, der allerdings nicht im Ablagerungsraum unseres Sandsteins, sondern im offenen Meer lebte. Das Berrias umfaßt einen Zeitraum von sechs Millionen Jahren, vor 144 bis 138 Millionen Jahren in der Zeitskala der Erdgeschichte. Damals entwickelte sich in den restlichen Trögen der Norddeutschen Senke die Wealden-Fazies. Vom lateinischen *facies* abgewandelt, Aussehen und Gesicht, ist der Fazies-Begriff ein Grundelement geologischer Sprache. Er bezeichnet die Gesamtheit der Erscheinungen und Charakteristika einer Gesteinseinheit unter besonderer Berücksichtigung ihrer Entstehungsbedingungen. *Wealden* leitet sich von *The Weald* ab, einer südenglischen Landschaft mit ähnlichen und gleichaltrigen Gesteinen, die sich gleichermaßen im nordöstlichen Frankreich, Belgien, Norddeutschland und bis hin nach Polen finden. Der Wealden der Bückeburger Schichten mit dem Obernkirchener Sandstein ist eine Delta-Schüttung aus den südlich angrenzenden Liefergebieten heraus, im wesentlichen aus der Rheinischen Masse, hin an den südlichen Rand der Nordseesenke.

Von den heutigen Deltabildungen, etwa dem Mississippi-Delta, wissen wir, daß das Erscheinungsbild komplex ist. Schmale Rinnen mit schneller fließendem Wasser und gröberer Flußfracht wechseln mit breiten, langsamer fließenden Armen oder stagnierenden Altwässern mit extrem feinkörnigen Sedimenten. Es war damals eine weit gespannte, ziemlich flache Landschaft. Die sich verzweigenden und wieder zusammenschließenden Rinnen waren von natürlichen Uferwällen begleitet, in deren Schutz weite Ebenen mit Sumpfwäldern lagen, wo Schachtelhalme, Palmfarne und Coniferen wuchsen. Kohleflöze, aber auch einfache Wurzelböden sind ihre Zeugen. Hier lebte als wohl spektakulärstes Tier der pflanzenfressende Dinosaurier *Iguanodon*, wahrscheinlich *Iguanodon benissartensis*, ein bis zu 10 m langes, über 4 m hohes Ungeheuer, das ausschließlich auf den Hinterbeinen lief, seine Fährten wurden im Obernkirchener Sandstein gefunden. Weiter gab es Krokodile, Schildkröten, verschiedene Saurier und Fische. Das Klima war sicherlich warm, feuchtwarm, tropisch bis subtropisch. Wenn die Uferwälle bei Hochwasser brachen, wurden weite Landstriche unter Wasser gesetzt und mit Sand und Ton überschüttet, lokal konnten so Zeugnisse des Lebens überliefert werden. Das Alter des Wealden war lange umstritten, weil die klassischen Leitfossilien der Kreide, im wesentlichen Ammoniten, hier

and compositional maturation. This is because river transport is quite arduous for the material. Depending on the size of the grains and the speed of the current, it is either transported along the river bed as *bed load* or floated as *suspended load.* Coarse pebbles are generally transported as bed load, along with some sands which may also float during high water. Fine-grained silt and the clay fraction always travel in suspension. This means that elements with different grain sizes are separated during their journey. To return to the Weser and Werra: if a primary weathered association of particles leaves the Thüringer Wald, the coarse gravel may still be running past Münden in the Weser while the sand is flowing past Porta Westfalica and the clay and flakes of mica have already been washed beyond Bremen into the clouded North Sea.

In this process, the bed load fraction is ground down into smaller particles. This affects the less tough minerals such as the feldspars more than the more robust quartzes, and a selection process takes place which favours the tougher minerals. The rock fragments are broken down into their individual minerals, the sands become relatively higher in quartz and lower in feldspar. This is compositional maturation, the maturation of composition. The originally angular and irregular grains are ground down and rounded, and become smaller; this is what is known as structural maturation. A possible end product of such a development is a fine-grained sand consisting entirely of well-rounded quartz grains, a mature sediment, but nowhere near becoming a sandstone. To turn non-consolidated sand into compacted sandstone, one thing above all is necessary: time, a great deal of time, generally many millions of years. The source area for our sandstone is generally a raised area with forced erosion. Rivers leave this area and run toward the sedimentary areas, which are generally areas in the process of sinking.

This sinking is an important requirement for the genesis of sandstone, as the sand is continually covered and layered over by new deposits, causing pressure and temperature to increase with depth. Just as, during the rising of mountains described above, rocks reached the area of lesser pressure and temperature at the earth's surface, became instable and were weathered, the conditions for the young sediment change in the opposite direction: higher pressure and temperature in proportion to sinking and continual covering by new layers. The grains of sand grow closer together, the interstitial or pore space decreases, the sediment is compacted. Certain minerals cannot withstand the increased pressure and temperature. They disintegrate or re-crystallise, with the disintegration products circulating in the interstitial water and possibly precipitating as new minerals, causing the sand grains to be bound, glued together. This is called cementation. This long-lasting, very slow process of compaction and cementation is called diagenesis. In this case, the end product is the finished sandstone, which rises due to an elevation of the sedimentation area, is exposed by the ubiquitous erosion and becomes accessible for quarrying.

So much for the theory. But now we come to the Obernkirchen sandstone itself. In the following text we will engage somewhat with its paleogeographical situation, its position in space and time in geological history, in order to arrive at its petrographical and physical properties, which constitute its value as one of the most famous building stones of north Germany.

As part of the Bückeburg strata, the Obernkirchen sandstone is laid down in the lowest part of the Lower Cretaceous, in the Berriasian, named after an ammonite, *Berriasella grandis*, which however lived in the open sea and not in the area where our sandstone was deposited. The Berriasian encompasses a time period of six million years, which took place 144–138 million years ago in the scale of geological history. At this time, the Wealden facies was forming in the other troughs of the north German basin. The expression facies, adapted from the Latin word *facies*, meaning appearance or face, is a fundamental element of geological language. It describes the total overall manifestation and characteristics of a unit of rock with particular attention to the conditions under which it was formed. *Wealden* is derived from *The Weald*, an area in south England with similar rocks of the same age. This rock can also be found in northeast France, Belgium, north Germany and as far away as Poland. The Wealden of the Bückeburg strata containing the Obernkirchen sandstone is a delta-fill from the source areas adjoining to the south, with significant amounts of it coming from the Rhine Massif, delivered towards the southern rim of the North Sea basin.

From present-day delta formations, for instance the Mississippi delta, we know that the profile is complex. Narrow runnels with faster-flowing water and coarser sediment alternate with broad, slower-flowing arms or

1. Obernkirchen, Steinbruch auf den Bückebergen, 2007.

1. Obernkirchen, quarry on the Bückeberge, 2007.

nicht lebten und folglich hier auch nicht zu finden waren. Mit Hilfe von fossilisierten Schalen von Ostrakoden, wenige Millimeter großen Muschelkrebschen, die auch in Süß- und Brackwasser leben, konnte jedoch die Eingliederung ins Berrias gesichert werden.

Im Kontext dieses Artikels soll nur der Vollständigkeit halber ganz kurz auf die Korngrößen und die mineralogische Zusammensetzung des Obernkirchener Sandsteins eingegangen werden, weil sie neben den gesteinsphysikalischen Parametern zur Beurteilung der Tauglichkeit eines Sandsteins notwendig sind. Voraussetzung dazu ist eine Dünnschliffanalyse. Ein kleiner Sandsteinquader, wenig größer als ein längliches Stück Würfelzucker, wird poliert und auf eine Glasplatte geklebt, dann kurz über der Glasplatte abgesägt und so weit herunter geschliffen, daß ein transparentes Präparat entsteht: auf eine Zeitung gelegt, kann man die durchscheinende Schrift lesen. Unter dem Mikroskop, bei normalem oder polarisiertem Licht, lassen sich die optischen Eigenschaften der Minerale eines Gesteins identifizieren, sie sind substanzcharakteristisch. Auf diese Weise wird nicht nur die Zusammensetzung des Mineralbestands bestimmt, ich erinnere an den Begriff der kompositionellen Reifung, sondern auch die Struktur des Gesteins: Sind die Körner runder oder eckiger, wie berühren sie sich, sind sie miteinander verschränkt, was die Festigkeit des Gesteins bedingen kann, wie groß ist der Porenraum, je kleiner er ist, desto weniger Wasser kann der Baustein aufnehmen, umso höher ist seine Verwitterungsresistenz, und schließlich muß die Frage nach dem Bindemittel und der Zementierung beantwortet werden sowie der Porenfüllung, die alle die chemische Widerstandsfähigkeit des Gesteins bedingen.

Der Obernkirchener ist ein recht homogen ausgebildeter, hellgrauer Sandstein, ein schluffiger, mittelsandführender Feinsandstein. Er besteht zu etwa 76 Vol.% aus Quarzkörnern, Gesteinsbruchstücke nehmen etwa 7 Vol.% ein, Glimmer etwa 1 Vol.%, Schwerminerale weniger als 1 Vol.%, Feldspäte etwa 0,5 Vol.%, und das Bindemittel umfaßt etwa 15 Vol.%. Es ist überwiegend kieselig. Die Gesamtporosität beträgt 16 %. Im Sinne des oben geschilderten Reifungsprozesses ist der Obernkirchener Sandstein ein verhältnismäßig reifes Sediment, bestimmt, was die kompositionelle Reife anbelangt, aber auch strukturell, weil er sehr feinkörnig ist und seine Körner relativ gut gerundet sind. Das feine Korn und die große Homogenität sind eine wesentliche Voraussetzung für den Steinmetzen, weil nur in einem solchen Material die Ornamente etwa des Kerbschnittbossensteins oder die Figuren eines Epitaphs sauber geschlagen werden können, deren Relief und Strukturen oft nur im Bereich von 1 cm liegen.

Die gesteinsphysikalischen Parameter der Wealden-Sandsteine und eben auch des Obernkirchener Sandsteins sind umfassend untersucht und hier in ihrer Fülle und Komplexität nicht darstellbar, sie seien nur genannt: Druckfestigkeit, Spaltzugfestigkeit, Roh- und Reindichte, Porosität, Wasseraufnahme, Sättigungsgrad, Frostbeständigkeit und Kristallisationsverhalten. Werden diese Parameter hinsichtlich der Belastungsmöglichkeit und Lebensdauer von Obernkirchener Sandstein abgefragt, erhält er im Vergleich zu den anderen hannoverschen Wealden-Sandsteinen durchweg gute Zensuren. Die meisten der aufgeführten Tests kranken aber daran, daß der Faktor Zeit, der in der Geologie eine so übergroße Rolle spielt, praktisch gar nicht oder nur unzureichend abgebildet werden kann.

Am überzeugendsten ist hier der Langzeitversuch, den die Bauherren und Steinmetzen der *Weserrenaissance* vor über 400 Jahren eingeleitet haben und deren Werke wir heute bewundern. Die feinsten Strukturen haben sich im Detail erhalten, als seien sie eben erst geschlagen worden. Die Skulpturen des Obernkirchener Sandsteins sind so ein doppeltes Faszinosum, ein geologisch natürliches und ein menschlich künstlerisches.

Die Obernkirchener Sandsteine wurden Jahrhunderte lang über die Weser nach Bremen verschifft, so daß sich der ein wenig irreführende Name *Bremer Stein* oder auch *Weserstein* einbürgerte. Handgreifliches Beispiel für diesen Transport sind zwei aneinander gekoppelte Lastkähne, die 1769 auf der Weser bei Rohrsen nördlich Nienburg untergingen und mitsamt ihrer Last von 50 Tonnen Obernkirchener Sandstein in einer aufwendigen Aktion geborgen wurden. Schiff und Ladung werden im Weserrenaissance-Museum Schloß Brake in Lemgo aufbewahrt.

Die Sandsteinbrüche liegen auf dem Bückeberg bei Obernkirchen. Die Abbauwände in dem gut gebankten Material sind fast 10 m hoch, abgebaut wird mit gewaltigen Radladern, fast so groß wie ein *Iguanodon*, Sprengungen gibt es nicht. Der Sandstein wird in dem großen Betrieb in Obernkirchen zu fast allen gewünschten Produkten verarbeitet, die Belegschaft umfaßt etwa 50 Leute, von denen nur ein Bruchteil im eigentlichen Steinbruch arbeitet.

Die eindrucksvolle Referenzliste des Obernkirchener Sandsteinbetriebs nennt über 150 Städte in Deutschland und Europa, die von hier beliefert wurden. Zu den bekannteren Objekten gehören die Siegessäule in Berlin (1873) und der Kölner Dom (1884), zu den ältesten die Stadtwaage in Bremen (1587) und das Hochzeitshaus in Hameln (1617), zu den entferntesten das Zitadellentor für Batavia (heute Djakarta, vor 1629), aus einem Schiffswrack geborgen.

So weit, so gut. Aber wie mag es nun weitergehen? Die Bückeberge mit dem Obernkirchener Sandstein werden langsam, sehr langsam erodiert, ihre Erosionsprodukte werden heute über die Aue und die Weser der Nordsee zugeführt, wie das in vielen Millionen Jahren aussehen wird, weiß niemand. Für den Bruchteil eines Wimpernschlags der Erdgeschichte hat der Mensch in diesen Kreislauf hineingewirkt und die Obernkirchener Sandsteine als Produkt seiner Bildhauerkunst nach seinem Gutdünken regional umverteilt, bemerkenswerterweise überwiegend im Einzugsgebiet der Weser. Aber auch diese Werke werden vergehen. Es wird dann niemanden mehr geben, der sich anhand der Trümmer eine Vorstellung von den ewig klassischen Höhen des Erdaltertums oder den Bauten der *Weserrenaissance* verschaffen könnte.

2. Obernkirchener Sandstein. Mikroskopisches Präparat, Maßstab: lange Seite 0,53 mm. Dünnschliff im Durchlicht.
3. Obernkirchener Sandstein. Mikroskopisches Präparat, Maßstab: lange Seite 0,53 mm. Dünnschliff, gekreuzte Nicols.

2. Obernkirchen sandstone. Microscopic preparation. Scale: long side 0,53 mm. Back-lit thin section.
3. Obernkirchen sandstone. Microscopic preparation. Scale: long side 0,53 mm. Thin section, crossed nicols.

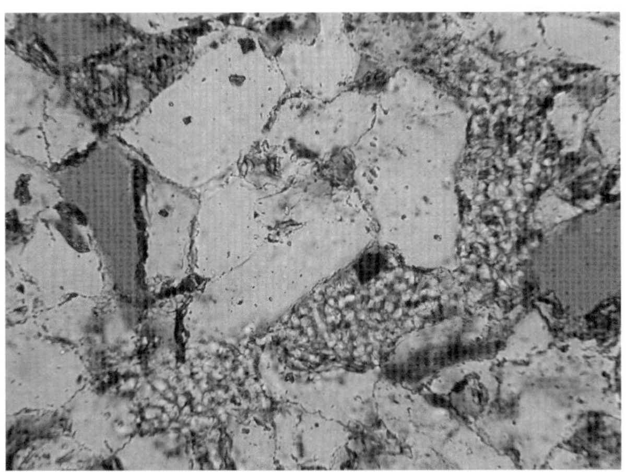

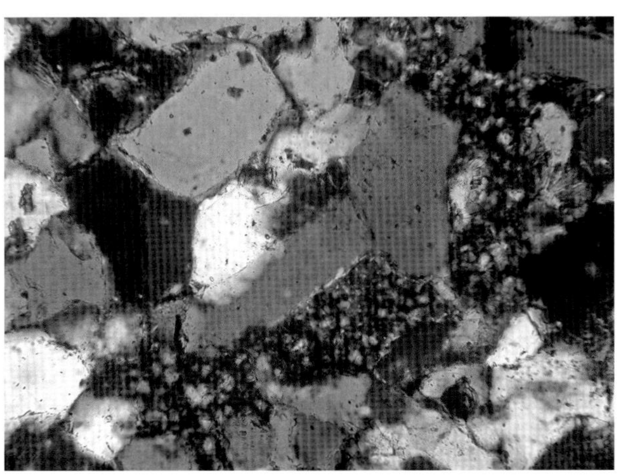

stagnant oxbow lakes with extremely fine-grained load. At this time, the area would have been a fairly flat landscape with a wide surface area. The branching and converging rivulets were accompanied by natural levees, behind the protection of which lay plains with swamp forests, where horsetails, cycads and conifers grew. Coal seams, but also simple root beds, bear witness to these. The most spectacular animal living here would have been the plant-eating dinosaur *Iguanodon,* probably *Iguanodon benissartensis,* an up to 10 m long, 4 m high monster which walked entirely on its hind legs. Its tracks were found in Obernkirchen sandstone. There were also crocodiles, tortoises and various dinosaurs and fishes. The climate would certainly have been warm and humid, tropical to subtropical. When rivers in spate formed a crevasse, wide stretches of land would have been underwater and covered with sand and clay, preserving evidence of life in the locality. The age of the Wealden was controversial for a long time, as the classical characteristic fossils of the Cretaceous, mainly ammonites, did not live here and could therefore not be found here. Its inclusion in the Berriasian was assured with the assistance of fossilised shells of ostracods, shelled crabs a few millimetres in length, which also live in fresh and brackish water.

In the context of this article, the grain size and mineralogical composition of Obernkirchen sandstone will only be discussed briefly and for the sake of comprehensiveness, because they, as well as the physical mineral parameters, are necessary for judging the serviceability of sandstone. For this, a thin section is required. A small sandstone block, not much bigger than a rectangular piece of cube sugar, is polished and affixed to a glass plate, then sawed off just above the glass plate and ground down until a transparent preparation is achieved; if this was placed on a page of newspaper, one would be able to read the text underneath. Under the microscope, in normal or polarizing light, the optical properties of the minerals in the rock can be identified. These are characteristic for a substance. This does not only allow the composition of its mineral content to be determined, to go back to the subject of compositional maturation, but also the structure of the rock: whether the grains are round or angular, how they are in contact, are they interlocked, which can affect the solidity of the rock, how great the pore space is, as the smaller it is, the less water the building stone can take up, and the higher its resistance to weathering is. Finally the question of binding media and cementation must be answered as well as the filling of the pores, all of which affect the rock's chemical resistance.

Obernkirchen sandstone is a very homogenously formed, light grey sandstone, a silty fine sandstone bearing intermediate sand. About 76 % of its volume consists of quartz grains, 7 % of its volume is rock fragments and mica makes up about 1 % of volume, while heavy minerals make up less than 1 % of the volume, feldspars approximately 0.5 % of volume, and the binding medium approximately 15 % of volume. It is predominantly siliceous. It's overall porosity is 16 %. In the sense of the maturation process described above, the Obernkirchen sandstone is a comparatively mature sediment; in terms of compositional maturation, but also structurally, as it is very fine grained and its grains comparatively well rounded. Fine grains and significant homogeneousness are important requirement for stonemasons, as it is only in such a material that the ornamentation of a chip-cut rusticated stone, for instance, or the figures of an epitaph can be cleanly cut, as their relief and structures often lie within the area of a centimetre.

The physical mineral parameters of the Wealden sandstone and with it the Obernkirchen sandstone have been comprehensively researched. It is not possible to present them here in all their volume and complexity; they are simply stated: compressive strength, tensile strength, gross and net density, porosity, water absorption, saturation level, frost resistance and crystallisation behaviour. If one tests Obernkirchen sandstone according to these criteria in order to determine its load-bearing capacity and projected life, it receives good marks across the board in comparison with other Hannover Wealden sandstones. However, the problem with most tests is that the factor of time, which plays such an inordinately large role in geology, can hardly be simulated at all, or can only be simulated inadequately.

The most convincing evidence here is the long-term experiment initiated by the patrons and stonemasons of the *Weserrenaissance* 400 years ago, whose work we still admire today. The most delicate structures still retain all their detail, as if they had been carved yesterday. The Obernkirchen sandstone sculptures are therefore doubly fascinating; as natural geology and as man-made art.

For centuries Obernkirchen sandstone was shipped down the Weser to Bremen, resulting in the somewhat misleading name *Bremer Stein* or *Weserstein* becoming established. Two barges, chained together, which sank on the Weser in 1769 at Rohrsen north of Nienburg and were retrieved together with their cargo of 50 tonnes of Obernkirchen sandstone in an extensive undertaking are a concrete examples of how it was transported. The ships and cargo are kept at the Weserrenaissance-Museum Schloss Brake in Lemgo.

The sandstone quarries are located in the Bückeberge at Obernkirchen. The rockfaces in the well layered material are almost 10 m high, and are dug using powerful bucket loaders almost as big as an *Iguanodon*. There is no use of explosives. Almost any desired product is fashioned out of sandstone in the large business located in Obernkirchen. Its staff consists of about 50 people, of whom only a fraction actually work in quarrying stone. The impressive reference list of the Obernkirchen sandstone business includes more than 150 cities in Germany and Europe, which received deliveries from here. The Siegessäule in Berlin (1873) and Cologne cathedral (1884) are among the best-known objects to be made from this sandstone, while the city weighhouse in Bremen (1587) and the Hochzeitshaus in Hamelin (1617) are among the oldest, and the citadel gate in Batavia (pre-1649, today Jakarta), retrieved from a shipwreck, is among the most distant.

So far, so good. But where from here? The Bückeberge with their Obernkirchen sandstone are slowly, ever so slowly, being eroded. The products of their erosion are being carried via the Aue and the Weser to the North Sea. What the result will be like in many million years, no-one knows. For the fraction of a blink of an eye in geological history, humanity has intervened in this cycle, redistributing the Obernkirchen sandstone to new regions as it saw fit as a product of its stonecarving craft – remarkably, usually in the catchment area of the Weser. But these works too will pass away. When that happens, there will be no-one left to gain from debris an impression of the eternal classic heights of the earth's antiquity or the buildings of the *Weserrenaissance*.

1. Schloß Barntrup. Westfassade.
2. Schloß Barntrup. Südfassade.

1. Schloss Barntrup. West façade.
2. Schloss Barntrup. South façade.

3. Schloß Barntrup. Nordfassade.
4. Schloß Barntrup. Ostfassade.

3. Schloss Barntrup. North façade.
4. Schloss Barntrup. East façade.

5. Schloß Barntrup. Utlucht.
6. Schloß Barntrup. Utlucht, Detail.

5. Schloss Barntrup. Bay window.
6. Schloss Barntrup. Bay window, detail.

7. Schloß Barntrup. Treppenturm, Portal.
8. Schloß Barntrup. Kellerportal, Giebel.

7. Schloss Barntrup. Staircase tower, portal.
8. Schloss Barntrup. Basement portal, pediment.

9. Schloß Barntrup. Saal im Obergeschoß.
10, 11. Schloß Barntrup. Saal im Obergeschoß, Türen mit Einfassungen.

9. Schloss Barntrup. Hall on the upper floor.
10, 11. Schloss Barntrup. Hall on the upper floor, doors with frames.

12. Schloß Baum. Schloßpark, Wasserportal aus Schloß Bückeburg.

12. Schloss Baum. Castle grounds, water portal from Schloss Bückeburg.

13. Schloß Baum. Schloß-park, Musikportal aus Schloß Bückeburg.

13. Schloss Baum. Castle grounds, music portal from Schloss Bückeburg.

14. Schloß Baum. Schloßpark, Wasserportal, Figur des Perseus.

14. Schloss Baum. Castle grounds, water portal, figure of Perseus.

15. Schloß Baum. Schloß-park, Wasserportal, Figur der Andromeda.

15. Schloss Baum. Castle grounds, water portal, figure of Andromeda.

16. Schloß Baum. Schloßpark, Musikportal, Giebel.
17. Schloß Baum. Schloßpark, Musikportal, weibliche Figur mit Viola da Gamba.

16. Schloss Baum. Castle grounds, music portal, pediment.
17. Schloss Baum. Castle grounds, music portal, female figure with viola da gamba.

18. Schloß Bevern. West- und Südflügel.
19. Schloß Bevern. Westfassade, Eckrisalit des Südflügels.

18. Schloss Bevern. West and south wings.
19. Schloss Bevern. West façade, corner façade bay of the south wing.

20. Schloß Bevern. Ostflügel.
21. Schloß Bevern. Ostflügel, Zwerchhaus.

20. Schloss Bevern. East wing.
21. Schloss Bevern. East wing, dormer.

22. Schloß Bevern. Hof, West- und Nordflügel mit Treppenturm.
23. Schloß Bevern. Hof, Westflügel, Tordurchfahrt.

22. Schloss Bevern. Courtyard, west and north wings with staircase tower.
23. Schloss Bevern. Courtyard, west wing, gateway.

24. Schloß Bevern. Hof, nordwestlicher Treppenturm, Portal.

24. Schloss Bevern. Courtyard, northwestern staircase tower, portal.

25. Schloß Bevern. Hof, Nordflügel, Portal.

25. Schloss Bevern. Courtyard, north wing, portal.

26. Schloß Bevern. Westflügel, Tordurchfahrt, Detail.
27. Schloß Bevern. Westflügel, Tordurchfahrt.

26. Schloss Bevern. West wing, gateway, detail.
27. Schloss Bevern. West wing, gateway.

28. Schloß Brake, Nordflügel und Turm.

28. Schloss Brake, north wing and tower.

29. Schloß Brake. Hof, Turm und Nordflügel.

29. Schloss Brake. Courtyard, tower and north wing.

S. 92/93
30. Schloß Brake. Hof, Nordflügel.

31. Schloß Brake. Hof, Turmportal.
32. Schloß Brake. Hof, Portale zum Saal im Erdgeschoß und zur *Hofstube* im Sockelgeschoß.

pp. 92/93
30. Schloss Brake. Courtyard, north wing.

31. Schloss Brake. Courtyard, tower portal.
32. Schloss Brake. Courtyard, portals to the hall on the ground floor and to the *Hofstube* in the basement.

33, 34. Schloß Brake. Bemalte Vertäfelungsbretter mit Bildnismedaillons (ursprünglich Nordflügel).

33, 34. Schloss Brake. Painted panelling boards with portrait medallions (originally north wing).

V G
ERNST GRAVE ZV HOLSTAIN SCHA
ENBVRCK VND STERNBERCK HERR
EHMEN

35. Bückeburg. Äußeres Schloßtor.
36. Schloß Bückeburg. Parkseite von Nordwesten.

35. Bückeburg. Exterior castle entrance.
36. Schloss Bückeburg. Park side from the northwest.

37. Schloß Bückeburg. Hof, Süd-, West- und Nordflügel.
38. Schloß Bückeburg. Hof, West- und Nordflügel.

37. Schloss Bückeburg. Courtyard, south, west and north wings.
38. Schloss Bückeburg. Courtyard, west and north wings.

39. Schloß Bückeburg. Schloßkapelle, Altar und Kanzelwand.
40. Schloß Bückeburg. *Goldener Saal*, *Götterpforte*.

39. Schloss Bückeburg. Castle chapel, altar and pulpit wall.
40. Schloss Bückeburg. *Goldener Saal*, *Götterpforte*.

41. Schloß Celle. Hof, Ostflügel, Zwerchhaus.
42. Schloß Celle. Ostflügel.

41. Schloss Celle. Courtyard, east wing, dormer.
42. Schloss Celle. East wing.

43. Schloß Celle. Hof, Ostflügel mit historistischem Treppenhaus.
44. Schloß Celle. Hof, Ostflügel.

43. Schloss Celle. Courtyard, east wing with historicist staircase.
44. Schloss Celle. Courtyard, east wing.

45. Schloß Celle. Südostecke mit Schloßkapelle.

45. Schloss Celle. Southeast corner with castle chapel.

46. Schloß Celle. Schloß-kapelle, nördliche Empore, Orgel und Altar.

46. Schloss Celle. Castle chapel, northern gallery, organ and altar.

47. Schloß Celle. Reliefs mit legendären Herrschern – Adoni-Besek, Abimelech, Hasael, Serah, Sanherib und Antiochus Makkabäus – von der hofseitigen Kolonnade des Ostflügels.
48. Schloß Celle. Wappenreliefs aus der Ahnenprobe des Hauses Braunschweig-Lüneburg von der hofseitigen Kolonnade des Ostflügels.

47. Schloss Celle. Reliefs with legendary rulers – Adoni-Besek, Abimelech, Hasael, Serah, Sanherib and Antiochus Machabee – from the colonnades of the east wing facing the courtyard.
48. Schloss Celle. Heraldic reliefs showing the ancestral proof of the Braunschweig-Lüneburg dynasty from the colonnades of the east wing facing the courtyard.

49. Schloß Detmold. Ostflügel mit Bergfried.
50. Schloß Detmold. Hof, Nord-, Ost- und Südflügel.

49. Schloss Detmold. East wing with keep.
50. Schloss Detmold. Courtyard, north, east and south wings.

51. Schloß Detmold. Hof, nordöstlicher Treppenturm, Portal.

51. Schloss Detmold. Courtyard, northeast wing, portal.

52. Schloß Detmold. Hof, Nordflügel, Portal.

52. Schloss Detmold. Courtyard, north wing, portal.

53. Schloß Detmold. Nordöstlicher Treppenturm, Treppenspindel.

53. Schloss Detmold. North-eastern staircase tower, stairs newel.

54. Schloß Detmold. Ostflügel, hofseitiger Laufgang.

54. Schloss Detmold. East wing, corridor facing the courtyard.

55. Schloß Eschwege. Nordflügel und östliche Arkaden.

55. Schloss Eschwege. North wing and eastern arcades.

56. Schloß Eschwege.
Westflügel, Südseite.

56. Schloss Eschwege.
West wing, south side.

57. Schloß Eschwege. Hof, West- und Nordflügel.
58. Schloß Eschwege. Nordflügel, Wandmalereifragment im zweiten Obergeschoß.
59. Schloß Eschwege. Westflügel, Saal im Erdgeschoß.

57. Schloss Eschwege. Courtyard, west and north wings.
58. Schloss Eschwege. North wing, mural fragment on the second floor.
59. Schloss Eschwege. West wing, hall on the ground floor.

60. Hämelschenburg. Schloßkapelle, Wirtschaftsgebäude, Schloßtor und Schloß von Osten.

60. Hämelschenburg. Castle chapel, domestic building, castle entrance and castle from the east.

61. Hämelschenburg. Schloß und Schloßtor.
62. Schloß Hämelschenburg. Südflügel, Fassadendetail.
63. Schloß Hämelschenburg. Hof, Nordflügel, Zwerchhaus.

61. Hämelschenburg. Castle and castle entrance.
62. Schloss Hämelschenburg. South wing, façade detail.
63. Schloss Hämelschenburg. Courtyard, north wing, dormer.

64. Schloß Hämelschenburg. Westflügel.
65. Schloß Hämelschenburg. Nordflügel.

64. Schloss Hämelschenburg. West wing.
65. Schloss Hämelschenburg. North wing.

66. Schloß Hämelschenburg. Hof, Süd-, West- und Nordflügel.
67. Schloß Hämelschenburg. Hof, nördlicher Treppenturm.

66. Schloss Hämelschenburg. Courtyard, south, west and north wings.
67. Schloss Hämelschenburg. Courtyard, northern staircase tower.

68. Schloß Hämelschenburg. Hof, nördlicher Treppenturm, Portal.

68. Schloss Hämelschenburg. Courtyard, northern staircase tower, portal.

69. Schloß Hämelschenburg. Hof, Westflügel, Utlucht (ursprünglich Nordflügel).

69. Schloss Hämelschenburg. Courtyard, west wing, bay window (originally north wing).

70. Schloß Hämelschenburg. Hof, nördlicher Treppenturm, Portal, Wappen Klencke und Holle.
71–76. Schloß Hämelschenburg. Hof, Löwenköpfe.

70. Schloss Hämelschenburg. Courtyard, northern staircase tower, portal, coats of arms of Klencke and Holle.
71–76. Schloss Hämelschenburg. Courtyard, lion's heads.

77. Schloß Hämelschenburg. Südflügel, Erdgeschoß, Kamin.
78. Schloß Hämelschenburg. Westflügel, Erdgeschoß, Kamin (ursprünglich Nordflügel, Erdgeschoß).

77. Schloss Hämelschenburg. South wing, ground floor, fireplace.
78. Schloss Hämelschenburg. West wing, ground floor, fireplace (originally north wing, ground floor).

1593
ANNA VON HOLLE

JHS
GLORIA
IN
EXCELSIS
DEO
JHS

79. Hämelschenburg. Schloßkapelle, Innenraum nach Osten.
80. Hämelschenburg. Schloßkapelle, Taufbecken.
81. Hämelschenburg. Schloßkapelle, Epitaph Georg Klencke und Anna von Holle.

79. Hämelschenburg. Castle chapel, interior looking east.
80. Hämelschenburg. Castle chapel, baptismal font.
81. Hämelschenburg. Castle chapel, epitaph Georg Klencke and Anna von Holle.

82. Schloß Hannoversch Münden. Hof, Nordwestecke mit Treppenhaus.
83. Schloß Hannoversch Münden. Nordostflügel.

82. Schloss Hannoversch Münden. Courtyard, northwest corner with staircase.
83. Schloss Hannoversch Münden. Northeast wing.

84. Schloß Hannoversch Münden. Hof, südöstlicher Treppenturm, Portal.
85. Schloß Hannoversch Münden. Hof, Nordwestecke mit Treppenhaus, Fenster mit ornamentalen Einfassungen.

84. Schloss Hannoversch Münden. Courtyard, south-eastern staircase tower, portal.
85. Schloss Hannoversch Münden. Courtyard, northwest corner with staircase, windows with ornamental frames.

PANDEMIA
M CVRTIVS

86. Schloß Hannoversch Münden. *Römergemach*, Kamin und Wandmalerei mit allegorischer Figur der Pandemia (Allbeherrscherin).
87. Schloß Hannoversch Münden. *Gemach zum Weißen Roß*, Eingang und Wandmalereien mit Figuren des Samson und Judas Makkabäus.
88. Schloß Hannoversch Münden. *Gemach zum Weißen Roß*, Wandmalerei mit Figur der Judith mit dem Haupt des Holofernes.

86. Schloss Hannoversch Münden. *Römergemach*, fireplace and mural with allegorical figure of Pandemia (omnipotentate).
87. Schloss Hannoversch Münden. *Gemach zum Weißen Roß*, entrance and murals with figures of Samson and Judas Machabee.
88. Schloss Hannoversch Münden. *Gemach zum Weißen Roß*, mural with figure of Judith with the head of Holofernes.

89. Schloß Hehlen. Westlicher Eckturm und Südwestflügel.
90. Schloß Hehlen. Nordwestflügel.

89. Schloss Hehlen. Western corner tower and southwest wing.
90. Schloss Hehlen. Northwest wing.

91. Schloß Hehlen. Südostflügel und östlicher Eckturm.

91. Schloss Hehlen. Southeast wing and eastern corner tower.

92. Schloß Hehlen. Süd-
westflügel.

92. Schloss Hehlen.
Southwest wing.

93. Schloß Hehlen. Südwestflügel, Tordurchfahrt.
94. Schloß Hehlen. Hof, westlicher Treppenturm, Portal mit Bildnisrelief des Fritz von der Schulenburg und der Ilse von Saldern.
95. Schloß Hehlen. Hof, östlicher Treppenturm, Portal mit den Wappen Schulenburg und Saldern.

93. Schloss Hehlen. Southwest wing, gateway.
94. Schloss Hehlen. Courtyard, western staircase tower, portal with portrait relief of Fritz von der Schulenburg and Ilse von Saldern.
95. Schloss Hehlen. Courtyard, eastern staircase tower, portal with the coats of arms of Schulenburg and Saldern.

96. Schloß Hehlen. Hof, Südwest- und Nordwestflügel mit westlichem Treppenturm.
97. Schloß Hehlen. Nordwestflügel, Saal, Epitaph des Fritz von der Schulenburg.

96. Schloss Hehlen. Courtyard, southwest and northwest wings with western staircase tower.
97. Schloss Hehlen. Northwest wing, hall, epitaph of Fritz von der Schulenburg.

S. 152/153
98. Schloß Neuhaus. *Haus Fürstenberg*.

99. Schloß Neuhaus. *Haus Braunschweig*.
100. Schloß Neuhaus. Hof, *Haus Kerßenbrock* und *Haus Braunschweig*.

pp. 152/153
98. Schloss Neuhaus. *Haus Fürstenberg*.

99. Schloss Neuhaus. *Haus Braunschweig*.
100. Schloss Neuhaus. Courtyard, *Haus Kerßenbrock* and *Haus Braunschweig*.

101. Schloß Neuhaus. Hof. *Haus Kerßenbrock*, östlicher Treppenturm, Portal.

101. Schloss Neuhaus. Courtyard. *Haus Kerßenbrock*, eastern staircase tower, portal.

102. Schloß Neuhaus. Hof, *Haus Braunschweig*, südlicher Treppenturm, Portal.

102. Schloss Neuhaus. Courtyard, *Haus Braunschweig*, southern staircase tower, portal.

103. Schloß Neuhaus. Hof, *Haus Fürstenberg*.
104. Schloß Neuhaus. Hof, *Haus Fürstenberg*, nördlicher Treppenturm, Portal.

103. Schloss Neuhaus. Courtyard, *Haus Fürstenberg*.
104. Schloss Neuhaus. Courtyard, *Haus Fürstenberg*, northern staircase tower, portal.

PAXS INTRANTIBVS
SALVS EXEVNTIBVS
REALSCHULE
SCHLOSS NEUHAUS

ANNO DOMINI 1590

105. Schloß Neuhaus. Hof, *Haus Fürstenberg*, Zwerchhaus mit Personifikation des Neides und Wappen Fürstenberg.
106. Schloß Neuhaus. Hof, *Haus Fürstenberg*, westlicher Treppenturm, Portal, Wappen Fürstenberg.

105. Schloss Neuhaus. Courtyard, *Haus Fürstenberg*, dormer with personification of envy and coat of arms of Fürstenberg.
106. Schloss Neuhaus. Courtyard, *Haus Fürstenberg*, western staircase tower, coat of arms of Fürstenberg.

107. Schloß Neustadt am Rübenberge. Hof, Nord- und Ostflügel.
108. Schloß Neustadt am Rübenberge. Hof, Ostflügel, Portal.

107. Schloss Neustadt am Rübenberge. Courtyard, north and east wings.
108. Schloss Neustadt am Rübenberge. Courtyard, east wing, portal.

109. Schloß Neustadt am Rübenberge. Ostflügel, Erdgeschoß, Tür mit Einfassung.
110. Schloß Neustadt am Rübenberge. Ostflügel. Erdgeschoß, bemalte Decke.

109. Schloss Neustadt am Rübenberge. East wing, ground floor, door with frame.
110. Schloss Neustadt am Rübenberge. East wing, ground floor, ceiling with mural.

111. Schloß Petershagen. Ansicht von Osten.
112. Schloß Petershagen. Hof, Hauptflügel mit Treppenturm.

111. Schloss Petershagen. View from the east.
112. Schloss Petershagen. Courtyard, main wing with staircase tower.

113. Schloß Petershagen. Hof, Hauptflügel, Kücheneingang.
114. Schloß Petershagen. Hof, Kragsteine der Galerie.

113. Schloss Petershagen. Courtyard, main wing, entrance to the kitchen.
114. Schloss Petershagen. Courtyard, corbel stones of the gallery.

115. Schloß Petershagen. Hof, Treppenturm, Fenster.
116. Schloß Petershagen. Hof, Treppenturm, Portal.

115. Schloss Petershagen. Courtyard, staircase tower, window.
116. Schloss Petershagen. Courtyard, staircase tower, portal.

117. Schloß Petershagen. Hof, Treppenturm, Wappen Waldeck.

117. Schloss Petershagen. Courtyard, staircase tower, coat of arms of Waldeck.

118. Schloß Petershagen.
Hof, Treppenturm, Portal.

118. Schloss Petershagen.
Courtyard, staircase tower,
portal.

119. Schloß Schelenburg. Südfassade mit mittelalterlichem Wohnturm und Renaissanceflügel.
120. Schloß Schelenburg. Renaissanceflügel, östliche Giebelfassade.

119. Schloss Schelenburg. South façade with medieval residential tower and Renaissance wing.
120. Schloss Schelenburg. Renaissance wing, eastern gable façade.

121. Schloß Schelenburg. Hof, Renaissanceflügel, Portal und Fenster zum Treppenhaus.
122. Schloß Schelenburg. Renaissanceflügel, Treppenhaus.
123. Schloß Schelenburg. Renaissanceflügel, Eingang zum Wendelstein.

121. Schloss Schelenburg. Courtyard, Renaissance wing, portal and window to the staircase.
122. Schloss Schelenburg. Renaissance wing, staircase.
123. Schloss Schelenburg. Renaissance wing, entrance to the spiral staircase.

124–126. Schloß Schelenburg. Hof, Wappensteine.

124–126. Schloss Schelenburg. Courtyard, escutcheon stones.

127. Schloß Schwöbber. Hofansicht mit Süd-, Mittel- und Nordflügel.
128. Schloß Schwöbber. Südliche Giebelfassade des Mittelflügels und Südflügel.
129. Schloß Schwöbber. Nordflügel, neubarocker Pavillon und Mittelflügel.

127. Schloss Schwöbber. View of the courtyard with south central and north wings.
128. Schloss Schwöbber. Southern gable façade of the central wing and south wing.
129. Schloss Schwöbber. North wing, neo-baroque pavilion and central wing.

130. Schloß Schwöbber. Hof, Nordflügel.
131. Schloß Schwöbber. Hof, Nördlicher Treppenturm, Portal.
132. Schloß Schwöbber. Hof, Nordflügel, Zwerchhaus.

130. Schloss Schwöbber. Courtyard, north wing.
131. Schloss Schwöbber. Courtyard, northern staircase tower, portal.
132. Schloss Schwöbber. Courtyard, north wing, dormer.
.

133. Schloß Schwöbber. Mittelflügel, Erdgeschoß, Küchenkamin.
134. Schloß Schwöbber. Nordflügel, Erdgeschoß, Kamin mit Auferstehungsrelief (ursprünglich Obergeschoß).

133. Schloss Schwöbber. Central wing, ground floor, fireplace for cooking.
134. Schloss Schwöbber. North wing, ground floor, fireplace with resurrection relief (originally upper floor).

135. Schloß Stadthagen. Südflügel.
136. Schloß Stadthagen. Nordflügel und nördliche Giebelfassade des Westflügels.
137. Schloß Stadthagen. Hof, Ost- und Südflügel.

135. Schloss Stadthagen. South wing.
136. Schloss Stadthagen. North wing and northern gable façade of the west wing.
137. Schloss Stadthagen. Courtyard, east and south wings.

138. Schloß Stadthagen. Hof, Südflügel, Erdgeschoß, Küchenfenster.
139. Schloß Stadthagen. Hof, Südflügel, Erdgeschoß, Kücheneingang.

138. Schloss Stadthagen. Courtyard, south wing, ground floor, kitchen window.
139. Schloss Stadthagen. Courtyard, south wing, ground floor, entrance to the kitchen.

140. Schloß Stadthagen. Südflügel, Obergeschoß, Kamin mit *Triumph der vier Elemente*.

140. Schloss Stadthagen. South wing, upper floor, fireplace with the *Triumph of the Four Elements*.

141. Schloß Stadthagen. Südflügel, Obergeschoß, Kamin mit *Triumph des Bacchus*.

141. Schloss Stadthagen. South wing, upper floor, fireplace with *Triumph of Bacchus*.

142. Erbhof Thedinghausen. Hofseite, rechter Vorbau.
143. Erbhof Thedinghausen. Hofseite.

142. Erbhof Thedinghausen. Courtyard side, right projection.
143. Erbhof Thedinghausen. Courtyard side.

144. Erbhof Thedinghausen. Südliche Giebelfassade.
145. Erbhof Thedinghausen. Gartenseite mit südlicher Giebelfassade.

144. Erbhof Thedinghausen. Southern gable façade.
145. Erbhof Thedinghausen. Garden side with southern gable façade.

146, 147. Erbhof Thedinghausen. Gartenseite, Fenster mit Einfassungen.

146, 147. Erbhof Thedinghausen. Garden side, windows with frames.

148. Erbhof Thedinghausen. Hofseite, rechter Vorbau, Detail.
149. Erbhof Thedinghausen. Hofseite, Treppenhaus, Hauptportal.

148. Erbhof Thedinghausen. Courtyard side, right projection, detail.
149. Erbhof Thedinghausen. Courtyard side, staircase, main portal.

150–152. Erbhof Thedinghausen. Bossenquader an der südlichen Gebäudeecke.

150–152. Erbhof Thedinghausen. Rusticated stones on the southern corner of the building.

153, 154. Erbhof Thedinghausen. Hofseite, Brüstungsreliefs am rechten Vorbau.

153, 154. Erbhof Thedinghausen. Courtyard side, breast reliefs on the right projection.

155. Schloß Thienhausen. Ansicht von Süden.
156. Schloß Thienhausen. Ansicht von Südwesten.

155. Schloss Thienhausen. View from the south.
156. Schloss Thienhausen. View from the southwest.

157. Schloß Thienhausen. Hof, Ostflügel, Fenster mit Einfassung.
158. Schloß Thienhausen. Hof, Ostflügel, Hauptportal.

157. Schloss Thienhausen. Courtyard, east wing, window with frame.
158. Schloss Thienhausen. Courtyard, east wing, main portal.

159, 160. Schloß Thienhausen. Erdgeschoß, Kamin.

159, 160. Schloss Thienhausen. Ground floor, fireplace.

161. Schloß Uslar. Fenstergiebel.
162. Schloß Uslar. Bossenquader.
163. Schloß Uslar. Muschel.

161. Schloss Uslar. Window gable.
162. Schloss Uslar. Rusticated stone.
163. Schloss Uslar. Shell.

164. Schloß Varenholz. Südliche Eckbastion und Ostflügel.
165. Schloß Varenholz. Südflügel, Zwerchhaus.

164. Schloss Varenholz. Southern corner bastion and east wing.
165. Schloss Varenholz. South wing, dormer.

166. Schloß Varenholz. Hof, Ostflügel, Utlucht, Detail mit Wappen Lippe und Schaumburg.
167. Schloß Varenholz. Hof, Nord- und Ostflügel.

166. Schloss Varenholz. Courtyard, east wing, bay window, detail with coats of arms of Lippe and Schaumburg.
167. Schloss Varenholz. Courtyard, north and east wings.

168. Schloß Varenholz. Hof, südöstlicher Treppenturm, Portal mit Bildnisbüste des Grafen Simon VI. zur Lippe.

168. Schloss Varenholz. Courtyard, southeastern staircase tower with portrait of Graf Simon VI. zur Lippe.

169. Schloß Varenholz. Hof, nordöstlicher Treppenturm, Portal.

169. Schloss Varenholz. Courtyard, northeastern staircase tower, portal.

170. Schloß Varenholz. Hof, Ostflügel, Tür.
171. Schloß Varenholz. Südflügel, Erdgeschoß, Kamin.

170. Schloss Varenholz. Courtyard, east wing, door.
171. Schloss Varenholz. South wing, ground floor, fire-place.

172. Schloß Wendlinghausen. Hofseite.
173. Schloß Wendlinghausen. Östliche Giebelfassade und Feldseite.

172. Schloss Wendlinghausen. Courtyard side.
173. Schloss Wendlinghausen. Eastern gable façade and field side.

174. Schloß Wendlinghausen. Hof, Treppenturm, Portal.

174. Schloss Wendlinghausen. Courtyard, staircase tower, portal.

175. Schloß Wendlinghausen. Hof, Utlucht.

175. Schloss Wendlinghausen. Courtyard, bay window.

1·6·13
V·D·M·I·ET

176. Schloß Wendlinghausen. Hof, Utlucht, Brüstungsrelief.
177. Schloß Wendlinghausen. Dachstuhl.

176. Schloss Wendlinghausen. Courtyard, bay window, breast relief.
177. Schloss Wendlinghausen. Roof timbering.

178. Schloß Wewelsburg. Südöstlicher Eckturm und Ostflügel.
179. Schloß Wewelsburg. Ansicht von Südwesten.

178. Schloss Wewelsburg. Southeastern corner tower and east wing.
179. Schloss Wewelsburg. View from the southwest.

180. Schloß Wewelsburg. Südflügel und südöstlicher Eckturm.

180. Schloss Wewelsburg. South wing and south-eastern corner tower.

181. Schloß Wewelsburg.
Südflügel, Zwerchhaus.

181. Schloss Wewelsburg.
South wing, dormer.

DJH
Jugendherberge

193. Schloß Wolfsburg. Hof, südlicher Treppenturm, Portal.

193. Schloss Wolfsburg. Courtyard, southern staircase tower, portal.

194, 195. Schloß Wolfsburg. Nordostflügel, zweites Obergeschoß, *Jagdsaal*, Stuckreliefs.

194, 195. Schloss Wolfsburg. Northeast wing, second floor, *Jagdsaal*, stucco reliefs.

Katja Schoene und Michael Bischoff
Beschreibender Katalog

Schloß Barntrup

Entstehungszeit und Auftraggeberin: 1584–92; Anna von Canstein (1536–1591), Witwe des Franz von Kerßenbrock (um 1530–1576).
Baumeister: Rohbau von Eberhard Wilkening; Vollendung durch Hans Rade.
Eigentümer: Familienbesitz von Kerßenbrock-Krosigk.

Zweigeschossiger Rechteckbau, repräsentative West-, Süd-, und Ostfassade, Nordseite einfacher gegliedert, vier Türme mit geschwungenen Hauben: zwei Rundtürme an den Ecken der Nordseite, im Süden achteckiger Eckturm rechts und eingerückter achteckiger Treppenturm, links davon Anbau von 1861–62 (an Stelle eines eventuell bereits beim Schloßbau vorhandenen Vorgängers), über dem Treppenturmportal die Wappen Canstein und Kerßenbrock sowie die von Heinrich Overkotte geschaffene Bildnisbüste der Bauherrin, Kellerportal mit Giebelrelief eines Weinschenken, zweigeschossige Utlucht mit Wappenreliefs, reiche Fassadenformen der Spätrenaissance: Pilaster, Bossenquader, Gesimse und Giebel mit Beschlagwerkvoluten, historistisches Hauptportal des späten 19. Jahrhunderts mit Freitreppe. – Innenräume: ursprünglich im Erdgeschoß Küche und *Hofstube* (heute *Große Stube*), im Obergeschoß *Rittersaal* und Wohnräume, Einteilung im späten 19. Jahrhundert stark verändert (allein *Rittersaal* in ursprünglichen Dimensionen erhalten).

Dehio 1977, S. 35 f. – Louis Knese, »Der Bau des Barntruper Schlosses 1584–1604. Bauvorgänge, Meister, Handwerker und Werkleute«, *Heimatland Lippe*, 71, 1978, Nr. 1, S. 26–38. – Soenke und Kreft [6]1986, S. 259 f. – Großmann [2]1990, S. 123. – Brasse 1991, S. 111–113. – Dedo von Kerßenbrock-Krosigk, »Schloß Barntrup – Ein adeliger Landsitz«, in: »*... zur zierde und schmuck angelegt ...*«. *Beiträge zur frühneuzeitlichen Garten- und Schloßbaukunst* (*Materialien WRM*, Bd. 22), Marburg 1996, S. 139–182.

Schloß Baum, Portale im Schloßpark

Entstehungszeit und Auftraggeber: 1604–06; Ernst III. (1569–1622), Graf von Holstein-Schaumburg seit 1601, Reichsfürst seit 1619.
Bildhauer: Ebbert d. J. (gest. um 1608) und Jonas Wolff (gest. 1618/19) zugeschrieben.

Zwei triumphbogenartige Portale, die die Grotte am Teichufer gegenüber dem 1760 gebauten Jagdschloß flankieren (ursprünglich in Schloß Bückeburg, wohl für den großen Saal im Südflügel geschaffen, 1758 nach Baum versetzt), ionisches Portal links zum Thema *Wasser* mit seitlichen Figuren Perseus und Andromeda sowie einem Diana-und-Aktäon-Relief über der Bogenöffnung, korinthisches Portal rechts zum Thema *Musik*, weitere Skulpturen und Fragmente in der Grotte und im Park.

Beschreibende Darstellung der älteren Bau- und Kunstdenkmäler des Fürstenthums Schaumburg-Lippe, Berlin 1897, S. 93–97. – Habich 1969, S. 161–168. – Soenke und Kreft [6]1986, S. 311. – Großmann [2]1990, S. 161 f. – Brasse 1991, S. 62. – Rainer Schomann, »Jagdschloß Baum. Kulturdenkmal des Spätbarock«, *Niedersächsische Denkmalpflege*, 15, 1991/92, S. 45–56, hier 52–55. – Dehio 1992, S. 200. – Borggrefe 1994, S. 114–117. – Borggrefe 2008, S. 21–23.

Schloß Bevern

Entstehungszeit und Auftraggeber: um 1602–12; Statius von Münchhausen (1555–1633).
Vorgängerbau: 1602 abgebrochener Gutshof.
Baumeister: wohl Johann Hundertossen (gest. 1606).
Eigentümer und Nutzung: Landkreis Holzminden; Ausstellungen, Konzerte, Restaurant.

Quadratische, nach einheitlichem Plan errichtete Vierflügelanlage, umlaufende Gesimse, Nord- und Südflügel durch Hauptgiebel betont, Zwerchhäuser an den Längsseiten, Giebel mit Pilastern, Bossenquadern und Schweifwerkvoluten, Westfassade mit säulengerahmtem Rundbogenportal und Lisenengliederung, Aborterker an der Nordseite, im Hof in den diagonal gegenüberliegenden Winkeln zwei unterschiedlich gestaltete polygonale Treppentürme mit geschwungenen Hauben, Utlucht und leicht hervortretendes Fachwerkobergeschoß, Balken mit Schnitzornamenten, Portale mit Kandelaberschmuck, Beschlag- und Schweifwerk, ursprüngliche Farbfassung: Putzflächen in Weiß, Stein- und Holzgliederungen in Grau, eingetiefte Ornamente vor allem in Blau. – Innenräume: ursprünglich Küche im Erdgeschoß des Nordflügels, im Obergeschoß Wohnräume mit jeweils hofseitigem Flur im Nord- und Ostflügel, im Südflügel die gesamte Flügelbreite einnehmender *Goldener Saal* mit Vorgemach, darunter liegende Schloßkapelle erst nach 1670 entstanden.

Die Bau- und Kunstdenkmäler des Kreises Holzminden, Wolfenbüttel 1907, S. 13–26. – Soenke und Kreft [6]1986, S. 260 f. – Erich Sander, *Schloß Bevern im Wandel der Zeit*, Bevern 1986, [2]1990. – Großmann [2]1990, S. 124 f. – Brasse 1991, S. 196–199. – Dehio 1992, S. 220 f. – Bernd Krämer und Frank Zadach-Buchmeier, *Schloß Bevern. Bauherr und Bauwerk*, Bevern 1992. – *Schloß Bevern. Gebaute Geschichte als Aufgabe* (*Materialien WRM*, Bd. 20), Marburg 1996.

Schloß Brake

Entstehungszeit und Auftraggeber: 1571 Erneuerung des Südflügels, 1579 Torhaus; Katharina von Waldeck (1524–1585), Witwe Bernhards VIII. (1527–1563), Graf und Edler Herr zur Lippe seit 1536; – 1584–92 Nordflügel und Turm, um 1610 Westbau; Simon VI. (1554–1613), Graf und Edler Herr zur Lippe seit 1579; – 1664–71 Ostflügel; Casimir (1627–1700), Graf und Edler Herr zu Lippe-Brake 1657–92.
Vorgängerbau: spätestens um 1200 entstandene, bis zum 14. Jahrhundert etwa auf die heutigen Ausmaße erweiterte vierflügelige Wasserburg mit Bergfried.
Baumeister: Torhaus von Johan von Herford; Erneuerung des Südflügels, Turm und Nordflügel von Hermann Wulff (gest. 1597); Westbau von Hermann Roleff; Ostflügel von Leonhard Genser.
Eigentümer und Nutzung: Landesverband Lippe; Weserrenaissance-Museum, Verwaltung.

1. Schloß Barntrup, Grundriß des Erdgeschosses (Rekonstruktion nach Großmann 1989).

1. Schloss Barntrup, ground-floor plan (reconstruction after Großmann 1989).

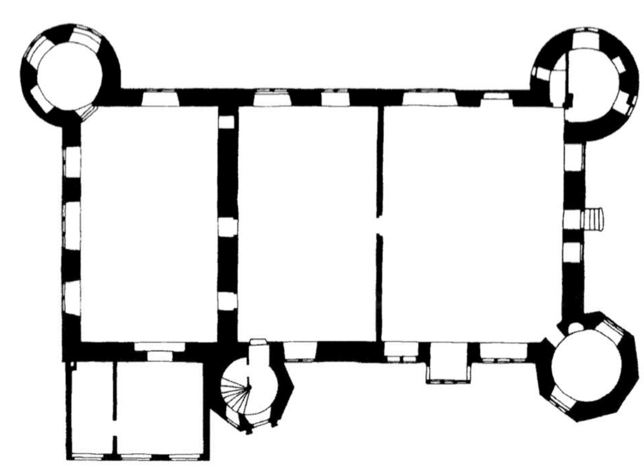

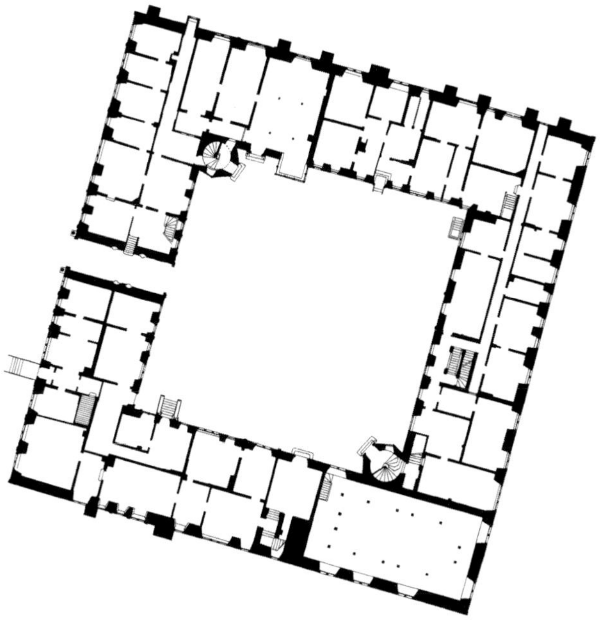

2. Schloß Bevern, Grundriß des Erdgeschosses (Zustand 1984).

2. Schloss Bevern, ground-floor plan (condition in 1984).

Katja Schoene and Michael Bischoff
Descriptive catalogue

Schloss Barntrup

Date of origin and client: 1584–92; Anna von Canstein (1536–1591), widow of Franz von Kerßenbrock (around 1530–1576).
Architect: shell by Eberhard Wilkening; completion by Hans Rade.
Owner and use: property of Kerßenbrock-Krosigk family.

A two-storey rectangular building, west, south, and east show façades, north side more simply patterned, four towers with curved coping, two round towers at the corners of the north side, on the south side an eight-sided corner tower on the right and an integrated eight-sided stair tower, with an extension to the left of this built 1861/62 (on the site of a previous building, possibly already present when the castle was built), tower portal with the coats of arms of Canstein and Kerßenbrock as well as a bust portrait of the building's commissioner by Heinrich Overkotte, cellar portal with a gable relief showing a cup-bearer, a two-storey bay window with coats of arms in relief, rich Late Renaissance façade forms: pilasters, rusticated stone blocks, cornices and gables with strapwork volutes, historicist main portal from the late 19th century with open staircase. – Interior: ground story originally contained the kitchen and the court parlour (today *Große Stube*), *Rittersaal* and residential rooms on first floor. The arrangement of rooms was changed greatly in the late 19th century (only the *Rittersaal* is preserved in its original dimensions).

Dehio 1977, pp. 35 f. – Louis Knese, »Der Bau des Barntruper Schlosses 1584–1604. Bauvorgänge, Meister, Handwerker und Werkleute«, *Heimatland Lippe*, 71, 1978, no. 1, pp. 26–38. – Soenke and Kreft [6]1986, pp. 259 f. – Großmann [2]1990, p. 123. – Brasse 1991, pp. 111–113. – Dedo von Kerßenbrock-Krosigk, »Schloß Barntrup – Ein adeliger Landsitz«, in: »... *zur zierde und schmuck angelegt ...*«. *Beiträge zur frühneuzeitlichen Garten- und Schloßbaukunst* (*Materialien WRM*, vol. 22), Marburg 1996, pp. 139–182.

Schloss Baum, portals in the castle park

Date of origin and client: 1604–06; Ernst III (1569–1622), Graf von Holstein-Schaumburg from 1601, Reichsfürst from 1619.
Sculptor: Ebbert the Younger (died around 1608) and Jonas Wolff (died 1618/19), attributed.

Two triumphal arch-type portals flanking grotto on bank of pond opposite this hunting lodge built in 1760 (originally built in Schloss Bückeburg, presumably for the great hall in the south wing, moved to Baum in 1758), Ionic portal on the left with the theme of *Water*, with side figures of Perseus and Andromeda as well as a relief of Diana and Actaeon over the archway, Corinthian portal on the right with the theme of *Music*, further sculptures and fragments in the grotto and in park.

Beschreibende Darstellung der älteren Bau- und Kunstdenkmäler des Fürstenthums Schaumburg-Lippe, Berlin 1897, pp. 93–97. – Habich 1969, pp. 161–168. – Soenke and Kreft [6]1986, p. 311. – Großmann [2]1990, pp. 161 f. – Brasse 1991, p. 62. – Rainer Schomann, »Jagdschloß Baum. Kulturdenkmal des Spätbarock«, *Niedersächsische Denkmalpflege*, 15, 1991/92, pp. 45–56, esp. 52 to 55. – Dehio 1992, p. 200. – Borggrefe 1994, pp. 114 to 117. – Borggrefe 2008, pp. 21–23.

Schloss Bevern

Date of origin and client: around 1602–12; Statius von Münchhausen (1555–1633).
Previous building: farm estate demolished in 1602.
Architect: presumably Johann Hundertossen (died 1606).
Owner and use: Landkreis Holzminden; exhibitions, concerts, restaurant.

Quadratic four-winged complex built according to a unified plan, continuous cornices, north and south wing emphasised by main gables, dormers on the two long sides, gables with pilasters, rusticated stone blocks and baroque scrollwork volutes, west façade with a round arched portal framed by pillars and pilaster strip patterning, projecting corbelled garderobes on the north side, two differently constructed polygonal stair towers with curved coping in diagonally opposite corners of the courtyard, bay window and slightly protruding half-timbered upper storey, beams with carved decoration, portals with candelabra decoration, strapwork and scrollwork, original colour scheme: surfaces plastered white, stone and wood patterning elements in grey, incised ornamentation, mainly in blue. – Interior: kitchen originally on ground floor of north wing, residential rooms in the upper storey, an atrium toward the courtyard in the north and east wings, the whole length of the south wing taken up by the *Goldener Saal* and its antechamber, castle chapel below built after 1670.

Die Bau- und Kunstdenkmäler des Kreises Holzminden, Wolfenbüttel 1907, pp. 13–26. – Soenke and Kreft [6]1986, pp. 260 f. – Erich Sander, *Schloß Bevern im Wandel der Zeit*, Bevern 1986, [2]1990. – Großmann [2]1990, pp. 124 f. – Brasse 1991, pp. 196–199. – Dehio 1992, pp. 220 f. – Bernd Krämer und Frank Zadach-Buchmeier, *Schloß Bevern. Bauherr und Bauwerk*, Bevern 1992. – *Schloß Bevern. Gebaute Geschichte als Aufgabe* (*Materialien WRM*, vol. 20), Marburg 1996.

Schloss Brake

Date of origin and client: renovation of the south wing 1571, gatehouse 1579; Katharina von Waldeck (1524 to 1585), widow of Bernhard VIII (1527–1563), Graf and Edler Herr zur Lippe from 1536; – 1584–92 north wing and tower, building to the west around 1610; Simon VI (1554 to 1613), Graf and Edler Herr zur Lippe from 1579; – east wing 1664–71; Casimir (1627–1700), Graf and Edler Herr zu Lippe-Brake 1657–92.
Previous building: four-winged moated castle with keep, built around 1200 at the latest and expanded to present-day dimensions by the 14th century.
Architect: gatehouse by Johan von Herford; renovation of south wing, tower and north wing by Hermann Wulff (died 1597); western part of building by Hermann Roleff; east wing by Leonhard Genser.

Ursprünglich Vierflügelanlage um leicht unregelmäßigen Hof, zweigeschossig, Torhaus und Westbau 1811 abgebrochen, siebengeschossiger Turm an der Stelle des mittelalterlichen Bergfrieds, westliche Schaufront von Turm und Nordflügel mit Gesimsen, Pilastern, Bossenquadern und volutengesäumten Giebelkonturen (Giebel 1923 nicht korrekt rekonstruiert), Turm ursprünglich mit Dachumgang und gestufter Haube, Nordflügel mit Gesimsen und Pilastergliederung, hofseitig Galerie und Portal mit Beschlagwerk und Sündenfallrelief, Turmportal von 1591 mit den Wappen Lippe und Schaumburg erst um 1820 von unbekanntem Ort hierher versetzt, Portal am Ostflügel von 1666 mit den Wappen Lippe und Sayn-Wittgenstein. – Innenräume: im Sockelgeschoß des Nordflügels gewölbter, wohl als *Hofstube* dienender Saal und ehemaliger Vorratskeller, im darüber liegenden Erdgeschoß ursprünglich Schloßküche, kleiner Saal (*Tafelstube*?), Nebenräume und Schloßkapelle, im Obergeschoß die gräflichen Gemächer und großer Saal, 1708 bis 1715 Umbau der Innenräume des Nordflügels, Stuckdecken um 1710, Turm mit repräsentativer geradläufiger Treppe und Wendeltreppe, zwei gewölbte Kabinette mit originalen Stuckdecken von Conradt Rotermundt, beheizbare obere Turmzimmer, Geheimgemach, im Obergeschoß des Südflügels ursprünglich großer Saal, im Ostflügel Back- und Brauhaus.

Otto Gaul, *Schloß Brake und der Baumeister Hermann Wulff*, Lemgo 1967. – Dehio 1977, S. 78. – Soenke und Kreft ^{6}1986, S. 263 f. – Großmann ^{2}1990, S. 127. – G. Ulrich Großmann, *Schloß Brake* (*Schnell Kunstführer*, Nr. 1823), München und Zürich 1990. – Brasse 1991, S. 127 bis 133. – Hilker 2000, S. 43–85. – Sauer 2002.

Schloß Bückeburg

Entstehungszeit und Auftraggeber: 1560–63; Otto IV. (1517–1576), Graf von Holstein-Schaumburg seit 1544; – 1603–08 Umgestaltung im Innern, Kapelle und *Goldener Saal* sowie äußeres Schloßtor; Ernst III. (1569–1622), Graf von Holstein-Schaumburg seit 1601, Reichsfürst seit 1619.
Vorgängerbau: um 1300 errichtete Wasserburg.
Baumeister: Heinrich Schrader; Nordflügel von Jacob Kölling (gest. 1580/97).
Eigentümer und Nutzung: Familienbesitz Fürstenhaus zu Schaumburg-Lippe; Wohnsitz, Schloßmuseum.

Unregelmäßige zwei- beziehungsweise dreigeschossige Vierflügelanlage mit im Kern mittelalterlichem Turm an der Nordostecke, Zwerchhäuser mit Halbkreisaufsätzen, am originalen Nord- und Westflügel hofseitig im Obergeschoß Laufgang (*Trompetergang*), polygonaler Treppenturm mit Eckdiensten im westlichen Hofwinkel, Portale mit Stabwerkrahmungen, ursprünglich weiß verputzt und rot gefaßte Werksteingliederungen, nach Brand 1732 Erneuerung von Süd- und Ostflügel, 1894/98 nördlich des Turms anschließender Trakt, Umgestaltung von Süd- und Ostflügel, Aufstockung des Bergfrieds. – Innenräume: im Erdgeschoß des Nordflügels Schloßkapelle mit blattvergoldeter Holzdekoration von Ebbert d. J. und Jonas Wolff, Johann Hopffe zugeschriebene Wand- und Gewölbemalereien mit Rankenwerk, Engelsköpfen und biblischen Szenen, Kanzel über dem von zwei Engeln getragenen Altar von Ebbert Wolff d. J., Fürstenempore mit *Jüngstem Gericht* von Christoph Gertner, im Obergeschoß des Nordflügels *Goldener Saal* mit *Götterpforte* von Ebbert d. J. und Jonas Wolff sowie gemalten Darstellungen der vier Elemente in den Zwickeln der Kassettendecke von Hans Rottenhammer, im Obergeschoß des Ostflügels ehemals gräfliches Wohngemach, im Erdgeschoß des Südflügels ursprünglich großer Saal als *Hofstube*.

Umgebung: äußeres Schloßtor von 1605/06 mit bekrönender Personifikation des Neides zwischen zwei Drachen.

Beschreibende Darstellung der älteren Bau- und Kunstdenkmäler des Fürstenthums Schaumburg-Lippe, Berlin 1897, S. 4–24. – Habich 1969. – Soenke und Kreft ^{6}1986, S. 270 f. – Großmann ^{2}1990, S. 129–131. – Brasse 1991, S. 55–59. – Dehio 1992, S. 308–313. – Borggrefe 1994. – Borggrefe 2008.

Schloß Celle

Entstehungszeit und Auftraggeber: um 1529–58 Umgestaltung des Ostflügels, um 1530 Zwerchhäuser mit Halbkreisaufsätzen; Ernst I., der Bekenner (1497–1546), Herzog von Braunschweig-Lüneburg seit 1520, und Franz Otto (1530–1559), Herzog von Braunschweig-Lüneburg seit 1555; – um 1565/80 Umgestaltung Schloßkapelle; Wilhelm d. J. (1535–1592), Herzog von Braunschweig-Lüneburg seit 1559.
Vorgängerbau: seit um 1300 nachweisbare Wasserburg mit Bergfried und niedrigem Saalbau des 15. Jahrhunderts im Osten, der in den 1480er Jahren ein zweites Obergeschoß sowie im Hof einen Treppenturm und einen *Steinernen Gang* erhielt.
Baumeister: Michael Clare, 1529–38; Frederic Soltesburg.
Eigentümer und Nutzung: Stadt Celle; Residenzmuseum, Bomann-Museum, Schloßtheater.

Vierflügelanlage mit polygonalen Ecktürmen, dreigeschossiger Renaissanceflügel im Osten, Fenster mit Stabwerkrahmungen, mittiger Turm und Staffelgiebel, Zwerchhäuser mit Halbkreisaufsätzen, qualitätvolle Bildnismedaillons am Südostturm, weitere Medaillons ehemals am nicht erhaltenen Torhaus (heute im Niedersächsischen Landesmuseum Hannover), nicht mehr vorhandene hofseitige Kolonnade (*Steinerner Gang*) mit Reliefs von legendären Herrschern sowie mit der herzoglichen Wappenprobe (heute im *Rittersaal*), Nord-, West- und Südflügel sowie die meisten Innenräume nach 1675 barockisiert, 1839 Portale des Ostflügels und überkuppeltes Treppenhaus im Hof. – Innenräume: im Erdgeschoß des Ostflügels ursprünglich *Hofstube*, darüber großer Saal (*Rittersaal*), Schloßkapelle im östlichen Teil des Südflügels, Altar, Kanzel, Fürstenloge, Betstühle, Emporen und Orgel, Gemälde unter anderem von Marten de Vos und Ludger tom Ring d. J. sowie Bildreliefs.

Otto von Boehn, *Das Celler Herzogschloß*, Celle 1936. – *Die Kunstdenkmäler der Provinz Hannover*, Bd. 3, 5. *Stadt Celle*, Hannover 1937, S. 177–180. – Horst Masuch, *Das Schloß in Celle. Eine Analyse der Bautätigkeit von 1378 bis 1499*, Hildesheim 1983. – Soenke und Kreft ^{6}1986, S. 271 f. – Großmann ^{2}1990, S. 132. – Brasse 1991, S. 230 f. – Zweite 1991. – Dehio 1992, S. 346 bis 351. – Streich 2000. – U. Albrecht 2003.

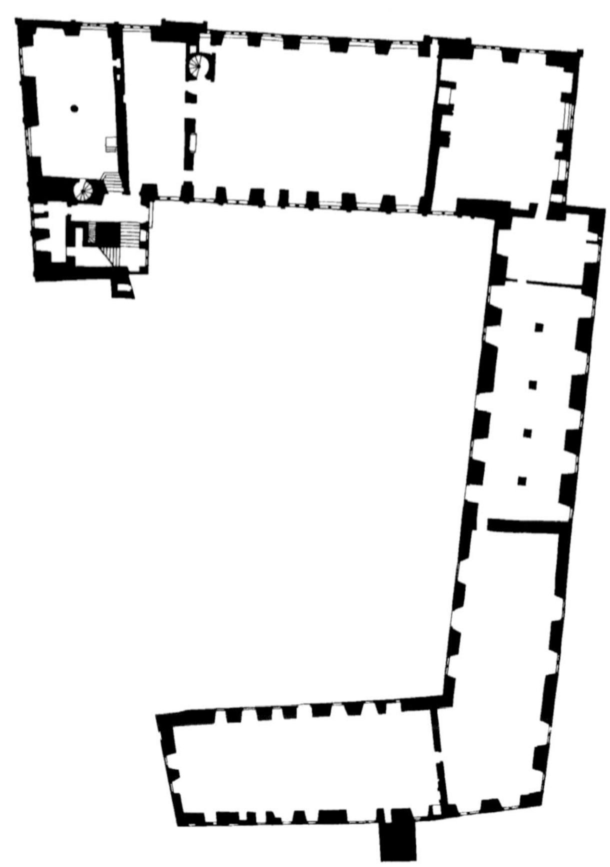

3. Schloß Brake, Grundriß des Erdgeschosses (Zustand um 1670, Rekonstruktion nach Großmann 1989).

3. Schloss Brake, ground-floor plan (condition around 1670, reconstruction after Großmann 1989).

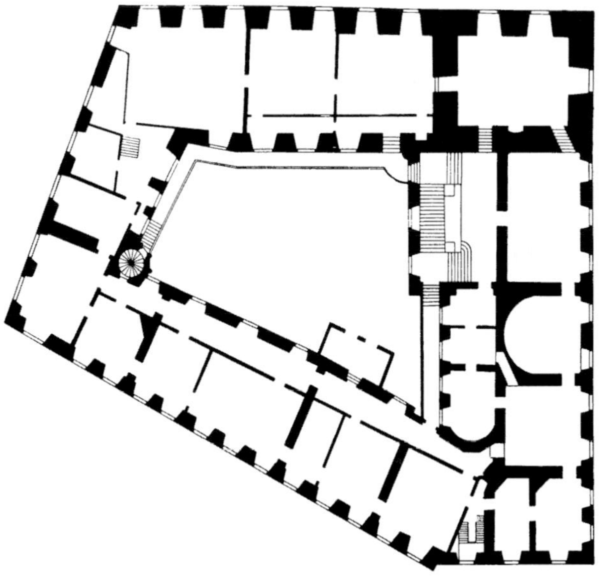

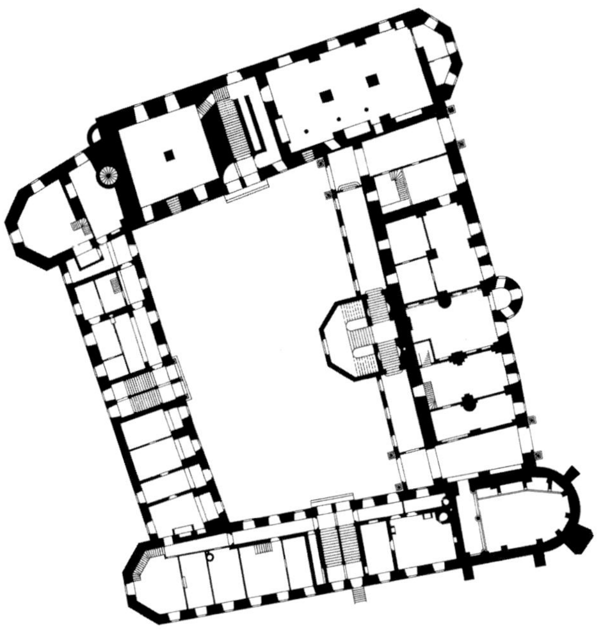

4. Schloß Bückeburg, Grundriß des Obergeschosses (Zustand um 1893).
5. Schloß Celle, Grundriß des Erdgeschosses.

4. Schloss Bückeburg, upper-floor plan (condition around 1893).
5. Schloss Celle, ground-floor plan.

Owner and use: Landesverband Lippe; Weserrenaissance-Museum, administration

Originally a four-winged complex built around a slightly irregular courtyard, two storeys, gatehouse and building to the west demolished in 1811, seven-storey tower on the site of the medieval keep, west show façade consisting of tower and north wing with cornices, pilasters, rusticated stones and volute-edged gable contours (gables incorrectly reconstructed in 1923), tower originally with a roof walkway and stepped coping, north wing with cornices and pilaster patterning, a gallery on the side facing the courtyard and a portal with strapwork and a relief showing the *Fall of Man*, tower portal from 1591 with the coats of arms of Lippe and Schaumburg, which were transferred here from an unknown location around 1820, portal in east wing dating from 1666 with coats of arms of Lippe and Sayn-Wittgenstein. – Interior: a vaulted hall which presumably served as a court parlour and a former provisions cellar in foundation storey of north wing, the original kitchen, small hall (*Tafelstube?*), side rooms and castle chapel on the ground floor above it, with the Graf's chambers and great hall in the upper storey, interior of north wing converted in 1708–15, stuccoed ceilings date from around 1710, tower with imposing straight staircase and spiral staircase, two vaulted cabinets with original stuccoed ceilings by Conradt Rotermundt, heatable upper tower rooms, secret chamber, great hall originally in upper storey of south wing, baking house and brewery in east wing.

Otto Gaul, *Schloß Brake und der Baumeister Hermann Wulff*, Lemgo 1967. – Dehio 1977, p. 78. – Soenke and Kreft [6]1986, pp. 263 f. – Großmann [2]1990, p. 127. – G. Ulrich Großmann, *Schloß Brake* (*Schnell Kunstführer*, no. 1823), Munich and Zurich 1990. – Brasse 1991, pp. 127 bis 133. – Hilker 2000, pp. 43–85. – Sauer 2002.

Schloss Bückeburg

Date of origin and client: 1560–63; Otto IV (1517–1576), Graf von Holstein-Schaumburg from 1544; – redesign of interior 1603–08, chapel and *Goldener Saal* as well as external castle gate; Ernst III (1569–1622), Graf von Holstein-Schaumburg from 1601, Reichsfürst from 1619.
Previous building: moated castle built around 1300 with keep.
Architect: Heinrich Schrader; north wing by Jacob Kölling (died 1580/97).
Owner and use: property of Fürstenhaus zu Schaumburg-Lippe family; residential, castle museum.

Irregular two- or three-storey four-winged complex with essentially medieval tower at the northeast corner, dormers with semi-circular crowning, walkway (*Trompetergang*) on the courtyard side of the original north and west wings' upper storeys, polygonal tower with corner responds in west corner of courtyard, portals framed with bar tracery, a pattern of dressed stone originally painted red and plastered white, south and east wings renovated after a fire in 1732, section adjoining to the north of the tower, redesign of south and east wings, addition of storey to keep 1894/98. – Interior: on the ground floor of the north wing is the castle chapel with gold-leaf-covered wood decoration by Ebbert the Younger and Jonas Wolff, wall and vault painting with vinework, angels' heads and biblical scenes attributed to Johann Hopffe, pulpit above an altar supported by two angels by Ebbert Wolff the Younger, ruler's gallery with *Last Judgement* by Christoph Gertner, in upper storey of north wing the *Goldener Saal* with *Götterpforte* by Ebbert the Younger and Jonas Wolff as well as painted representations of the Four Elements in the spandrels of the coffered ceiling by Hans Rottenhammer, former living apartment of the count in upper storey, original great hall in form of court parlour on ground floor of south wing.

Surroundings: external castle gate from 1605/06 crowned with a personification of Envy between two dragons.

Beschreibende Darstellung der älteren Bau- und Kunstdenkmäler des Fürstenthums Schaumburg-Lippe, Berlin 1897, pp. 4–24. – Habich 1969. – Soenke and Kreft [6]1986, pp. 270 f. – Großmann [2]1990, pp. 129–131. – Brasse 1991, pp. 55–59. – Dehio 1992, pp. 308–313. – Borggrefe 1994. – Borggrefe 2008.

Schloss Celle

Date of origin and client: redesign of east wing around 1529–58, dormers with semi-circular crowning around 1530; Ernst I, der Bekenner (1497–1546), Herzog von Braunschweig-Lüneburg from 1520, and Franz Otto (1530–1559), Herzog von Braunschweig-Lüneburg from 1555; – castle chapel redesigned around 1565/80; Wilhelm the Younger (1535–1592), Herzog von Braunschweig-Lüneburg from 1559.
Previous building: moated castle with keep proven to have existed from 1300 onwards and 15th century low roofed hall to the east, which received a second upper storey and a stair tower in the courtyard and *Steinerner Gang* in the 1480s.
Architect: Michael Clare, 1529–38; Frederic Soltesburg.
Owner and use: city of Celle; Residenzmuseum, Bomann-Museum, castle theater.

Four-winged complex with polygonal corner towers, three-storey Renaissance wing to the east, window with bar tracery framing, central tower and corbie gable, dormers with half-circular crowns, high-quality portrait medallions on southeast tower, further medallions formerly on the gatehouse, which is not preserved today (today in Niedersächsisches Landesmuseum Hannover) colonnade on the courtyard side (*Steinerner Gang*), no longer in existence, with reliefs of Old Testament and medieval rulers as well as the duke's ancestors' coats of arms (today in *Rittersaal*), north, west and south wings as well as most of the interior spaces redesigned in baroque style after 1675, portals of east wing and domed stairwell in courtyard built in 1839. – Interior: original court parlour on ground floor of east wing, with great hall (*Rittersaal*) above, castle chapel in eastern part of the south wing, altar, pulpit, ruler's box, prayer stools, galleries and organ, paintings by Marten de Vos and Ludger tom Ring the Younger, as well as pictorial reliefs.

Otto von Boehn, *Das Celler Herzogschloß*, Celle 1936. – *Die Kunstdenkmäler der Provinz Hannover*, vol. 3, 5. *Stadt Celle*, Hannover 1937, pp. 177–180. – Horst Masuch, *Das Schloß in Celle. Eine Analyse der Bautätigkeit von*

Schloß Detmold

Entstehungszeit und Auftraggeber: 1550–57 Nord-, Ost- und Südflügel; Bernhard VIII. (1527–1563), Graf und Edler Herr zur Lippe seit 1536; – 1620/21 nordwestlicher Treppenturm, Umbauten am Nordflügel; Simon VII. (1587 bis 1627), Graf und Edler Herr zur Lippe seit 1613; – 1672/73 Westflügel und südwestlicher Treppenturm; Simon Heinrich (1649–1697), Graf zu Lippe-Detmold seit 1666.
Vorgängerbau: Wasserburg des 13. Jahrhunderts mit Bergfried.
Baumeister: Jörg Unkair (gest. 1553), 1550–53; Cord Tönnis, 1553–57.
Eigentümer und Nutzung: Familienbesitz Fürstenhaus zur Lippe; Wohnsitz, Schloßmuseum.

Vierflügelanlage, Einbeziehung des Bergfrieds aus dem 13. Jahrhundert an der Südostecke und spätmittelalterlicher Bauten im Südflügel und an der Nordwestecke, Ostflügel mit drei- und viergeschossiger Schaufassade, geschoßübergreifende Utluchten mit geschoßgliedernden Gesimsen und *welschen Giebeln*, in den Hofecken vier Treppentürme mit Eckdiensten, zwischen den beiden östlichen ursprünglich vermutlich offener Laufgang über einer Pilasterreihe, an der Brüstung Jahreszahl *1557*, Relief der Justitia zwischen je vier Familienwappen von Bernhard VIII. und seiner Gattin, Bildnismedaillon des Bauherren im Supraportenrelief des Hofeingangs zum Ostflügel, Portal zum Nordflügel mit den Wappen Lippe und Nassau-Wiesbaden. – Innenräume: im Erdgeschoß des Nordflügels zunächst als *Hofstube*, später als Küche dienender Saal, im ersten Obergeschoß des Südflügels ursprünglich großer Saal mit Vorgemach, um 1710 Stuckdecken, um 1880 und 1905 historistische Umgestaltungen, zum Beispiel *Ahnensaal* im Nordflügel.

Die Bau- und Kunstdenkmäler von Westfalen, Bd. 48, 1. *Stadt Detmold*, Münster 1968, S. 124–199. – Dehio 1977, S. 118–121. – Soenke und Kreft [6]1986, S. 273 f. – Großmann [2]1990, S. 133 f. – Brasse 1991, S. 144–149. – G. Ulrich Großmann, *Schloss Detmold* (*Burgen, Schlösser und Wehrbauten in Mitteleuropa*, Bd. 13), Regensburg 2002.

Schloß Eschwege

Entstehungszeit und Auftraggeber: 1552 Umbau des Nordflügels; Philipp I., der Großmütige (1504–1567), Landgraf von Hessen-Kassel seit 1509; – 1581–89 Westflügel, Umbau des Nordflügels; Wilhelm IV., der Weise (1532–1592), Landgraf von Hessen-Kassel seit 1567; – 1598–1604 Ausmalung von Sälen und Gemächern, 1615–17 Pavillon im Südosten und östliche Arkadenfront; Moritz der Gelehrte (1572–1632), Landgraf von Hessen-Kassel 1592–1627.
Vorgängerbau: 1386–89 errichtete Burg.
Baumeister: Nord- und Westflügel wohl von Hans Wetzel (auch Hans von Allendorf genannt).
Eigentümer und Nutzung: Kreisverwaltung Werra-Meißner-Kreis.

Ursprünglich Zweiflügelanlage (heutiger Nord- und Westflügel) unter Einbeziehung mittelalterlichen Mauerwerks, zwei jeweils mittige polygonale Treppentürme, im Südosten quadratischer Pavillon und östliche Arkadenfront, heutiger Südflügel in Fachwerk um 1755 hinzugefügt, Nordflügel vier-, Westflügel dreigeschossig, Schweifwerkgiebel, zweigeschossiger Erker mit Jahreszahl *1552* an der östlichen Giebelfassade des Nordflügels. – Innenräume: im Erdgeschoß des Westflügels zweischiffiger Saal, im ersten Obergeschoß ehemals zwei Gemächer und *Fürstensaal*, im zweiten Obergeschoß vier Gemächer, in den Obergeschossen des Nordflügels ehemals *Policey*- und *Frauenzimmersaal* sowie die landgräflichen Wohngemächer, im Pavillon ehemals *Goldener Saal*, in vereinzelten Fragmenten erhaltene Ausmalung von Sälen und Gemächern, ursprüngliches Bildprogramm mit komplexer politischer und ethischer Aussage.

Manfred Ranft, *Das Landgrafenschloß zu Eschwege als historisches Baudenkmal*, Eschwege 1968. – G. Ulrich Großmann, *Der Schloßbau in Hessen 1530–1630*, Marburg 1979, Katalog S. 13 f. – Dehio 1982, S. 220. – *Kulturdenkmäler in Hessen. Werra-Meißner-Kreis II, Stadt Eschwege*, Braunschweig und Wiesbaden 1992, S. 173 bis 177. – Heiner Borggrefe, Thomas Fusenig und Birgit Kümmel, *Ut Pictura Politeia oder Der gemalte Fürstenstaat. Moritz der Gelehrte und das Bildprogramm in Eschwege*, Marburg 2000.

Schloß Hämelschenburg

Entstehungszeit und Auftraggeber: 1588–93 Nord- und Westflügel, nördlicher Treppenturm, 1599–1609 Südflügel und südlicher Treppenturm, 1613 Schloßtor; Georg Klencke (1551–1609) und Anna von Holle (1567–1630); – 1563 Schloßkapelle; Ludolf Klencke d. J. (1527–1588).
Vorgängerbau: 1544 durch Brand zerstörte mittelalterliche Burg.
Baumeister: Eberhard Wilkening zugeschrieben.
Eigentümer und Nutzung: Familienbesitz Klencke; Schloßmuseum.

Zwei- und dreigeschossige Dreiflügelanlage, Schaufront im Süden mit Erker und teppichartiger Gliederung aus Lisenen und horizontalen Kerbschnittbändern, Seitenflügel auf der Hofseite mit Halbsäulen, Pilastern und Gesimsen, Mittelbau kaum gegliedert, Zwerchhäuser mit Schweifwerkgiebeln, zwei polygonale Treppentürme mit geschwungenen Hauben in den Hofecken, über beiden Turmportalen Wappen des Bauherrn und seiner Gattin sowie Gottvater im Giebelrelief, Reiterdarstellung im Giebel des Portals zum Pferdestall im Westflügel, eingeschossige Utlucht 1887 vom Nord- vor den Westflügel versetzt. – Innenräume: im Südflügel Wohngemächer mit Speisesaal im Erdgeschoß, im Erdgeschoß des Westflügels links ursprünglich Schloßküche mit *Pilgerlaube*, rechts Pferdestall, im Obergeschoß Lagerräume, im Erdgeschoß des Nordflügels Brauhaus, *Hofstube* mit Utlucht und Gerichtsstube, im Obergeschoß großer Saal (*Rittersaal*), 1886–87 Nord- und Westflügel im Innern komplett umgestaltet

Umgebung: triumphbogenartiges Tor zum Schloßhof und Schloßkirche als früher protestantischer Kirchenneubau (heute Pfarrkirche). Saal mit Balkendecke und polygonalem Schluß, Taufbecken mit Holzdeckel von 1610, Kanzel, Altar, links Herrschaftsempore, rechts Epitaph Georg Klencke und Anna von Holle mit Kreuzigung aus der Cranach-Schule von 1530/40 in einem Architekturrahmen von 1619 mit drei christlichen Tugenden als Bekrönung und davor knienden Figuren der Eheleute und ihrer Kinder.

6. Schloß Detmold, Grundriß des Erdgeschosses.
7. Schloß Eschwege, Grundriß des ersten Obergeschosses von Nord- und Westflügel (Zustand um 1625, Rekonstruktion nach Fusenig 2000a).

6. Schloss Detmold, ground-floor plan.
7. Schloss Eschwege, first-floor plan of north and west wings (condition around 1625, reconstruction after Fusenig 2000a).

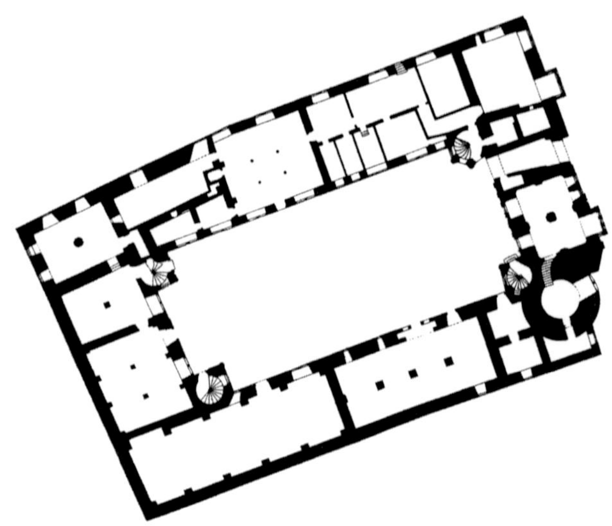

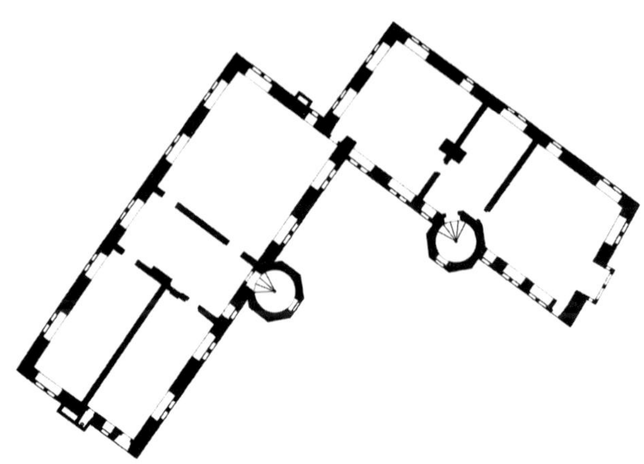

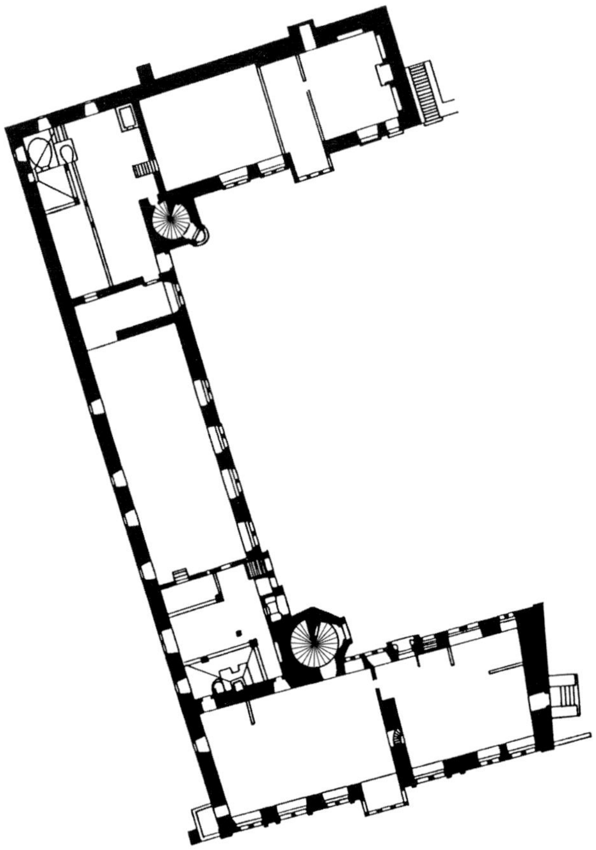

8. Schloß Hämelschenburg, Grundriß des Erdgeschosses (Rekonstruktion nach Großmann 1989).

8. Schloss Hämelschenburg, ground-floor plan (reconstruction after Großmann 1989).

1378 bis 1499, Hildesheim 1983. – Soenke and Kreft ^{6}1986, pp. 271 f. – Großmann ^{2}1990, p. 132. – Brasse 1991, pp. 230 f. – Zweite 1991. – Dehio 1992, pp. 346 bis 351. – Streich 2000. – U. Albrecht 2003.

Schloss Detmold

Date of origin and client: 1550–57 north, east and south wings; Bernhard VIII (1527–1563), Graf and Edler Herr zur Lippe from 1536; – 1620/21 northwestern stair tower, conversions in north wing; Simon VII (1587–1627), Graf and Edler Herr zur Lippe from 1613; – west wing and southwest stair tower in 1672/73; Simon Heinrich (1649 to 1697), Graf zu Lippe-Detmold from 1666.
Previous building: moated 13th-century castle with keep
Architect: Jörg Unkair (died 1553), 1550–53; Cord Tönnis, 1553–57.
Owner and use: property of Fürstenhaus zur Lippe family; residence, castle museum.

Four-winged complex, integration of keep from the 13th century at the southeast corner and late medieval buildings in the south wing and at the northwest corner, east wing with three- or four-storey show façade, storey-high bay windows with cornices articulating the storeys and Italian gables, four stair towers with corner responds in the corners of the courtyard, original presumably open gallery above a row of pilasters, the date *1557* and a relief of Justitia between four coats of arms of Bernhard VIII and his consort on the parapet, pictorial medallion of the building's commissioner in the supraporte relief over the east wing's courtyard entrance, portal to north wing with the coats of arms of Lippe and Nassau-Wiesbaden. – Interior: hall on ground floor of north wing initially served as court parlour, later as kitchen, original great hall with antechamber on first floor of south wing, stucco ceilings dating from 1710, historicist redesigns in 1880 and 1905, for instance the *Ahnensaal* (ancestral hall) in north wing.

Die Bau- und Kunstdenkmäler von Westfalen, vol. 48, 1. *Stadt Detmold*, Münster 1968, pp. 124–199. – Dehio 1977, pp. 118–121. – Soenke and Kreft ^{6}1986, pp. 273 f. – Großmann ^{2}1990, pp. 133 f. – Brasse 1991, pp. 144–149. – G. Ulrich Großmann, *Schloss Detmold (Burgen, Schlösser und Wehrbauten in Mitteleuropa*, vol. 13), Regensburg 2002.

Schloss Eschwege

Date of origin and client: conversion of north wing 1552; Philipp I, der Großmütige (1504–1567), Landgraf von Hessen-Kassel from 1509; – 1581–89 west wing, conversion of north wing; Wilhelm IV, der Weise (1532–1592), Landgraf von Hessen-Kassel from 1567; – painting of halls and chambers 1598–1604, pavilion to the southeast and east arcade front 1615–17; Moritz der Gelehrte (1572 to 1632), Landgraf von Hessen-Kassel 1592–1627.
Previous building: castle erected 1386–89.
Architect: north and west wings presumably by Hans Wetzel (also known as Hans von Allendorf).
Owner and use: local authority for Werra-Meißner district.

Originally a two-winged complex (today the north and west wings) incorporating medieval walls, two central polygonal stair towers, a quadratic pavilion to the southeast and arcaded façade to the east, present-day half-timbered south wing added in 1755, north wing four storeys, west wing three storeys, baroque scrollwork gables, two-storey window bay dated *1552* on eastern gable façade of north wing. – Interior: two-span hall on ground floor of west wing, two chambers and *Fürstensaal* formerly on first floor, four chambers on second floor, former *Policey-* and *Frauenzimmersaal* as well as the Landgraf's chambers in upper storey of north wing, former *Goldener Saal* housed in pavilion, isolated fragments of hall and chamber painting remain, original programme of pictures with complex political and ethical message.

Manfred Ranft, *Das Landgrafenschloß zu Eschwege als historisches Baudenkmal*, Eschwege 1968. – G. Ulrich Großmann, *Der Schloßbau in Hessen 1530–1630*, Marburg 1979, catalogue pp. 13 f. – Dehio 1982, p. 220. – *Kulturdenkmäler in Hessen. Werra-Meißner-Kreis II, Stadt Eschwege*, Braunschweig and Wiesbaden 1992, pp. 173 to 177. – Heiner Borggrefe, Thomas Fusenig and Birgit Kümmel, *Ut Pictura Politeia oder Der gemalte Fürstenstaat. Moritz der Gelehrte und das Bildprogramm in Eschwege*, Marburg 2000.

Schloss Hämelschenburg

Date of origin and client: north and west wing and northern stair tower 1588–93, south wing and southern stair tower 1599–1609, castle gate 1613; Georg Klencke (1551–1609) and Anna von Holle (1567–1630); – castle chapel 1563; Ludolf Klencke the Younger (1527–1588).
Previous building: medieval castle destroyed by fire in 1544.
Architect: attributed to Eberhard Wilkening.
Owner and use: property of Klencke family; castle museum.

Two- or three-storey three-winged complex, show façade to the south with bay window and carpet-like pattern of pilaster strips and horizontal chip-cut bands, side wings with half-pillars, pilasters and cornices on the courtyard side, central building barely patterned at all, dormers with baroque scrollwork volutes, two polygonal stair towers with curved coping in the corners of the courtyard, coats of arms of the building's commissioner and his consort as well as God the Father depicted in the gable reliefs above both tower portals, depiction of rider on gable of stable portal in the west wing, single-storey bay window transferred from north to west wing in 1887. – Interior: residential chambers with dining room on ground floor of south wing, castle kitchen with *Pilgerlaube* originally on the left and stable to the right on ground floor of west wing, storerooms on upper floor, brewery, court parlour with bay window and judicial chamber on ground floor of north wing, great hall (*Rittersaal*) on upper floor, interior of north and west wings completely redesigned 1886–87.

Surroundings: triumphal arch-type gate to castle courtyard and castle church, an early new Protestant church (today a parish church). Hall with beamed ceiling and polygonal end, baptismal font with wooden lid from 1610, pulpit, altar, ruler's galleries to the left, epitaph of

Gottfried Kiesow, *Schloß Hämelschenburg* (*Große Baudenkmäler*, Heft 202), München und Berlin 1966, [9]1992. – *Die Kunstdenkmäler des Landkreises Hameln-Pyrmont*, Hannover 1975, S. 212–230. – Soenke und Kreft [6]1986, S. 284 f. – Großmann [2]1990, S. 140 f. – Brasse 1991, S. 105–110. – Dehio 1992, S. 578–580. – Th. Albrecht 1995.

Schloß Hannoversch Münden

Entstehungszeit und Auftraggeber: um 1500 Burgausbau, Treppenturm in der rechten Hofecke, Teile der Kapelle; Erich I. (1470–1540), Herzog von Braunschweig-Calenberg-Göttingen seit 1495; – 1562–75 Neugestaltung nach Brand von 1561, Ausmalungen im Innern, um 1565 Vollendung nordöstlicher Werraflügel; Erich II. (1528–1584), Herzog von Braunschweig-Calenberg-Göttingen seit 1546.
Vorgängerbau: 1182/85 erstmals erwähnte Burg.
Eigentümer und Nutzung: Stadt Hannoversch Münden; Amtsgericht, Städtisches Museum, Stadtarchiv und Stadtbücherei.

Vermutlich als Vierflügelanlage geplant, zwei viergeschossige Flügel erhalten: nordöstlicher Werraflügel mit fast 100 m Länge sowie kürzerer, 1788 zum Teil neu errichteter Südostflügel mit Treppenturm von 1501 im Winkel, vom Nordwestflügel lediglich rechteckiger Turm mit ädikulagerahmten Fensteröffnungen und geradläufiger Treppe im Innern verwirklicht, langer Fachwerkflügel im Südwesten nicht mehr vorhanden, nordwestliche Giebelseite des Werraflügels als Schaufassade mit Skulpturen, Obelisken und Schweifwerkkontur (erstes erhaltenes Beispiel im Weserraum), Zwerchhäuser an der zur Werra gerichteten Langseite, zwei Schornsteine aus Ziegelmauerwerk mit Lisenen und bossierten Bändern. – Innenräume: Wandmalereien zweier Eckräume des Werraflügels, *Gemach zum Weißen Roß* von 1562 mit vorbildhaften Gestalten des Alten Testaments, darüber befindliches *Römergemach* mit reichen Männern der Antike und opferbereiten Helden, die die Herrschertugend der Freigiebigkeit veranschaulichen, in einem weiteren Saal fragmentarisch erhaltene Wandmalereien von 1571 mit der Seeschlacht von Lepanto.

Helmut Engel und Helmut F. Reichwald, »Das Gemach zum Weißen Roß im Schloß von Hann. Münden«, *Niedersächsische Denkmalpflege*, 6, 1965–69, S. 222–234. – Soenke und Kreft [6]1986, S. 287 f. – Großmann [2]1990, S. 152 f. – Brasse 1991, S. 207–209. – Dehio 1992, S. 642 f. – Albrink 1993. – Kunze 1993, S. 99–103. – Thomas Fusenig, »Die Ausmalung des Römergemachs im Schloß zu Hann. Münden«, in: Kastler und Lüpkes 2000, S. 276–279. – Michael Streetz, *Das Renaissanceschloß Hannoversch Münden in den Inventaren des 16., 17. und 18. Jahrhunderts*, Frankfurt/Main u. a. 2004.

Schloß Hehlen

Entstehungszeit und Auftraggeber: 1579–84; Ilse von Saldern (1539–1607) und Fritz von der Schulenburg (1518–1580).
Eigentümer: Privatbesitz.

Von einem Graben umgebene, dreigeschossige Vierflügelanlage auf quadratischem Grundriß, schmucklose, ursprünglich verputzte Fassaden in Bruchsteinmauerwerk, mächtige, mit Sollingsandsteinplatten gedeckte Satteldächer, an Ost- und Westecke Rundtürme mit geschwungenen Hauben, Nordecke mit zweigeschossigem Erker, weserseitige Freitreppe im Nordwesten von 1887, Tordurchfahrt im südwestlichen Flügel, in den diagonal gegenüberliegenden Hofwinkeln zwei Treppentürme, Portale mit Sitznischen, Wappen und halbfigurigem Porträtrelief des Bauherrenpaares, Epitaph des Fritz von der Schulenburg in ganzer Figur mit Schwert und Rüstung in der östlichen Hofwand. – Innenräume: 1886 bis 1888 umgebaut, heutiger Saal im Nordwestflügel mit Denkmal des Fritz von der Schulenburg von 1597.

Die Bau- und Kunstdenkmäler des Kreises Holzminden, Wolfenbüttel 1907, S. 350–360. – Soenke und Kreft [6]1986, S. 289. – Großmann [2]1990, S. 142 f. – Brasse 1991, S. 201 f. – Dehio 1992, S. 664 f.

Schloß Neuhaus

Entstehungszeit und Auftraggeber: 1524–26 *Haus Braunschweig* als südöstlicher Flügel und südlicher Treppenturm; Erich II. von Braunschweig-Grubenhagen (1478–1532), Fürstbischof von Paderborn seit 1508; – 1534–36 *Haus Köln* als südwestliches Verbindungsstück zwischen den Häusern Spiegel und Braunschweig; Hermann II. von Wied (1477–1552), Erzbischof und Kurfürst von Köln 1515–46, Fürstbischof von Paderborn 1532 bis 1546; – um 1548 *Haus Kerßenbrock* als an Haus Braunschweig anschließender Teil des nordöstlichen Flügels und östlicher Treppenturm; Rembert von Kerßenbrock (1474–1568), Fürstbischof von Paderborn seit 1547; – um 1590 *Haus Fürstenberg* als Komplettierung der Vierflügelanlage, westlicher und nördlicher Treppenturm sowie Ecktürme; Dietrich von Fürstenberg (1546–1618), Fürstbischof von Paderborn seit 1589.
Vorgängerbau: um 1370 errichteter mittelalterlicher Wohnturm (*Haus Spiegel*, in den heutigen südwestlichen Flügel integriert).
Baumeister: *Haus Braunschweig* von Jörg Unkair (gest. 1553); *Haus Fürstenberg* und Ecktürme von H. Hentze.
Eigentümer und Nutzung: Gemeinde Schloß Neuhaus; Realschule, Schloßmuseum.

Zweigeschossige Vierflügelanlage, Rundtürme an den Ecken, Treppentürme in den Hofwinkeln, Zwerchhäuser mit *welschen Giebeln* an den Häusern *Braunschweig* (Rekonstruktion), *Köln* und *Kerßenbrock*, Treppentürme der Häuser *Braunschweig* und *Kerßenbrock* mit Eckdiensten und Portalen mit Stab- beziehungsweise Astwerk, am *Haus Fürstenberg* horizontale und vertikale Fassadengliederung, reiche Ädikulaeinfassungen an den Treppenturmportalen, das nördliche mit bekrönendem Justitia-Relief, geradläufige Treppe im nördlichen Treppenturm, Zwerchhäuser mit Schweifwerkgiebeln, am mittleren auf der Hofseite Wappen Fürstenberg und Personifikation des Neides als Nischenfigur, Tordurchfahrt im *Haus Fürstenberg* 1730 hinzugefügt. – Innenräume: im zweiten Viertel des 18. Jahrhunderts weitgehend verändert und barockisiert, von der Renaissanceausstattung im Obergeschoß von *Haus Braunschweig* Wandmalereifragmente von um 1590 erhalten, unter anderem mit einer Hirschjagd nach Lucas Cranach d. Ä., und im

9. Schloß Hannoversch Münden, Grundriß des Erdgeschosses.

9. Schloss Hannoversch Münden, ground-floor plan.

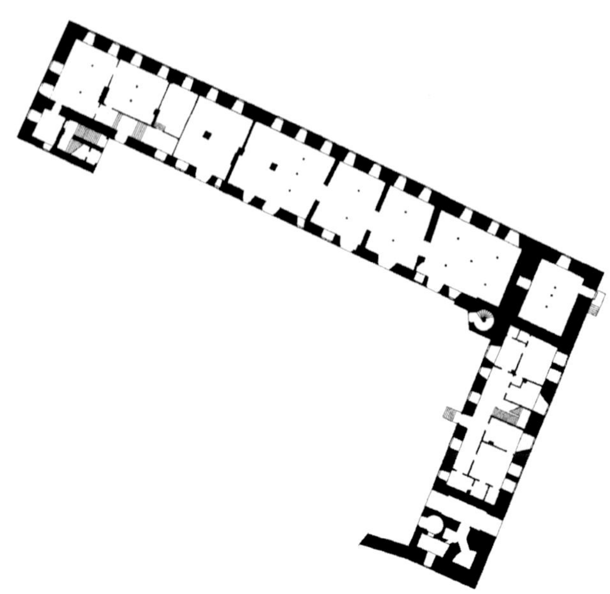

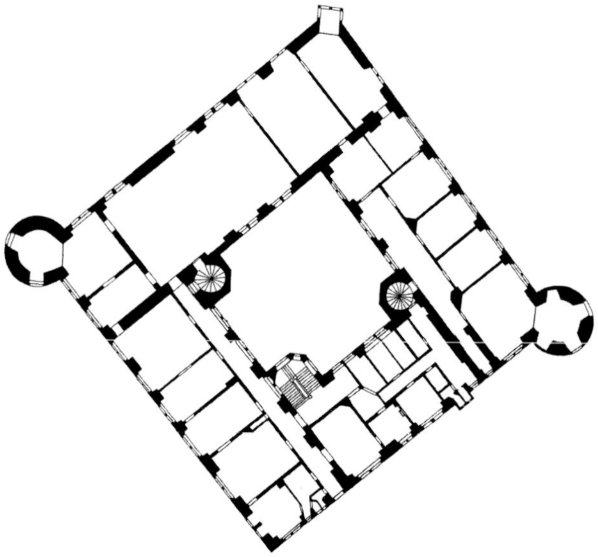

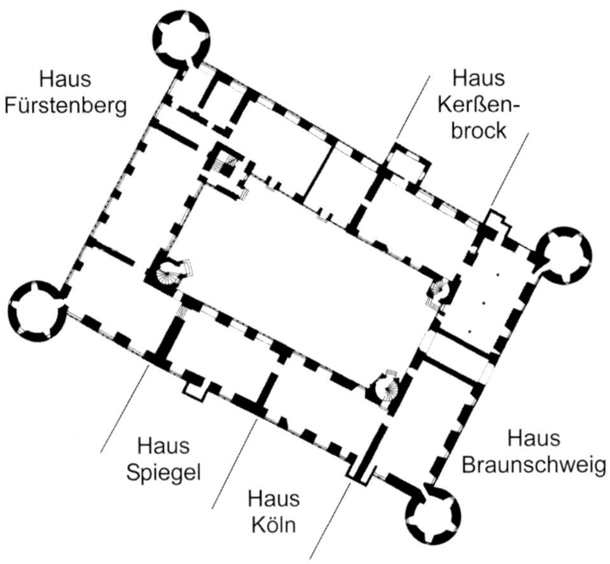

10. Schloß Hehlen, Grundriß des ersten Obergeschosses (Zustand 1950).
11. Schloß Neuhaus, Grundriß des Erdgeschosses (Rekonstruktion nach Großmann 1989).

10. Schloss Hehlen, upper-floor plan (condition in 1950).
11. Schloss Neuhaus, ground-floor plan (reconstruction after Großmann 1989).

Georg Klencke and Anna von Holle with crucifixion from the Cranach school from 1530/40 in an architectural frame from 1619, crowned with the three Christian virtues and the married pair and their children kneeling before them.

Gottfried Kiesow, *Schloß Hämelschenburg* (*Große Baudenkmäler*, no. 202), Munich and Berlin 1966, ^{9}1992. – *Die Kunstdenkmäler des Landkreises Hameln-Pyrmont*, Hannover 1975, pp. 212–230. – Soenke and Kreft ^{6}1986, pp. 284 f. – Großmann ^{2}1990, pp. 140 f. – Brasse 1991, pp. 105–110. – Dehio 1992, pp. 578–580. – Th. Albrecht 1995.

Schloss Hannoversch Münden

Date of origin and client: expansion of castle around 1500, stair tower in right-hand corner of courtyard, parts of chapel; Erich I (1470–1540), Herzog von Braunschweig-Calenberg-Göttingen from 1495; – redesigned 1562–75 following fire in 1561, several painting projects in interior, completion of northeast Werra wing 1565; Erich II (1528–1584), Herzog von Braunschweig-Calenberg-Göttingen from 1546.
Previous building: castle first mentioned 1182/85.
Owner and use: Stadt Hannoversch Münden; district court, municipal museum, town archive and library.

Presumably planned as a four-winged complex, two four-storey wings preserved: northeast Werra wing, almost 100 metres in length, and shorter southeast wing, partially rebuilt in 1788, with a stair tower dating from 1501 in corner, only part of northwest wing ever built was a rectangular tower with aedicule-framed window openings and a straight staircase inside, long half-timbered wing to the southwest no longer in existence, northwest gable side of Werra wing a show façade with sculptures, obelisks and baroque scrollwork contour (earliest preserved example in the Weser area), dormers on the long side facing the Werra, two brick masonry chimneys with pilaster strips and rusticated bands. – Interior: wall paintings in two corner rooms of Werra wing, *Gemach zum Weißen Roß* from 1562 with exemplary figures from the Old Testament, *Römergemach* above with rich men of the classical age and self-sacrificing heroes embodying the princely virtue of generosity, partially preserved wall paintings of the sea battle of Lepanto from 1571 in another hall.

Helmut Engel and Helmut F. Reichwald, »Das Gemach zum Weißen Roß im Schloß von Hann. Münden«, *Niedersächsische Denkmalpflege*, 6, 1965–69, pp. 222–234. – Soenke and Kreft ^{6}1986, pp. 287 f. – Großmann ^{2}1990, pp. 152 f. – Brasse 1991, pp. 207–209. – Dehio 1992, pp. 642 f. – Albrink 1993. – Kunze 1993, pp. 99–103. – Thomas Fusenig, »Die Ausmalung des Römergemachs im Schloß zu Hann. Münden«, in: Kastler und Lüpkes 2000, pp. 276–279. – Michael Streetz, *Das Renaissanceschloß Hannoversch Münden in den Inventaren des 16., 17. und 18. Jahrhunderts*, Frankfurt/Main and other places 2004.

Schloss Hehlen

Date of origin and client: 1579–84; Ilse von Saldern (1539–1607) and Fritz von der Schulenburg (1518–1580).
Owner and use: private property.

Three-storey four-winged complex with a quadratic ground plan surrounded by a moat, unadorned, originally plastered façades in non-dressed stonework, massive saddle roofs tiled with Solling sandstone, round towers with curved coping at east and west corners, two-storey bay at north corner, open staircase facing the Weser to the northwest from 1887, gate passage in southwest wing, two stair towers in diagonally opposite corners of the courtyard, portals with alcoves, coats of arms and a half-length portrait in relief of the couple who commissioned the building, full-length epitaph of Fritz von der Schulenburg with sword and armour in east courtyard wall. – Interior: converted in 1886–88, hall in northwest wing today with memorial of Fritz von der Schulenburg from 1597.

Die Bau- und Kunstdenkmäler des Kreises Holzminden, Wolfenbüttel 1907, pp. 350–360. – Soenke and Kreft ^{6}1986, p. 289. – Großmann ^{2}1990, pp. 142 f. – Brasse 1991, pp. 201 f. – Dehio 1992, pp. 664 f.

Schloss Neuhaus

Date of origin and client: *Haus Braunschweig*, 1524–26, forms the southeast wing and south stair tower; Erich II von Braunschweig-Grubenhagen (1478–1532), Fürstbischof von Paderborn from 1508; – *Haus Köln*, 1534–36, forms the southwest connection between Haus Spiegel and Haus Braunschweig; Hermann II von Wied (1477 to 1552), Erzbischof and Kurfürst of Cologne 1515–46, Fürstbischof von Paderborn 1532–46; – *Haus Kerßenbrock*, built around 1548, part of northeast wing connected to Haus Braunschweig, including eastern stair tower; Rembert von Kerßenbrock (1474–1568), Fürstbischof von Paderborn from 1547; – *Haus Fürstenberg*, around 1590, built to complete the four-winged complex, western and northern stair towers as well as corner towers; Dietrich von Fürstenberg (1546–1618), Fürstbischof von Paderborn from 1589.
Previous building: medieval residential tower built around 1370 (*Haus Spiegel*, today integrated into the southwest wing).
Architect: *Haus Braunschweig* by Jörg Unkair (died 1553); *Haus Fürstenberg* and corner towers by H. Hentze.
Owner and use: municipality of Schloss Neuhaus; secondary school, castle museum.

Two-storey four-winged complex, round towers at the corners, stair towers in the corners of the courtyard, dormers with Italian gables on *Haus Braunschweig* (reconstruction), *Haus Köln* and *Haus Kerßenbrock*, stair towers of *Haus Braunschweig* and *Haus Kerßenbrock* with corner responds and portals with bar tracery or branch motifs, horizontal and vertical façade patterning on *Haus Fürstenberg*, rich aedicule framing of stair tower portals, with the north tower portal topped by a relief of Justitia, a straight staircase in the northern stair tower, dormers with baroque scrollwork gables, on the middle of these facing the courtyard the coat of arms of Fürstenberg and a statue in a niche personifying Envy, gate passage added to *Haus Fürstenberg* in 1730. – Interior: extensively changed and given a baroque style in the 18th century, of the Renaissance decoration in the upper storey of *Haus Braunschweig*, fragments of wall painting from around 1590 preserved, among others, a stag hunt

östlichen Eckturm ein figürlicher Kamin mit Diana-und-Aktäon-Relief und Karyatiden

Walter Becker, *Schloß Neuhaus*, Paderborn 1970. – Dehio 1977, S. 505 f. – Helmar Lange, *Das Residenzschloß Neuhaus bei Paderborn, eine bau- und kunstgeschichtliche Betrachtung*, Bochum 1979. – Soenke und Kreft [6]1986, S. 311–313. – Großmann [2]1990, S. 162. – Brasse 1991, S. 163–167. – Monika Graen, *Schloß Neuhaus* (*Schnell Kunstführer*, Nr. 1996), München und Zürich 1992. – Pavlicic 1994. – Georg K. Predeek, *Schloß Neuhaus. Der Schloßführer*, Schloß Neuhaus 1994.

Schloß Neustadt am Rübenberge (»Landestrost«)

Entstehungszeit und Auftraggeber: 1573–84; Erich II. (1528–1584), Herzog von Braunschweig-Calenberg-Göttingen seit 1546.
Vorgängerbau: mittelalterliche Burg, wohl 1562 durch Brand zerstört.
Eigentümer und Nutzung: Stiftung Kulturregion Hannover; Museum, Archiv, Stadtbibliothek, Amtsgericht.

Zweigeschossiger Ziegelbau mit Sockelgeschoß, horizontalen Bändern und Fensterrahmungen aus Sandstein, ursprünglich auf vier Flügel angelegt, Ostflügel mit zwei Treppentürmen und der halbe Nordflügel noch vorhanden, vier von Hermen flankierte Portale an Hof- und Wallseite sowie an den beiden polygonalen Treppentürmen, Hauptportal im Hof mit Wappen des Bauherrenpaars im Segmentbogen, ursprünglich mit geschwungenen Hauben versehene Treppentürme. – Innenräume: Einteilung verändert, einige Decken mit Resten der originalen Farbfassung erhalten

Die Kunstdenkmale des Kreises Neustadt am Rübenberge, München und Berlin 1958, S. 132–137. – Soenke und Kreft [6]1986, S. 302 f. – Großmann [2]1990, S. 154. – Brasse 1991, S. 36–38. – Burkhard Rühling, »Entwurfsmethodik ziviler Renaissance-Architektur am Beispiel von Schloß Landestrost in Neustadt am Rübenberge«, in: *Beiträge zur Renaissance zwischen 1520 und 1570* (*Materialien WRM*, Bd. 2), Marburg 1991, S. 115–122. – Dehio 1992, S. 977 f. – Albrink 1993. – Kunze 1993, S. 143 bis 155.

Schloß Petershagen

Entstehungszeit und Auftraggeber: 1544–47; Franz II. von Waldeck (um 1491–1553), Bischof von Osnabrück, Münster und Minden seit 1532; – 1608–11 nördlicher Trakt und Verbindungsgalerie zum Hauptflügel; Christian (1566–1633), Herzog von Braunschweig-Lüneburg seit 1611, Fürstbischof von Minden seit 1599.
Vorgängerbau: Festungsanlage des 14. Jahrhunderts mit Rundturm an der Weserseite.
Baumeister: Jörg Unkair (gest. 1553).
Eigentümer und Nutzung: Privatbesitz; Hotel, Restaurant.

Stumpfwinkliger Zweiflügelbau mit dreigeschossigem Hauptflügel über mittelalterlichen Festungsmauern, östliches Rondell mit aufgestocktem Vieleck, hofseitig mittiger, polygonaler Treppenturm mit Eckdiensten, Stabwerkportalen und Wappen Franz' II. von 1547, Eingang links vom Turm mit Vorhangbogen, Jahreszahl *1545*, Unkairs Initialen *J. V.* und Meisterzeichen. – Innenräume: ursprünglich Küche im Erdgeschoß (Kaminsäulen erhalten), Wohnräume im ersten Obergeschoß.

Jürgen Soenke, »Zur Baugeschichte des Schlosses Petershagen. Der Baumeister Bischof Christians von Braunschweig-Lüneburg«, *Mindener Heimatblätter*, 27, 1955, S. 128–133. – Dehio 1977, S. 465. – Soenke und Kreft [6]1986, S. 306 f. – Großmann [2]1990, S. 156 f. – Brasse 1991, S. 39–42.

Schloß Schelenburg

Entstehungszeit und Auftraggeber: um 1530–32 östlicher Flügel; Sweder von Schele d. Ä. (um 1490–1533); – um 1570 nördlich am mittelalterlichen Wohnturm anschließender Trakt; Caspar von Schele (1525–1578).
Vorgängerbau: 1160 erstmals erwähnte Burg mit rechteckigem Wohnturm.
Baumeister: östlicher Flügel von Jörg Unkair (gest. 1553).
Eigentümer und Nutzung: Familienbesitz Kellermann-von Schele; Restaurant.

Mittelalterlicher Wohnturm mit runden Ecktürmchen, östlich anschließender zweigeschossiger Renaissanceflügel, der älteres freistehendes, nunmehr zum Hof erweitertes Wohnhaus enthält, risalitartig zum Burggraben vorspringendes Verbindungsstück, hohe Zwerchhäuser mit *welschen Giebeln* (die ältesten erhaltenen Beispiele im Weserraum), Fassaden ursprünglich verputzt, Gesimse an Giebeln und Südrisalit, Stabwerkrahmungen an Fenstern und Portalen, an der Hoffassade Jahreszahl *1532*, Unkairs Initialen und Baumeisterzeichen, nördlich am Wohnturm ansetzender Trakt, der im 18. Jahrhundert am östlichen Renaissanceflügel ein Pendant erhielt. – Innenräume: ebenerdiger Küchentrakt, im Obergeschoß Wohnräume, verbunden durch geradläufige Treppe, die sich als Wendelstein ins Dachgeschoß fortsetzt.

Kurt Gerstenberg, »Die Schelenburg«, *Der Burgwart*, 12, 1911, S. 101–108, 136–145. – Soenke und Kreft [6]1986, S. 311. – Gabriele Brasse und G. Ulrich Großmann, »Zur Baugeschichte der Schelenburg«, *Burgen und Schlösser*, 30, 1989, I, S. 29–34. – Großmann [2]1990, S. 161. – Brasse 1991, S. 232. – Gabriele Brasse, *Schloss Schelenburg* (*Schnell Kunstführer*, Nr. 1898), München und Zürich 1992. – Dehio 1992, S. 1166 f.

Schloß Schwöbber

Entstehungszeit und Auftraggeber: 1570–76 Mittelflügel; Hilmar von Münchhausen d. Ä. (1512–1573) und Lucia von Reden (gest. 1583); – 1588 Südflügel und südlicher Treppenturm, 1602–07 Nordflügel und nördlicher Treppenturm; Hilmar von Münchhausen d. J. (1558–1617).
Baumeister: Mittelflügel von Cord Tönnis; Nordflügel Eberhard Wilkening zugeschrieben.
Eigentümer und Nutzung: Privatbesitz; Schloßhotel Münchhausen.

Dreiflügelanlage, dreigeschossiger Mittelflügel, im zweiten Obergeschoß mit zwei Erkern zum Hof und einem zur Rückseite, zweigeschossige Seitenflügel, polygonale

12. Schloß Neustadt am Rübenberge, Grundriß des Erdgeschosses.

12. Schloss Neustadt am Rübenberge, ground-floor plan.

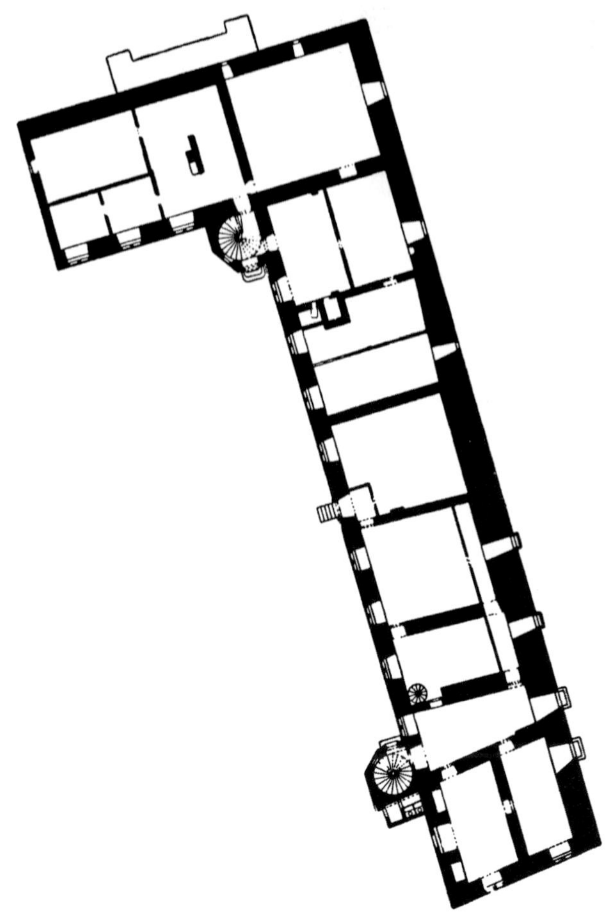

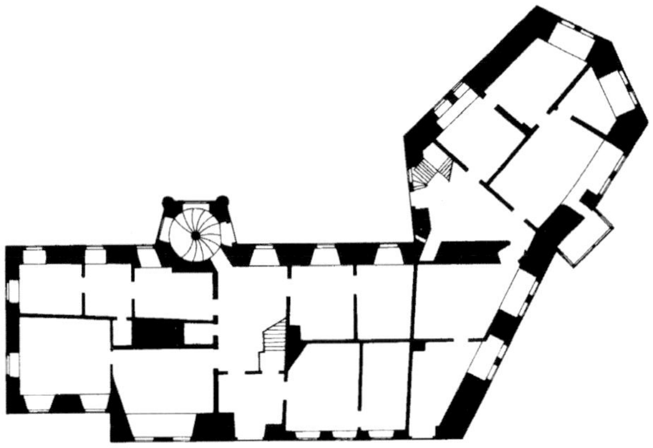

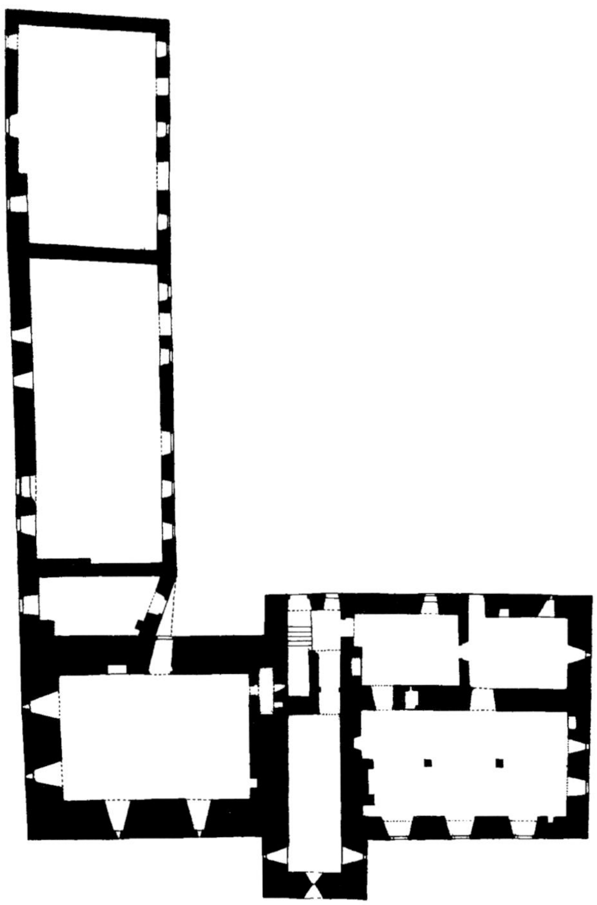

13. Schloß Petershagen, Grundriß des ersten Obergeschosses.
14. Schloß Schelenburg, Grundriß des Erdgeschosses (Rekonstruktion nach Großmann 1989).

13. Schloss Petershagen, first-floor plan.
14. Schloss Schelenburg, ground-floor plan (reconstruction after Großmann 1989).

after Lucas Cranach the Elder, and a figurative fireplace with a relief of Diana and Actaeon and caryatids in the east corner tower.

Walter Becker, *Schloß Neuhaus*, Paderborn 1970. – Dehio 1977, pp. 505 f. – Helmar Lange, *Das Residenzschloß Neuhaus bei Paderborn, eine bau- und kunstgeschichtliche Betrachtung*, Bochum 1979. – Soenke and Kreft [6]1986, pp. 311–313. – Großmann [2]1990, p. 162. – Brasse 1991, pp. 163–167. – Monika Graen, *Schloß Neuhaus* (*Schnell Kunstführer*, no. 1996), Munich and Zurich 1992. – Pavlicic 1994. – Georg K. Predeek, *Schloß Neuhaus. Der Schloßführer*, Schloß Neuhaus 1994.

Schloss Neustadt am Rübenberge (»Landestrost«)

Date of origin and client: 1573–84; Erich II (1528–1584), Herzog von Braunschweig-Calenberg-Göttingen from 1546.
Previous building: medieval castle, destroyed by fire probably in 1562.
Owner and use: Stiftung Kulturregion Hannover; museum, archives, city library, district court.

Two-storey brick building with foundation storey, horizontal bands and window frames made from sandstone, four wings originally planned, east wing with two stair towers and half of the north wing preserved today, four portals flanked with herm pilasters on the courtyard and wall sides as well as the two polygonal stair towers, main portal in courtyard with coats of arms of couple who commissioned the building in segmental arch, staircase towers originally with curved coping. – Interior: arrangement altered, some ceilings with fragments of the original colour scheme retained.

Die Kunstdenkmale des Kreises Neustadt am Rübenberge, Munich and Berlin 1958, pp. 132–137. – Soenke und Kreft [6]1986, pp. 302 f. – Großmann [2]1990, p. 154. – Brasse 1991, pp. 36–38. – Burkhard Rühling, »Entwurfsmethodik ziviler Renaissance-Architektur am Beispiel von Schloß Landestrost in Neustadt am Rübenberge«, in: *Beiträge zur Renaissance zwischen 1520 und 1570* (*Materialien WRM*, vol. 2), Marburg 1991, pp. 115–122. – Dehio 1992, pp. 977 f. – Albrink 1993. – Kunze 1993, pp. 143–155.

Schloss Petershagen

Date of origin and client: 1544–47; Franz II. von Waldeck (around 1491–1553), Bischof von Osnabrück, Münster and Minden from 1532; – northern section and gallery communicating with main wing 1608–11; Christian (1566 to 1633), Herzog von Braunschweig-Lüneburg from 1611, Fürstbischof von Minden from 1599.
Previous building: 14th-century fortress with a round tower on the Weser side.
Architect: Jörg Unkair (died 1553).
Owner and use: private property; hotel, restaurant.

Obtuse-angled two-winged building with three-storey main wing above medieval fortress walls, eastern turret with added upper polygonal level, a central polygonal stair tower with corner responds on courtyard side, bar tracery portals and coat of arms of Franz II from 1547, entrance left of tower with curtain arch, date *1545*, Unkair's initials *J. V.* and master's mark. – Interior: kitchen originally on ground floor (fireplace columns preserved), residential rooms on first floor.

Jürgen Soenke, »Zur Baugeschichte des Schlosses Petershagen. Der Baumeister Bischof Christians von Braunschweig-Lüneburg«, *Mindener Heimatblätter*, 27, 1955, pp. 128–133. – Dehio 1977, p. 465. – Soenke and Kreft [6]1986, pp. 306 f. – Großmann [2]1990, pp. 156 f. – Brasse 1991, pp. 39–42.

Schloss Schelenburg

Date of origin and client: east wing built around 1530 to 1532; Sweder von Schele the Elder (around 1490 to 1533); – northern section connecting to medieval residential tower built around 1570; Caspar von Schele (1525–1578).
Previous building: castle with rectangular residential tower first mentioned in 1160.
Architect: east wing by Jörg Unkair (died 1553).
Owner and use: property of Kellermann-von Schele family; restaurant.

Medieval residential tower with small round corner towers, a Renaissance wing adjoining to the east containing an older free-standing residential house, now expanded in the direction of the courtyard, linking section façade bay projecting on the moat side, high dormers with Italian gables (the oldest preserved examples in the Weser area), façades originally plastered, cornices on gables and south projecting façade bay, bar tracery on windows and portals, date *1532* on courtyard façade, Unkair's initials and architect's mark, section attached to residential tower on northern side, which received a counterpart in the Renaissance wing in the 18th century. – Interior: ground-floor kitchen section, residential rooms in upper storey, connected by straight staircase which is continued as a spiral staircase in the attic storey.

Kurt Gerstenberg, »Die Schelenburg«, *Der Burgwart*, 12, 1911, pp. 101–108, 136–145. – Soenke and Kreft [6]1986, p. 311. – Gabriele Brasse and G. Ulrich Großmann, »Zur Baugeschichte der Schelenburg«, *Burgen und Schlösser*, 30, 1989, I, S. 29–34. – Großmann [2]1990, p. 161. – Brasse 1991, p. 232. – Gabriele Brasse, *Schloss Schelenburg* (*Schnell Kunstführer*, no. 1898), Munich and Zurich 1992. – Dehio 1992, pp. 1166 f.

Schloss Schwöbber

Date of origin and client: central wing 1570–76; Hilmar von Münchhausen the Elder (1512–1573) and Lucia von Reden (died 1583); – south wing and southern stair tower 1588, north wing and northern stair tower 1602 to 1607; Hilmar von Münchhausen the Younger (1558 to 1617).
Architect: central wing by Cord Tönnis; north wing attributed to Eberhard Wilkening.
Owner and use: private property; Schlosshotel Münchhausen.

Treppentürme mit geschwungenen Hauben in den Hofwinkeln, rechtes Turmportal mit Wappen Hilmars d. J. und seiner Gemahlin, Geschoßgliederung durch Gesimse, Giebel und Zwerchhäuser der Seitenflügel mit Schweifwerk, historistisches Hauptportal mit Freitreppe und neubarocker Pavillon von 1920–22 in der Außenecke zwischen Mittel- und Nordflügel. – Innenräume: im Erdgeschoß des Mittelflügels mittiger Saal und rechts angrenzende Küche (Kamin erhalten), im ersten Obergeschoß ehemalige Wohnräume mit Kamin von 1578 (ursprünglich im Mittelsaal des Erdgeschosses) und zwei Stuckdecken (eine davon mit Jahreszahl *1581*), großer Saal im Erdgeschoß des Nordflügels, heutiger Saal als Ergebnis der historistischen Umgestaltung von 1920–22 nach dem Brand von 1908, Kamin mit Auferstehungsrelief von 1606 aus dem Obergeschoß hierher versetzt.

Die Kunstdenkmäler des Landkreises Hameln-Pyrmont, Hannover 1975, S. 334–343. – Soenke und Kreft [6]1986, S. 313 f. – Großmann [2]1990, S. 163 f. – Brasse 1991, S. 101–104. – Dehio 1992, S. 1193 f. – Bernhard Schelp, »Die baulichen Veränderungen an Schloß Schwöbber«, in: »*…zur zierde und schmuck angelegt …*«. *Beiträge zur frühneuzeitlichen Garten- und Schloßbaukunst* (*Materialien WRM*, Bd. 22), Marburg 1996, S. 109–138. – Hans Joachim Tute, *Schloss Schwöbber. Geschichte und Gegenwart*, Hildesheim 2005.

Schloß Stadthagen

Entstehungszeit und Auftraggeber: 1534–41 West- und Südflügel, südwestlicher Treppenturm, 1552 Ostflügel; Adolf XIII. (1511–1556), Graf von Holstein-Schaumburg 1531–44, Erzbischof und Kurfürst von Köln seit 1547; – 1593 Nordflügel; Adolf XIV. (1547–1601), Graf von Holstein-Schaumburg seit 1582.
Vorgängerbau: seit 1244 nachweisbare Wasserburg.
Baumeister: West- und Südflügel sowie südwestlicher Treppenturm von Jörg Unkair (gest. 1553).
Eigentümer und Nutzung: Land Niedersachsen; Finanzamt Stadthagen.

An der Nordwestecke offene Vierflügelanlage mit zwei Hauptgeschossen, Torhaus der mittelalterlichen Burg in den Westflügel integriert, kaum gegliederte, ursprünglich verputzte Fassaden, an den Flügelschmalseiten Stufengiebel mit Halbkreisaufsätzen, Zwerchhäuser mit *welschen Giebeln*, im Hof Geschoßgliederung durch Gesimse, in der südwestlichen Ecke polygonaler, ursprünglich von einer Zwiebelhaube bekrönter Treppenturm mit Eckdiensten, zwei Stabwerkportalen und gußeiserner Wappentafel Adolfs XIII. von 1541, 1874–77 südöstlicher Treppenturm, Loggia an der östlichen Südfassade, Giebel des Westflügels und westlicher Giebel des Nordflügels ergänzt. – Innenräume: im Erdgeschoß des Südflügels ursprünglich Küchentrakt (Fenster zum Hof mit Suppentopf und Löffeln, ehemalige, heute zur Tür umfunktionierte Durchreiche im Innern mit Astwerk, das zwei Kochtöpfen entwächst), im Obergeschoß Wohnräume und großer Saal in der Südostecke, von Arend Robyn zwei Kamine (*Triumph der vier Elemente*, datiert 1576, und *Triumph der vier Jahreszeiten*), und ein weiterer von 1604 (*Triumph des Bacchus*, ursprünglich in Schloß Bückeburg), historistische Umgestaltung bei starker Veränderung der ursprünglichen Einteilung.

Beschreibende Darstellung der älteren Bau- und Kunstdenkmäler des Fürstenthums Schaumburg-Lippe, Berlin 1897, S. 42–51. – Soenke und Kreft [6]1986, S. 314–316. – Großmann [2]1990, S. 164 f. – Brasse 1991, S. 75–78. – Dehio 1992, S. 1235–1238. – Borggrefe und von Büren 2008.

Erbhof Thedinghausen

Entstehungszeit und Auftraggeber: 1619/20; Johann Friedrich von Holstein-Gottorp (1579–1634), Erzbischof von Bremen seit 1596, für Gertrud von Hermeling-Heimbruch (gest. 1620).
Eigentümer und Nutzung: Samtgemeinde Thedinghausen; Wohnungen.

Zweigeschossiger Rechteckbau in Backstein mit Zierelementen aus Sandstein, drei geschoßübergreifende Vorbauten auf der Hofseite, der mittlere mit geradläufiger Treppe im Innern, Schweifwerkgiebel, Geschoßgliederung durch Gesimse, reiche Fensterrahmungen und Portale, Pilaster sowie Brüstungsreliefs mit Rollwerkkartuschen und Bildnissen an den beiden äußeren Vorbauten, Pilaster und Gebäudeecken mit variantenreichen Kerbschnittbossenquadern. – Innenräume: ursprünglich im ersten Geschoß Küche, Vorzimmer und Stube, Saal, Kammer und Kabinett, im zweiten Geschoß zwei Säle, nach 1700 stärkere räumliche Differenzierung, im ersten Geschoß des Treppenhauses übergiebeltes Rundbogenportal mit Ohrmuschelwerk (heute vermauert).

Die Bau- und Kunstdenkmäler des Kreises Braunschweig, Wolfenbüttel 1900, S. 336–343. – Soenke und Kreft [6]1986, S. 317 f. – Großmann [2]1990, S. 167. – Brasse 1991, S. 28 f. – Dehio 1992, S. 1270 f. – Christine Bernheiden, »Der Erbhof in Thedinghausen. Ein Spätwerk der Renaissance im Weserraum«, in: *Baudekoration als Bildungsanspruch* (*Materialien WRM*, Bd. 5), Marburg 1993, S. 197 bis 303. – Fritz Garvens, *Der Erbhof in Thedinghausen*, Thedinghausen 2001.

Schloß Thienhausen

Entstehungszeit und Auftraggeber: um 1609; Tönnies Wolf von Haxthausen (gest. 1628)
Eigentümer: Familienbesitz von Haxthausen.

Zwei- und dreigeschossiger Zweiflügelbau mit niedrigem Rundturm an der Außenecke und quadratischem Treppenturm im Hofwinkel, Geschoßgliederung durch Gesimse, Ädikularahmungen an Fenstern und Portalen, Hauptportal an der Hofseite des östlichen Flügels mit korinthischen Säulen und Sitznischen, Südgiebel mit flächenfüllendem Ornament aus Pilastern, Lisenen, Diamant- und Kerbschnittbossenquadern, Kartuschen sowie Roll- und Beschlagwerk, ähnlich gestalteter Ostgiebel im 19. Jahrhundert abgebrochen (Fragmente im Weserrenaissance-Museum Schloß Brake, Lemgo), Madonnenskulptur an der Südfassade um 1930. – Innenräume: ursprünglich Küche und zwei Säle im Erdgeschoß, zwei Kamine (einer davon mit Jahreszahl *1575*), Wohnräume im Obergeschoß.

Dehio 1977, S. 494. – Soenke und Kreft [6]1986, S. 318 f. – G. Ulrich Großmann, *Schloß Thienhausen und die Weser-*

15. Schloß Schwöbber, Grundriß des Erdgeschosses (Rekonstruktion nach Großmann 1989).

15. Schloss Schwöbber, ground-floor plan (reconstruction after Großmann 1989).

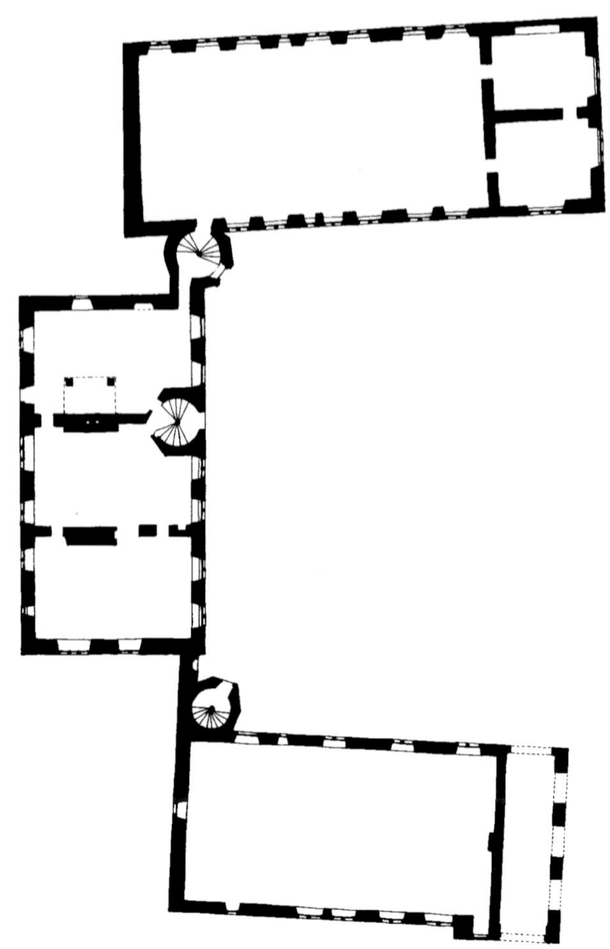

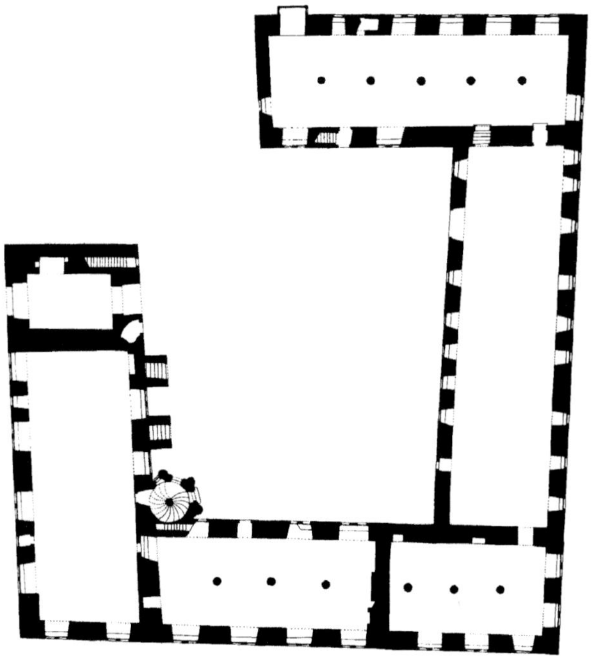

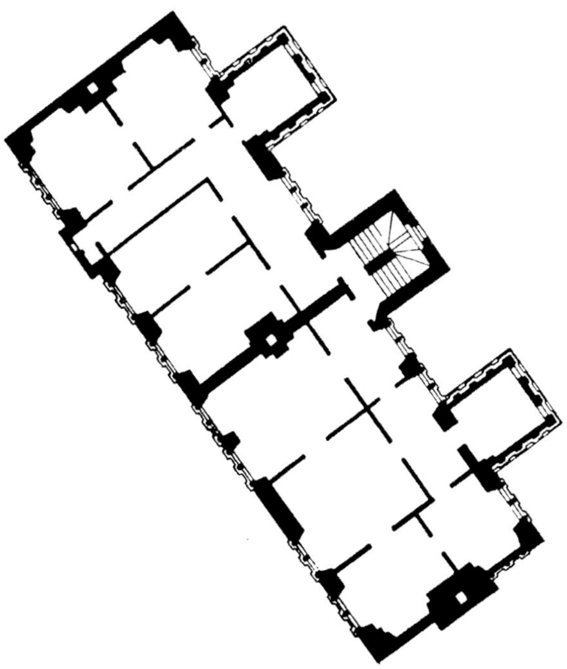

16. Schloß Stadthagen, Grundriß des Erdgeschosses (Rekonstruktion nach Großmann 1989).
17. Erbhof Thedinghausen, Grundriß des Erdgeschosses.

16. Schloss Stadthagen, ground-floor plan (reconstruction after Großmann 1989).
17. Erbhof Thedinghausen, ground-floor plan.

Three-winged complex, three-storey central wing, two bay windows facing the courtyard and one in the back wall on second floor, two-storey side wings, polygonal stair towers with curved coping in corners of courtyard, tower portal on the right with coats of arms of Hilmar the Younger and his consort, articulation of storeys with cornices, gables and dormers of side wings with baroque scrollwork, historicist main portal with open staircase and neo-baroque pavilion from 1920–22 in the outer corner between the central and north wings. – Interior: former central hall in ground floor of central wing with kitchen adjoining to the right (fireplace preserved), residential rooms in upper storey with fireplace from 1578 (originally in central hall of ground floor) and two stuccoed ceilings (one dated 1581), great hall on ground floor of north wing, present-day hall a result of the historicist restructuring in 1920–22 following the fire of 1908, fireplace with relief showing the *Resurrection* dating from 1606, transferred here from the upper storey.

Die Kunstdenkmäler des Landkreises Hameln-Pyrmont, Hannover 1975, pp. 334–343. – Soenke and Kreft [6]1986, pp. 313 f. – Großmann [2]1990, pp. 163 f. – Brasse 1991, pp.101–104. – Dehio 1992, pp. 1193 f. – Bernhard Schelp, »Die baulichen Veränderungen an Schloß Schwöbber«, in: »*...zur zierde und schmuck angelegt ...*«. *Beiträge zur frühneuzeitlichen Garten- und Schloßbaukunst* (*Materialien WRM*, Bd. 22), Marburg 1996, pp. 109–138. – Hans Joachim Tute, *Schloss Schwöbber. Geschichte und Gegenwart*, Hildesheim 2005.

Schloss Stadthagen

Date of origin and client: west and south wings, southwestern stair tower 1534–41, east wing 1552; Adolf XIII (1511–1556), Graf von Holstein-Schaumburg 1531–44, archbishop and elector of Cologne from 1547; – north wing 1593; Adolf XIV (1547–1601), Graf von Holstein-Schaumburg from 1582.
Previous building: moated castle in existence since at least 1244.
Architect: west and south wings and southwest stair tower by Jörg Unkair (died 1553).
Owner and use: state of Lower Saxony; Stadthagen tax office.

Four-winged complex open at the northwest corner with two main storeys, gatehouse of medieval castle integrated into the west wing, barely patterned, originally plastered façades, tiered gables on the narrow sides of wings with semi-circular crowning, dormers with Italian gables, storeys articulated on the courtyard side with cornices, polygonal stair tower with corner responds originally crowned with an onion dome in southwest corner, two bar tracery portals and cast-iron coat of arms panel of Adolf XIII from 1541, southeast stair tower, loggia against eastern south façade and gable of west wing and western gable of north wing completed in 1874 to 1877. – Interior: original kitchen section in ground floor of south wing (window facing courtyard with soup pot and spoons, former hatch, today converted into a door, in interior with branch motif growing from two cooking pots) residential rooms in upper storey and great hall in southeast corner, two fireplaces by Arend Robyn (*Triumph of the Four Elements*, dated *1576*, and *Triumph of the Four Seasons*) and another from *1604* (*Triumph of Bacchus*, originally in Schloss Bückeburg), historicist reconstruction involved extensive changes to original arrangement.

Beschreibende Darstellung der älteren Bau- und Kunstdenkmäler des Fürstenthums Schaumburg-Lippe, Berlin 1897, pp. 42–51. – Soenke and Kreft [6]1986, pp. 314–316. – Großmann [2]1990, pp. 164 f. – Brasse 1991, pp. 75–78. – Dehio 1992, pp. 1235–1238. – Borggrefe and von Büren 2008.

Erbhof Thedinghausen

Date of origin and client: 1619/20; Johann Friedrich von Holstein-Gottorp (1579–1634), Erzbischof von Bremen from 1596, for Gertrud von Hermeling-Heimbruch (died 1620).
Owner and use: Samtgemeinde Thedinghausen; apartments.

Two-storey rectangular building in brick with decorative elements made from sandstone, three storey-high protruding structures on courtyard side, the central one with a straight staircase in the interior, baroque scrollwork gables, storeys articulated by cornices, rich window framing and portals, pilasters and parapet reliefs with scrollwork cartouches and images on the two outer balconies, pilasters and building corners with chip-cut rusticated blocks, rich in variations. – Interior: kitchen, anteroom and parlour, hall, chamber and cabinet originally on first floor, two halls on second floor, more marked spatial differentiation after 1700, gabled round-arched portal with auricular scrollwork (today walled up) on first floor of stairwell.

Die Bau- und Kunstdenkmäler des Kreises Braunschweig, Wolfenbüttel 1900, pp. 336–343. – Soenke and Kreft [6]1986, pp. 317 f. – Großmann [2]1990, p. 167. – Brasse 1991, pp. 28 f. – Dehio 1992, pp. 1270 f. – Christine Bernheiden, »Der Erbhof in Thedinghausen. Ein Spätwerk der Renaissance im Weserraum«, in: *Baudekoration als Bildungsanspruch* (*Materialien WRM*, vol. 5), Marburg 1993, pp. 197–303. – Fritz Garvens, *Der Erbhof in Thedinghausen*, Thedinghausen 2001.

Schloss Thienhausen

Date of origin and client: around 1609; Tönnies Wolf von Haxthausen (died 1628).
Owner and use: property of family von Haxthausen.

Two-storey two-winged building with a low round tower on the outer corner and a quadratic stair tower in the corner of the courtyard, storeys articulated by cornices, aedicule frames for windows and portals, main portal on courtyard side of east wing with Corinthian columns and alcoves with seating, south gable fully ornamented with pilasters, pilaster strips, diamond and chip-cut rusticated blocks, cartouches and scroll and strapwork, similarly designed east gable demolished in 19th century (fragments in Weserrenaissance-Museum Schloss Brake, Lemgo), Madonna sculpture on south façade around 1930. – Interior: original kitchen and two halls on ground floor, two fireplaces (one dated *1575*), residential rooms in upper storey.

renaissance, Steinheim 1989. – Großmann ^{2}1990, S. 167. – Agnes Stichow, »Schloß Thienhausen«, *Jahrbuch Kreis Höxter*, 1990, S. 325–334. – Brasse 1991, S. 160–162.

Schloß Uslar (»Freudenthal«, heute Ruine)

Entstehungszeit und Auftraggeber: um 1559–64; Erich II. (1528–1584), Herzog von Braunschweig-Calenberg-Göttingen seit 1546.
Vorgängerbau: mittelalterliche Burg.
Eigentümer und Nutzung: Stadt Uslar; Parkanlage.

1612 abgebrannt, rechteckige Vierflügelanlage mit polygonalen Ecktürmen, Mauerwerk des Sockelgeschosses im Norden, Westen und Süden erhalten, Löwenköpfe und Muscheln, Fenster mit Gebälken und Dreiecksgiebeln, Kerbschnittbossenstein hier erstmals nachweisbar.

Konrad Maier, »Uslar – Schloßruine«, in: *Erlebte Heimat, Folge 4, Schlösser, Burgen und Wehrbauten im Kreise Northeim*, Northeim 1962, S. 7–19. – Soenke und Kreft ^{6}1986, S. 319 f. – Andreas Reuschel, *Schloß Freudenthal in Uslar*, Uslar 1987. – Großmann ^{2}1990, S. 168. – Brasse 1991, S. 203–205. – Dehio 1992, S. 1285 f. – Albrink 1993. – Kunze 1993, S. 99–103.

Schloß Varenholz

Entstehungszeit und Auftraggeber: 1542/43 Umbau von Wohnturm, Langhaus und Torbau; Simon de Wendt (gest. 1548); – um 1580 Bauarbeiten, 1591–1600 Umgestaltung zur Vierflügelanlage; Simon VI. (1554–1613), Graf und Edler Herr zur Lippe seit 1579.
Vorgängerbau: Burg des 14. Jahrhunderts.
Baumeister: Umbauten um 1580 von Hermann Wulff (gest. 1597); Vierflügelanlage 1591–93 von Hans Rade; Vollendung 1593–1600 durch Johann Bierbaum.
Eigentümer und Nutzung: Landesverband Lippe; Privatschulinternat.

Rechtwinklige, dreigeschossige Vierflügelanlage mit zwei spitzwinkligen Eckbastionen am zur Weser gerichteten Ostflügel, im Nordwesten mittelalterlicher Wohnturm integriert, Geschoßgliederung durch Gesimse, am Torhaus lippisches Wappen von 1582, im Hof Nord-, Ost- und Südfassade mit Streifenputz (Rekonstruktion), in den Winkeln drei polygonale Treppentürme, der nordöstliche mit Eckdiensten, Turmportale mit flankierenden Pilastern beziehungsweise Hermen und Schweifwerkbekrönung, am südöstlichen Turmportal Bildnisbüste Simons VI., an der östlichen Hofseite geschoßübergreifende Utlucht mit Wappen- und Tugendenreliefs an den Brüstungsfeldern. – Innenräume: Einteilung stark verändert, ursprünglich geringer gegliedert, Kamine erhalten, einer davon im Saal des Erdgeschosses.

Friedrich W. Pahmeier, »Der Baumeister von Schloß Varenholz«, *Lippische Mitteilungen aus Geschichte und Landeskunde*, 29, 1960, S. 82–100. – Dehio 1977, S. 559 f. – Soenke und Kreft ^{6}1986, S. 320–322. – Großmann ^{2}1990, S. 168 f. – Brasse 1991, S. 70–73. – Hilker 2000, S. 86–117.

Schloß Wendlinghausen

Entstehungszeit und Auftraggeber: 1613–16; Hilmar von Münchhausen d. J. (1558–1617) für Heinrich Hilmar von Münchhausen (1586–1635).
Baumeister: Eberhard Wilkening zugeschrieben.
Eigentümer: Familienbesitz von Reden.

Zweigeschossiger Rechteckbau mit Sockelgeschoß, das auf der Feldseite wie ein Vollgeschoß erscheint, Geschoßgliederung durch Gesimse, an den Längsseiten je drei Zwerchhäuser, an den Giebeln Schweifwerkvoluten und Beschlagwerkfriese, originaler Dachstuhl mit Sollingsandsteindeckung erhalten, seitlicher Treppenturm, hinter dem ursprünglich zweiter Flügel ansetzte, über dem Turmportal Wappen des Bauherrenpaars sowie Jahreszahl *1614*, an der Hofseite Haupteingang mit Freitreppe, eingeschossige Utlucht mit Kerbschnitt- und Beschlagwerkornamenten sowie Kartusche mit der Abkürzung *V.D.M.I.ET* (*Verbum Domini Manet In Eternum*). – Innenräume: ursprünglich Küche im Sockelgeschoß, darüber Saal und Wohnräume.

Dehio 1977, S. 587. – Jürgen Soenke, Das Renaissanceschloß [Wendlinghausen], *Heimatland Lippe*, 70, 1977, Nr. 4, S. 149–155. – Soenke und Kreft ^{6}1986, S. 322. – Großmann ^{2}1990, S. 170. – Brasse 1991, S. 113 f.

Schloß Wewelsburg

Entstehungszeit und Auftraggeber: 1603–09; Dietrich von Fürstenberg (1546–1618), Fürstbischof von Paderborn seit 1589.
Vorgängerbau: 1124 erstmals erwähnte Burg.
Baumeister: Hermann Baumhauer zugeschrieben.
Eigentümer und Nutzung: Kreis Paderborn; Historisches Museum des Hochstifts Paderborn, Jugendherberge.

Dreiflügelanlage, seltener dreieckiger Grundriß, nach außen drei-, hofseitig zweigeschossig, zwei mittelalterliche Steinbauten in den östlichen Teil des Südflügels integriert, Rundtürme an den Ecken ursprünglich mit Zinnenkränzen, geschwungene Hauben der südlichen Ecktürme von 1654, letztes originales Zwerchhaus mit Schweifwerk, Halbkugeln, Diamantquadern und Löwenköpfen an der Außenseite des Südflügels, Geschoßgliederung durch Gesimse, Kalkputz 1934 entfernt, Tordurchfahrt mit Pilasterrahmung, darüber liegender Erker mit Jahreszahl *1604*, Treppenturm im südwestlichen Hofwinkel mit flankierenden Trägerfiguren und Löwenköpfen, Portal zum Nordturm mit Kerbschnittbossenquadern geschmückt. – Innenräume: stark umgestaltet, ursprünglich Wohnräume im Süd- und Ostflügel, Kamin von 1604 mit Reliefs der Tugenden im Erdgeschoß des Südflügels, Festsaal im Westflügel, Kapelle ehemals im Nordturm (1815 ausgebrannt, Umbauten in den 1930er Jahren, sogenannter *Obergruppenführersaal* und *Gruft* als nationalsozialistische Kulträume).

Wilhelm Segin, *Geschichte der Wewelsburg*, Büren 1925. – *Die Bau- und Kunstdenkmäler von Westfalen*, Bd. 38. *Kreis Büren*, Münster 1926, S. 238–252. – Dehio 1977, S. 597 f. – Soenke und Kreft ^{6}1986, S. 322 f. – Großmann ^{2}1990, S. 170 f. – Brasse 1991, S. 174–176. – Albrecht Seufert, *In Form eines Triangels, in einer wahrlich sehenswerten und prachtvollen Gestalt. Die Geschichte der We-*

18. Schloß Thienhausen, Grundriß des Erdgeschosses (Rekonstruktion nach Großmann 1989).
19. Schloßruine Uslar, Grundriß des Sockelgeschosses (heutiger Zustand).

18. Schloss Thienhausen, ground-floor plan (reconstruction after Großmann 1989).
19. Ruins of Schloss Uslar, base-floor plan (present condition).

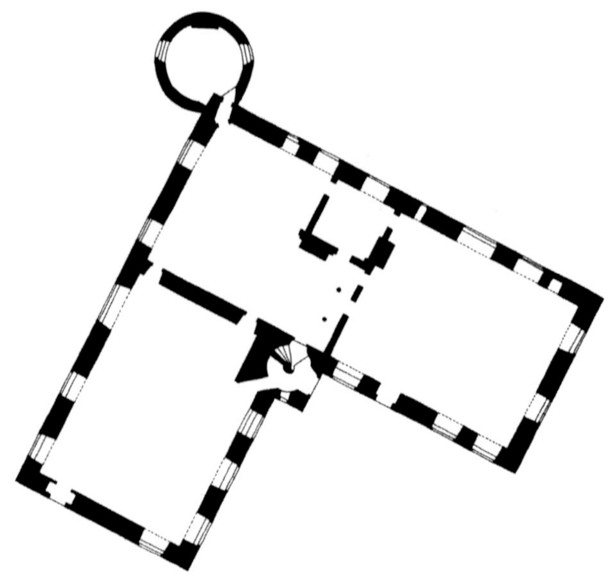

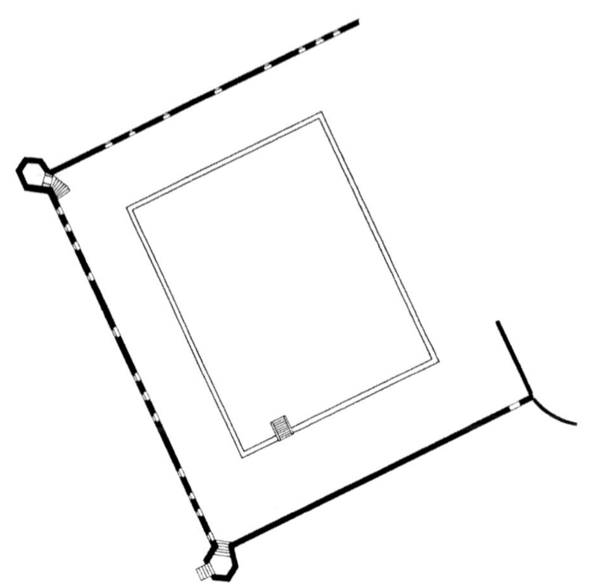

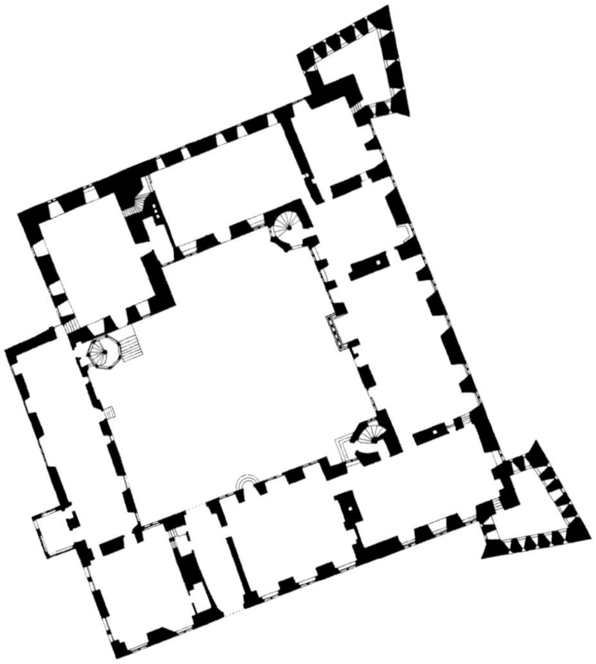

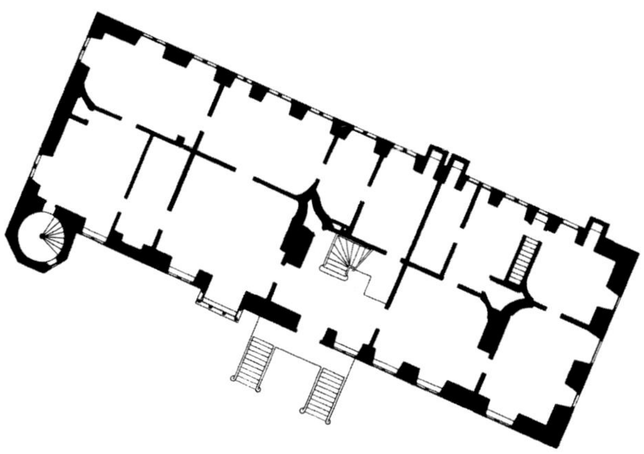

20. Schloß Varenholz, Grundriß des Erdgeschosses (Rekonstruktion nach Großmann 1989).
21. Schloß Wendlinghausen, Grundriß des Erdgeschosses.

20. Schloss Varenholz, ground-floor plan (reconstruction after Großmann 1989).
21. Schloss Wendlinghausen, ground-floor plan.

Dehio 1977, p. 494. – Soenke and Kreft ^{6}1986, pp. 318 f. – G. Ulrich Großmann, *Schloß Thienhausen und die Weserrenaissance*, Steinheim 1989. – Großmann ^{2}1990, p. 167. – Agnes Stichow, »Schloß Thienhausen«, *Jahrbuch Kreis Höxter*, 1990, pp. 325–334. – Brasse 1991, pp. 160–162.

Schloss Uslar (»Freudenthal«, today a ruin)

Date of origin and client: around 1559–64; Erich II (1528 to 1584), Herzog von Braunschweig-Calenberg-Göttingen from 1546.
Previous building: medieval castle.
Owner and use: municipality of Uslar; park.

Rectangular four-winged complex, burned down in 1612, with polygonal corner towers, north, west and south foundation walls remaining, lion heads and shells, windows with entablatures and triangular gables, first proven use of chip-cut rusticated blocks.

Konrad Maier, »Uslar – Schloßruine«, in: *Erlebte Heimat, Folge 4, Schlösser, Burgen und Wehrbauten im Kreise Northeim*, Northeim 1962, pp. 7–19. – Soenke and Kreft ^{6}1986, pp. 319 f. – Andreas Reuschel, *Schloß Freudenthal in Uslar*, Uslar 1987. – Großmann ^{2}1990, pp. 168. – Brasse 1991, pp. 203–205. – Dehio 1992, pp. 1285 f. – Albrink 1993. – Kunze 1993, pp. 99–103.

Schloss Varenholz

Date of origin and client: conversion of residential tower, main building and gatehouse 1542/43; Simon de Wendt (died 1548); – building work around 1580, conversion to four-winged complex 1591–1600; Simon VI (1554–1613), Graf and Edler Herr zur Lippe from 1579.
Previous building: 14th-century castle.
Architect: conversions around 1580 by Hermann Wulff (died 1597); four-winged complex 1591–93 by Hans Rade; completed 1593–1600 by Johann Bierbaum.
Owner and use: Landesverband Lippe; private boarding school.

Right-angled, three-storey four-winged complex with two acute-angled corner bastions on east wing facing the Weser, medieval tower integrated into northwest part, storeys articulated by cornices, Lippe coat of arms from 1582 on gatehouse, north, east and south façades facing courtyard with plaster in rectangular hatched areas (reconstruction), three polygonal stair towers in the corners, with corner responds on the northeast tower, tower portal with flanking pilasters or Herme pillars and baroque scrollwork crowning, bust portrait of Simon VI on southeast tower portal, storey-high bay window with reliefs showing coats of arms and the virtues on sections of the parapet on east side facing courtyard. – Interior: arrangement considerably altered, originally less elaborate articulation, fireplaces preserved, one of which is in the hall on the ground floor.

Friedrich W. Pahmeier, »Der Baumeister von Schloß Varenholz«, *Lippische Mitteilungen aus Geschichte und Landeskunde*, 29, 1960, pp. 82–100. – Dehio 1977, pp. 559 f. – Soenke and Kreft ^{6}1986, pp. 320–322. – Großmann ^{2}1990, pp. 168 f. – Brasse 1991, pp. 70–73. – Hilker 2000, pp. 86–117.

Schloss Wendlinghausen

Date of origin and client: 1613–16; Hilmar von Münchhausen the Younger (1558–1617) for Heinrich Hilmar von Münchhausen (1586–1635).
Architect: attributed to Eberhard Wilkening.
Owner and use: property of von Reden family.

Two-storey rectangular building with foundation storey, appears to be a complete storey from outside, articulation of storeys by cornices, three dormers on each of the long sides, baroque scrollwork volutes and strapwork frieze on gables, original roof truss with Solling sandstone tiling preserved, lateral stair tower, behind which the original second wing adjoined, coats of arms of the couple who commissioned the building and date *1614* over tower portal, main entrance with open staircase on courtyard side, single-storey bay window with chip-cut and strapwork ornamentation as well as cartouches with the abbreviation *V.D.M.I.ET* (*Verbum Domini Manet In Eternum*). – Interior: original kitchen in basement storey, with hall and residential rooms above.

Dehio 1977, p. 587. – Jürgen Soenke, Das Renaissanceschloß [Wendlinghausen], *Heimatland Lippe*, 70, 1977, no. 4, pp. 149–155. – Soenke and Kreft ^{6}1986, p. 322. – Großmann ^{2}1990, p. 170. – Brasse 1991, pp. 113 f.

Schloss Wewelsburg

Date of origin and client: 1603–09; Dietrich von Fürstenberg (1546–1618), Fürstbischof von Paderborn from 1589.
Previous building: castle first mentioned in 1124.
Architect: attributed to Hermann Baumhauer.
Owner and use: district of Paderborn; Historisches Museum des Hochstifts Paderborn, youth hostel.

Three-winged complex, rare triangular ground plan, three storeys on external side, two facing courtyard, two medieval stone buildings integrated into eastern part of south wing, round towers at the corners, originally with crenellation, curved coping of south corner towers dates from 1654, last original dormer with baroque scrollwork, hemispheres, diamond blocks and lions' heads on outer side of south wing, storeys articulated by cornices, lime plaster removed in 1934, gate passageway with pilaster framing, bay window above dated 1604, stair tower in southwest corner of courtyard with flanking supporting figures and lion heads, portal of north tower decorated with chip-cut rusticated blocks. – Interior: extensively converted, original residential rooms in south and east wings, fireplace from 1604 with relief of the Virtues on ground floor of south wing, banqueting hall in west wing, chapel formerly in north tower (gutted by fire in 1815, conversions in the 1930s, so-called *Obergruppenführersaal* and *Gruft* used for National Socialist ceremonial purposes).

Wilhelm Segin, *Geschichte der Wewelsburg*, Büren 1925. – *Die Bau- und Kunstdenkmäler von Westfalen*, vol. 38. *Kreis Büren*, Münster 1926, pp. 238–252. – Dehio 1977,

welsburg bis zum Anfang des 19. Jahrhunderts (*Materialien WRM*, Bd. 3), Marburg 1992. – Wulff E. Brebeck, *Die Wewelsburg. Geschichte und Bauwerk im Überblick*, München und Berlin 2005.

Schloß Wolfenbüttel

Entstehungszeit und Auftraggeber: um 1525/30 Umgestaltung des mittelalterlichen Saalbaus im Südwesten, 1553/68 Burgausbau nach Belagerungsschäden von 1542, 1558 Kapelle; Heinrich d. J. (1489–1568), Herzog von Braunschweig-Wolfenbüttel seit 1514; – 1571/89 Fortsetzung der Umgestaltung, Wohnflügel im Süden, 1575/85 Hofarkaden; Julius (1528–1589), Herzog von Braunschweig-Wolfenbüttel seit 1568; – 1614 Obergeschosse des *Hausmannsturms*; Heinrich Julius (1564 bis 1613), Herzog von Braunschweig-Wolfenbüttel seit 1589, und Friedrich Ulrich (1591–1634), Herzog von Braunschweig-Wolfenbüttel seit 1613.
Vorgängerbau: Wasserburg des 13. Jahrhunderts.
Baumeister: Hofarkaden und Obergeschosse des *Hausmannsturms* von Paul Francke (1538–1615).
Eigentümer und Nutzung: Stadt Wolfenbüttel; Museum, Gymnasium, Bundesakademie für kulturelle Bildung.

Unregelmäßiger Grundriß, nicht erhaltene quadratische, aus dem mittelalterlichen Wohnturm errichtete Kapelle im Südosten, dreigeschossiger Wohnpalast im Südwesten, zweigeschossige, ursprünglich auch oben offene Hofarkaden, an der Ostecke *Hausmannsturm* mit umlaufender Galerie und vier Schweifwerkgiebeln der Dachhaube, 1690/1740 Barockisierung der Fassaden. – Innenräume: ursprünglich Wohnräume im Südflügel, Speise- und Festsäle im Norden und Westen, im Erdgeschoß des Südwestflügels *Große Eßstube* von 1584 (*Renaissancesaal*), erhaltene Malereifragmente von um 1575 an der früheren Hofwand des Nordwestflügels, 1690/1740 Barockisierung der Innenräume.

Die Bau- und Kunstdenkmäler des Herzogtums Braunschweig, Wolfenbüttel 1904, S. 120–141. – Rolf Hagen, *Schloß Wolfenbüttel* (*Große Baudenkmäler*, Heft 325), München und Berlin ^{2}1986. – Großmann ^{2}1990, S. 171. – Brasse 1991, S. 229. – Dehio 1992, S. 1395–1398. – Grote 2005.

Schloß Wolfsburg

Entstehungszeit und Auftraggeber: ab 1574 nordwestlicher Flügel; Hans der Reiche von Bartensleben (vor 1545–1583); – um 1590–1620 Vollendung der Vierflügelanlage; Günzel (1562–1618) und Günther von Bartensleben (1558–1597).
Vorgängerbau: 1302 erstmals erwähnte Wasserburg.
Baumeister: ab 1574 Johann Edeler zugeschrieben (gest. 1592); ab 1593 vielleicht Heinrich Rumpf.
Eigentümer und Nutzung: Stadt Wolfsburg; Städtische Galerie, Kulturverein.

Viergeschossige Vierflügelanlage mit mittelalterlichem Wohnturm als Teil des südwestlichen Flügels, Eingangsseite im Nordwesten (*Rotes Gebäude*), Portal mit flankierenden Kriegerfiguren und den Anfang des 19. Jahrhunderts angebrachten Wappen Schulenburg, Bartensleben und Vincke, sparsam gegliederte Fassaden, geschoßgliedernde Gesimse am nordöstlichen Flügel (*Langes Gebäude*) und an den Schweifwerkgiebeln, *Ritterhaus* oder *Pallas* als südöstlicher Flügel, südwestlicher Flügel 1838 erneuert, in der südlichen Hofecke polygonaler Treppenturm mit Rundbogenportal und den Wappen Bartensleben und Veltheim von 1610, in Nord- und Ostecke *Hausmanns-* und *Uhlenturm*, dazwischen ursprünglich viergeschossige Arkaden. – Innenräume: im Erdgeschoß des *Langen Gebäudes* Amtsstube mit Sterngewölbe, zweischiffige Halle und rippengewölbte *Hofstube* mit Mittelstütze, im zweiten Obergeschoß in der östlichen Ecke *Jagdsaal* mit qualitätvollen Stuckarbeiten (Jagdszenen, allegorische Figuren, Hermen und Kartuschen), in den übrigen Flügeln im Erdgeschoß Wirtschaftsräume, in den darüber liegenden Geschossen Wohnräume.

Soenke und Kreft ^{6}1986, S. 324. – Großmann ^{2}1990, S. 171 f. – Brasse 1991, S. 229 f. – Johannes Zahlten, *Schloß Wolfsburg. Ein Baudenkmal der Weserrenaissance*, Braunschweig 1991. – Dehio 1992, S. 1408 f. – Klaus-Jörg Siegfried (Hrsg.), *Schloss Wolfsburg. Geschichte und Kultur*, Wolfsburg 2002.

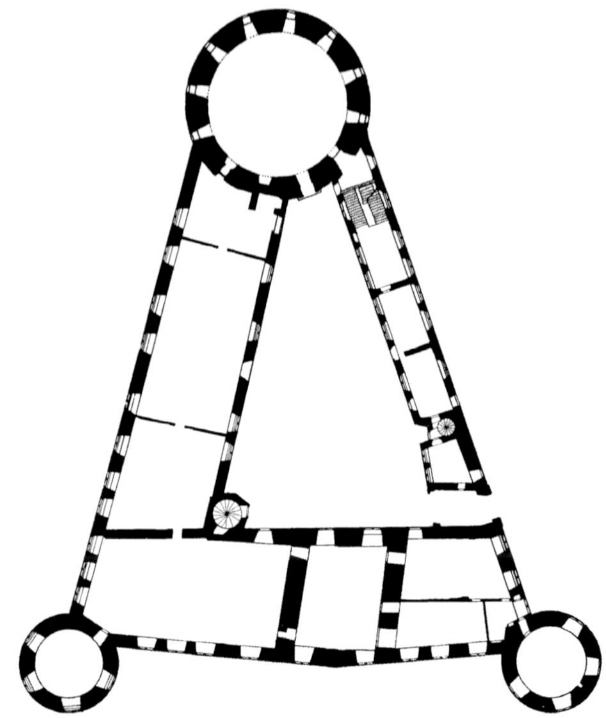

22. Schloß Wewelsburg, Grundriß des Erdgeschosses (Rekonstruktion).

22. Schloss Wewelsburg, ground-floor plan (reconstruction).

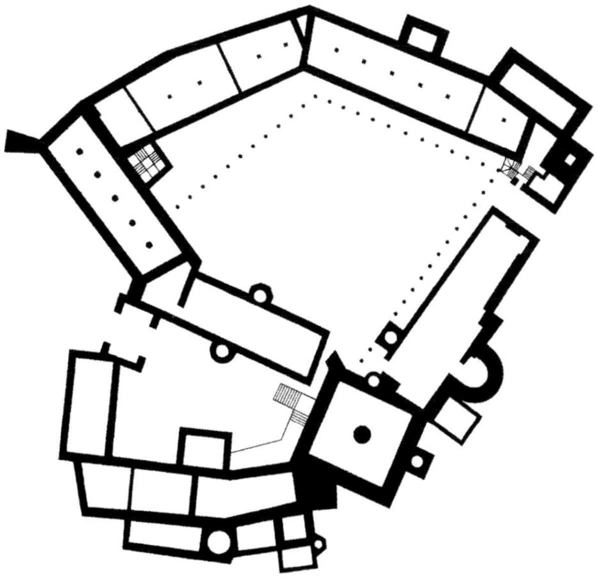

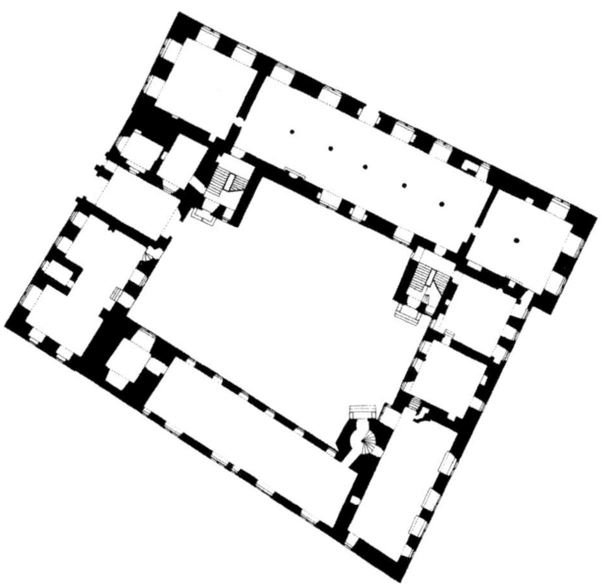

23. Schloß Wolfenbüttel, Grundriß des Erdgeschosses (Zustand um 1600, Rekonstruktion nach Grote 2005).
24. Schloß Wolfsburg, Grundriß des Erdgeschosses (Rekonstruktion nach Großmann 1989).

23. Schloss Wolfenbüttel, ground-floor plan (condition around 1600, reconstruction after Grote 2005).
24. Schloss Wolfsburg, ground-floor plan (reconstruction after Großmann 1989).

pp. 597 f. – Soenke and Kreft ^{6}1986, pp. 322 f. – Großmann ^{2}1990, pp. 170 f. – Brasse 1991, pp. 174–176. – Albrecht Seufert, *In Form eines Triangels, in einer wahrlich sehenswerten und prachtvollen Gestalt. Die Geschichte der Wewelsburg bis zum Anfang des 19. Jahrhunderts* (*Materialien WRM*, vol. 3), Marburg 1992. – Wulff E. Brebeck, *Die Wewelsburg. Geschichte und Bauwerk im Überblick*, Munich and Berlin 2005.

Schloss Wolfenbüttel

Date of origin and client: conversion of medieval hall building to southwest around 1525/30, expansion of castle after damage sustained in 1542 siege in 1553/68, chapel 1558; Heinrich the Younger (1489–1568), Herzog von Braunschweig-Wolfenbüttel from 1514; – continuation of conversion and residential wing to the south 1571/89, courtyard arcades 1575/85; Julius (1528–1589), Herzog von Braunschweig-Wolfenbüttel from 1568; – upper storeys of *Hausmannsturm* 1614; Heinrich Julius (1564–1613), Herzog von Braunschweig-Wolfenbüttel from 1589, and Friedrich Ulrich (1591–1634), Herzog von Braunschweig-Wolfenbüttel from 1613.
Previous building: 13th-century moated castle.
Architect: courtyard arcades and upper storeys of *Hausmannsturm* by Paul Francke (1538–1615).
Owner and use: city of Wolfenbüttel; museum, grammar school, Bundesakademie für kulturelle Bildung.

Irregular ground plan, square chapel to the southeast built from the medieval residential tower, no longer in existence, three-storey residential castle to the southwest, two-storey courtyard arcades originally open to the sky, *Hausmannsturm* at east corner with continuous gallery and a roof coping with four baroque scrollwork gables, façade redesigned in baroque style in 1690/1740. – Interior: residential rooms originally in south wing, dining and banqueting halls in north and west wings, *Große Eßstube* from 1584 on ground floor of southwest wing (*Renaissancesaal*), fragments of painting preserved from around 1575 on former courtyard wall of northwest wing, interior rooms redesigned in baroque style 1690/1740.

Die Bau- und Kunstdenkmäler des Herzogtums Braunschweig, Wolfenbüttel 1904, pp. 120–141. – Rolf Hagen, *Schloß Wolfenbüttel* (*Große Baudenkmäler*, no. 325), Munich and Berlin ^{2}1986. – Großmann ^{2}1990, p. 171. – Brasse 1991, p. 229. – Dehio 1992, pp. 1395–1398. – Grote 2005.

Schloss Wolfsburg

Date of origin and client: northwest wing after 1574; Hans der Reiche von Bartensleben (before 1545 to 1583); – completion of four-winged complex around 1590–1620; Günzel (1562–1618) and Günther von Bartensleben (1558–1597).
Previous building: moated castle first mentioned in 1302.
Architect: part built following 1574 attributed to Johann Edeler (died 1592); part built following 1593 possibly by Heinrich Rumpf.
Owner and use: city of Wolfsburg; municipal gallery, cultural association.

Four-storey four-winged complex with medieval residential tower as a part of the southwest wing, entrance on northwest side (*Rotes Gebäude*), portal flanked by figures of warriors and coats of arms of Schulenburg, Bartensleben and Vincke added at beginning of 19th century, sparingly patterned façades, cornices articulating storeys on northeast wing (*Langes Gebäude*) and on baroque scrollwork gables, southeast wing consisting of *Ritterhaus* or *Pallas*, southwest wing renewed in 1838, polygonal stair tower with round-arched portal and the coats of arms of Bartensleben and Veltheim from 1610 in south corner of courtyard, *Hausmannsturm* and *Uhlenturm* in north and east corners, original four-storey arcades. – Interior: administration room with star vaulting, two-bay hall and rib-vaulted court parlour with central support on ground floor of the *Langes Gebäude*, *Jagdsaal* with high-quality stucco work (hunting scenes, allegorical figures, Herme pillars and cartouches) in eastern corner of second floor, domestic rooms on ground floors of remaining wings, residential rooms in storeys above.

Soenke and Kreft ^{6}1986, p. 324. – Großmann ^{2}1990, pp. 171 f. – Brasse 1991, pp. 229 f. – Johannes Zahlten, *Schloß Wolfsburg. Ein Baudenkmal der Weserrenaissance*, Braunschweig 1991. – Dehio 1992, pp. 1408 f. – Klaus-Jörg Siegfried (ed.), *Schloss Wolfsburg. Geschichte und Kultur*, Wolfsburg 2002.

Bibliographie

Albrecht, Stephan, »›Eine Fassade geht auf Reisen ...‹. Über die Geschäfte eines Bremer Steinmetzbetriebes mit dem Rat der Stadt Leiden«, *Jahrbuch der Wittheit zu Bremen*, 1995/96, S. 69–74.

Albrecht, Thorsten, *Die Hämelschenburg. Ein Beispiel adliger Schloßbaukunst des späten 16. und frühen 17. Jahrhunderts im Weserraum* (*Materialien WRM*, Bd. 13), Marburg 1995.

Albrecht, Thorsten, *Die Bückeburger Stadtkirche. Ein bedeutendes Beispiel der deutschen Spätrenaissance*, Petersberg 1999.

Albrecht, Uwe, *Der Adelssitz im Mittelalter*, München und Berlin 1995.

Albrecht, Uwe, *Der Renaissancebau des Celler Schlosses. Zur Genese des Zwerchhauses und zum Bildprogramm der Fassaden des 16. Jahrhunderts*, Celle 2003.

Albrink, Veronica, »›Große Pracht führen über Vermögen ...‹. Die Bauten und die Finanzen Erichs d. J. von Braunschweig-Calenberg (1546–1584)«, in: *Der Weserraum zwischen 1500 und 1650: Gesellschaft, Wirtschaft und Kultur in der Frühen Neuzeit* (*Materialien WRM*, Bd. 4), Marburg 1993, S. 143–173.

Altenhöner, Reinhard, »Die Bibliothek des Grafen Simon VI. zur Lippe als Zeugnis der Renaissance«, *Lippische Mitteilungen*, 62, 1993, S. 67–95.

Angermann, Gertrud, »Weserrenaissance und Kriegshandwerk«, in: Großmann 1989b, S. 7–43.

Anonym, »Gutachten über die Haltbarkeit des Obernkirchener Sandsteins [1908]«, *Bremisches Jahrbuch*, 1982/83, S. 116.

Bernstorf, Otto, und Jürgen Soenke, *Niederländische Kunst in Stadthagen*, Bückeburg 1964.

Bischoff, Michael, und Rolf Schönlau, *Weser & Renaissance. Wege durch eine Kulturregion*, Holzminden 2007.

Borggrefe, Heiner, *Die Residenz Bückeburg. Architekturgestaltung im frühneuzeitlichen Fürstenstaat* (*Materialien WRM*, Bd. 16), Marburg 1994.

Borggrefe, Heiner, Vera Lüpkes und Hans Ottomeyer (Hrsg.), *Moritz der Gelehrte. Ein Renaissancefürst in Europa*, Ausstellungskatalog, Weserrenaissance-Museum Schloß Brake, Lemgo, Eurasburg 1997.

Borggrefe, Heiner, »Die Entstehung und Entwicklung der Renaissancearchitektur im Weserraum und ihr historisches Umfeld«, in: Günter Bers und Conrad Doose (Hrsg.), *»Italienische« Renaissancebaukunst an Schelde, Maas und Niederrhein*, Jülich 1999, S. 81 bis 96.

Borggrefe, Heiner, »Das alchemistische Laboratorium Moritz des Gelehrten im Kasseler Lusthaus«, in: Menk 2000, S. 229–252.

Borggrefe, Heiner, »Una ›Giuditta‹ sconosciuta di Palma il Giovane«, *Arte Veneta*, 57, 2000, S. 71–74.

Borggrefe, Heiner, Vera Lüpkes, Paul Huvenne und Ben van Beneden (Hrsg.), *Hans Vredeman de Vries und die Renaissance im Norden*, Ausstellungskatalog, Weserrenaissance-Museum Schloß Brake, Lemgo, München 2002.

Borggrefe, Heiner, und Barbara Uppenkamp (Hrsg.), *Kunst und Repräsentation. Beiträge zur europäischen Hofkultur im 16. Jahrhundert* (*Materialien WRM*, Bd. 29), Lemgo 2002.

Borggrefe, Heiner, »Ouvertüre der mitteleuropäischen Renaissancearchitektur und des lutherischen Bilderstreites. Die Grafen von Mansfeld im 16. Jahrhundert«, *Hémecht. Zeitschrift für Luxemburger Geschichte*, 56, 2004, S. 413–431.

Borggrefe, Heiner, *Schloss Bückeburg. Höfischer Glanz – fürstliche Repräsentation*, Hannover 2008.

Borggrefe, Heiner, und Guido von Büren, *Schloss Stadthagen. Eine Residenz der Renaissance*, Hannover 2008 (in Vorbereitung).

Brasse, Gabriele, *Straße der Weserrenaissance. Ein Kunstreiseführer*, Hameln 1991.

Chitsazian, Heidar A., »Beziehungen zwischen Mineralbestand, Gefüge und technologischen Eigenschaften der Niedersächsischen ›Wealden‹-Sandsteine (Unterkreide)«, *Mitteilungen aus dem Geologischen Institut der Universität Hannover*, Bd. 25, Hannover 1995.

Dehio, Georg, *Handbuch der Deutschen Kunstdenkmäler. Nordrhein-Westfalen II. Westfalen*, bearbeitet von Dorothea Kluge und Wilfried Hansmann, München und Berlin 1977.

Dehio, Georg, *Handbuch der Deutschen Kunstdenkmäler. Hessen*, bearbeitet von Magnus Backes, München und Berlin [2]1982.

Dehio, Georg, *Handbuch der Deutschen Kunstdenkmäler. Bremen, Niedersachsen*, bearbeitet von Gerd Weiß, München und Berlin 1992.

Deichsel, Eckehard, »Die Konstruktion der Weserlastkähne«, in: Lüpkes 2001, S. 52–57.

Drach, C. Allard von, »Landgräflich Hessische Tapetenwirkereien zu Kassel im 16. und 17. Jahrhundert«, *Bayerische Gewerbe-Zeitung*, 1889, S. 73–80, 97–107, 121–130, 145–160.

Fink, Hanns-Peter, *Exercitia Latina. Vom Unterricht lippischer Junggrafen zur Zeit der Spätrenaissance* (*Materialien WRM*, Bd. 1), Marburg 1991.

Fusenig, Thomas, »Die Bildausstattung von Schloss Eschwege«, in: Heiner Borggrefe, Thomas Fusenig und Birgit Kümmel, *Ut Pictura Politeia oder Der gemalte Fürstenstaat. Moritz der Gelehrte und das Bildprogramm in Eschwege*, Marburg 2000, S. 55–137.

Fusenig, Thomas, »Die Kultur. Die Städte«, in: Kastler und Lüpkes 2000, S. 218–227.

Fusenig, Thomas, »Andries van der Meulen«, in: Kastler und Lüpkes 2000, S. 290–292.

Fusenig, Thomas, »Räderuhren«, in: Hans Holländer (Hrsg.), *Erkenntnis, Erfindung, Konstruktion. Studien zur Bildgeschichte von Naturwissenschaft und Technik vom 16. bis zum 19. Jahrhundert*, Berlin 2000, S. 557–577.

Fusenig, Thomas, »›…wollen mit vleis euch erkundigen, ob ir nicht derselbige kunststueck zu wege zu bringen vermöchte.‹ Graf Simon VI. zur Lippe kauft niederländische Gemälde für Kaiser Rudolf II.«, in: Borggrefe und Uppenkamp 2002, S. 109–149.

Gilly, Carlos, *Adam Haslmayr. Der erste Verkünder der Manifeste der Rosenkreuzer*, Amsterdam 1994.

Goethe, Johann Wolfgang von, *Italienische Reise* (*Autobiographische Schriften*, Bd. 11), Hamburger Ausgabe in 14 Bänden, München 1998, S. 233.

Graupner, Armin, »Nutzbare Sandsteine und Schiefertone im Wealden von Hannover«, *Zeitschrift der Deutschen Geologischen Gesellschaft*, 103, 1952, S. 406–408.

Größler, Hermann, »Die Trinkscene in dem Türbogenfelde des Mansfelder Schloßkellers«, *Mansfelder Blätter*, 18, 1904, S. 183–185.

Großmann, G. Ulrich (Hrsg.), *Renaissance im Weserraum*, Ausstellungskatalog, Weserrenaissance-Museum Schloß Brake, Lemgo (*Schriften WRM*, Bd. 1), München und Berlin 1989.

Großmann, G. Ulrich (Hrsg.), *Renaissance im Weserraum*, Aufsätze (*Schriften WRM*, Bd. 2), München und Berlin 1989.

Großmann, G. Ulrich, »Architekturforschung – Befunde – Methoden oder Ansätze. Schloß Bevern als Beispiel«, in: Großmann 1989b, S. 191–209.

Großmann, G. Ulrich, *Renaissance entlang der Weser. Kunst und Kultur in Nordwestdeutschland zwischen Reformation und Dreißigjährigem Krieg*, Köln 1989 (2., überarbeitete Auflage 1990).

Großmann, G. Ulrich, »Die Einführung von Architekturformen der frühen Renaissance in Europa«, in: Norbert Nußbaum, Claudia Eußkirchen und Stephan Hoppe (Hrsg.), *Wege zur Renaissance*, Köln 2003, S. 167 bis 185.

Großmann, G. Ulrich, »Weserrenaissance an der Elbe – Schloss Leitzkau«, in: Boje E. Hans Schmuhl (Hrsg.), *Schloss Leitzkau*, Halle 2005, S. 193–220.

Grote, Hans-Henning, *Schloss Wolfenbüttel. Residenz der Herzöge zu Braunschweig und Lüneburg*, Braunschweig 2005.

Grupe, O., »Über Wurzelböden im Wealdensandstein der Bückeberge und ihre Bedeutung für den Rhythmus dynamischer Vorgänge«, *Zeitschrift der Deutschen Geologischen Gesellschaft*, 83, 1931, S. 232–243.

Habich, Johannes, *Die künstlerische Gestaltung der Residenz Bückeburg durch Fürst Ernst 1601–1622* (*Schaumburger Studien*, Bd. 26), Bückeburg 1969.

Harland, Walter Brian, Allen V. Cox, P. G. Llewellyn, C. A. G. Pickton, Alan G. Smith und R. Walters, *A geologic time scale* (*Cambridge Earth Science Series*), Cambridge 1982.

Heil, Georg, »›Einkauffung, Abfuhr und Verhandtlung der Bückeburger Rauh: und Hawensteine‹. Gewinnung, Transport und Handel von Obernkirchener Sandstein 1528–1640«, in: Neithard Bulst u. a. (Hrsg.), *Die Weser. Ein Fluß in Europa*, *Symposionsband zur Wirtschafts- und Kulturgeschichte des Weserraums in der Frühen Neuzeit* (*Materialien WRM*, Bd. 27), Lemgo 2001, S. 151–188.

Hense, Ingrid, »Ernst von Schaumburg (1569–1622) und die Universität Helmstedt«, *Braunschweigisches Jahrbuch*, 72, 1991, S. 55–94.

Heppe, Dorothea, *Das Schloß der Landgrafen von Hessen in Kassel von 1557 bis 1811* (*Materialien WRM*, Bd. 17), Marburg 1995.

Hilker, Susanne, *Graf Simon VI. zur Lippe und die Weserrenaissance. Bautätigkeit eines lippischen Landesherrn (1563–1613)*, Egelsbach u. a. 2000.

Hirschberg, C. G., Hillert Ibbeken und Jürgen Ellenberg, »Die strukturelle Reifung von Geröllen des Thüringer Waldes entlang der Werra und Weser«, *Zentralblatt für Geologie und Paläontologie Teil I.*, 6, 1992, S. 629 bis 643.

Hitchcock, Henry-Russel, *German Renaissance Architecture*, Princeton, New Jersey, 1981.

Hofkunst der Spätrenaissance. Braunschweig-Wolfenbüttel und das kaiserliche Prag um 1600, Ausstellungskatalog, Herzog Anton Ulrich-Museum, Braunschweig, und Nationalgalerie, Prag, Braunschweig 1998.

Hofmann-Randall, Christina, »Die Herkunft und Tradierung des Burgundischen Hofzeremoniells«, in: Jörg Jochen Berns und Thomas Rahn (Hrsg.), *Zeremoniell als höfische Ästhetik in Spätmittelalter und Früher Neuzeit*, Tübingen 1995, S. 150–156.

Hoppe, Stephan, *Die funktionale und räumliche Struktur des frühen Schloßbaues in Mitteldeutschland. Untersucht an Beispielen landesherrlicher Bauten der Zeit zwischen 1470 und 1570*, Köln 1996.
Hoppe, Stephan, »Wie wird die Burg zum Schloss? Architektonische Innovation um 1470«, in: Heiko Laß (Hrsg.), *Von der Burg zum Schloss. Landesherrlicher und adeliger Profanbau in Thüringen im 15. und 16. Jahrhundert*, Bucha 2001, S. 95–116.
Hoppe, Stephan, »Fürstliche Höfe als Förderer der Kunstentwicklung im Heiligen Römischen Reich zu Beginn der Neuzeit«, in: Anne Schunicht-Rawe und Vera Lüpkes (Hrsg.), *Handbuch der Renaissance. Deutschland, Niederlande, Belgien, Österreich*, Köln 2002, S. 26 bis 39.
Hufschmidt, Anke, »Die Kultur. Der Adel«, in: Kastler und Lüpkes 2000, S. 248–255.
Huneke, Friedrich, »›auff dem Gewelbe zu Bracke …‹. Anmerkungen zur Bibliothek Simons VI. zur Lippe um 1597«, in: *Der Weserraum zwischen 1500 und 1650: Gesellschaft, Wirtschaft und Kultur in der Frühen Neuzeit* (*Materialien WRM*, Bd. 4), Marburg 1993, S. 267 bis 298.
Jolly, Anna, »Netherlandish sculptors in sixteenth-century northern Germany and their patrons«, *Simiolus*, 27, 1999, S. 119–143.
Kastler, José, »Hofkunst im Weserraum um 1600 – ein Überblick«, in: Großmann 1989b, S. 93–112.
Kastler, José, »Die Kultur. Die Fürstenhöfe«, in: Kastler und Lüpkes 2000, S. 266–275.
Kastler, José, und Vera Lüpkes (Hrsg.), *Die Weser. Ein Fluss in Europa – Aufbruch in die Neuzeit*, Ausstellungskatalog, Weserrenaissance-Museum Schloß Brake, Lemgo, Holzminden 2000.
Klapheck, Richard, und Engelbert von Kerckerinck zur Borg, *Alt-Westfalen. Die Bauentwicklung Westfalens seit der Renaissance*, Stuttgart 1912.
Krömmelbein, Karl, *Historische Geologie* (*Brinkmanns Abriß der Geologie*, Bd. 2), Stuttgart [14]1991.
Kruse, Horst, »Maßarbeit aus Obernkirchener Steinhauerwerkstätten … auch für Harburg«, *Burgen und Schlösser*, 1994/1, S. 33–39.
Kümmel, Birgit, *Der Ikonoklast als Kunstliebhaber. Studien zu Landgraf Moritz von Hessen-Kassel (1592–1627)* (*Materialien WRM*, Bd. 23), Marburg 1996.
Kunze, Wolfgang, *Leben und Bauten Herzog Erichs II. von Braunschweig-Lüneburg*, Ausstellungskatalog, Schloß Landestrost, Neustadt am Rübenberge, Hannover 1993.
Kuster-Wendenburg, Elisabeth, *Der Bremer Stein und die Dinosaurier*, Delmenhorst 1999.
Laakmann, Astrid, *»… nur allein aus Liebe der Musica«. Die Bückeburger Hofmusik zur Zeit des Grafen Ernst III. zu Holstein-Schaumburg als Beispiel höfischer Musikpflege im Gebiet der ›Weserrenaissance‹«*, Münster, Hamburg und London 2000.
Lehmann, U., »Eine Platte mit Fährten von *Iguanodon* aus dem Obernkirchener Sandstein«, *Mitteilungen aus dem Geologisch-Paläontologischen Institut der Universität Hamburg*, 48, 1978, S. 101–114.
Lepper, Jochen, Jutta Weber und Josef Mederer, *Geochemical Fingerprints and Sedimentpetrographic Characteristics – a highly effective Combination of Tools to trace a 17th to 20th Century Odyssey of Ornamental Stones from Germany to Australia*, Niedersächsisches Landesamt für Bodenforschung, Poster CD, 2004.
Lüpkes, Vera, und Heiner Borggrefe (Hrsg.), *Adel im Weserraum um 1600*, Ausstellungskatalog, Weserrenaissance-Museum Schloß Brake, Lemgo (*Schriften WRM*, Bd. 9), München und Berlin 1996.
Lüpkes, Vera (Hrsg.), *Im Fluss. Zwei Weser-Schiffe. Bergung, Konservierung und Präsentation*, Tübingen und Berlin 2001.
Luther, Johannes, *Die Titeleinfassungen der Reformationszeit*, Leipzig 1913.
Materialien zur Kunst- und Kulturgeschichte in Nord- und Westdeutschland, herausgegeben am Weserrenaissance-Museum Schloß Brake, Marburg 1991 ff.
Menk, Gerhard (Hrsg.), *Landgraf Moritz der Gelehrte. Ein Kalvinist zwischen Politik und Wissenschaft*, Marburg 2000.
Metz, Wolfgang, »Der Hofstaat des Landgrafen Moritz von Hessen«, *Das Werraland*, 13, 1961, S. 29–30.
Möller, Hans-Herbert (Hrsg.), *Die Hauptkirche Beatae Mariae Virginis in Wolfenbüttel* (*Forschungen der Denkmalpflege in Niedersachsen*, Bd. 4), Hannover 1987.
Moran, Bruce T., »Moritz von Hessen und die Alchemie«, in: Borggrefe u. a. 1997, S. 357–360.
Moran, Bruce T., »The Kassel Court in European Context. Patronage Styles and Moritz the Learned as Alchemical Maecenas«, in: Menk 2000, S. 215–228.
Moraw, Peter, »Organisation und Funktion von Verwaltung im ausgehenden Mittelalter (ca. 1350–1500)«, in: Kurt Jeserich u. a. (Hrsg.), *Deutsche Verwaltungsgeschichte*, Bd. 1: *Vom Spätmittelalter bis zum Ende des Reiches*, Stuttgart 1983, S. 21–65.
Mrusek, Hans-Joachim (Hrsg.), *Die Albrechtsburg zu Meißen*, Leipzig 1972.
Mühleisen, Hans-Otto, Theo Stammen und Michael Philipp, *Fürstenspiegel der Frühen Neuzeit*, Frankfurt/Main und Leipzig 1997.
Müller, Matthias, *Das Schloss als Bild des Fürsten. Herrschaftliche Metaphorik in der Residenzarchitektur des Alten Reichs (1470–1618)*, Göttingen 2004.
Mutterlose, Jörg, und André Bornemann, »Distribution and facies patterns of Lower-Cretaceous sediments in northern Germany: a review«, *Cretaceous Research*, 21, 2000, Nr. 6, S. 733–759.
Neukirch, Albert, Bernhard Niemeyer und Karl Steinacker, *Renaissanceschlösser Niedersachsens*, Hannover 1914–39.
Ottomeyer, Hans, »Das Buffet Moritz des Gelehrten«, in: Borggrefe u. a. 1997, S. 163–169.
Ottomeyer, Hans, und Michaela Völkel (Hrsg.), *Die öffentliche Tafel. Tafelzeremoniell in Europa 1300–1900*, Wolfratshausen 2002.
Paravicini, Werner, »Die Hofordnungen Herzog Philipps des Guten von Burgund«, *Francia*, 18, 1991, S. 111 bis 123.
Paravicini, Werner, »The Court of the Dukes of Burgundy. A Model for Europe?«, in: Ronald G. Asch und Adolf M. Birke (Hrsg.), *Princes, Patronage, and the Nobility. The Court at the Beginning of the Modern Age 1450–1650*, Oxford 1991, S. 69–102.
Paravicini, Werner (Hrsg.), *Höfe und Residenzen im spätmittelalterlichen Reich*, Bd. 15. I (*Ein dynastisch-topographisches Handbuch*), Bd. 15. II (*Bilder und Begriffe*), Göttingen, 2003, 2005.
Patze, Hans, und Gerhard Streich, »Die landesherrlichen Residenzen im spätmittelalterlichen Deutschen Reich«, *Blätter für deutsche Landesgeschichte*, 118, 1982, S. 205–220.
Pavlicic, Michael (Hrsg.), *Studien und Quellen zur Geschichte von Stadt und Schloß Neuhaus*, Bd. 1, Schloß Neuhaus 1994.
Pelzer, Guido, *Sedimentologie und Palynologie der Wealden-Fazies im Hannoverschen Bergland* (*Courier Forschungsinstitut Senckenberg*, Bd. 207), Frankfurt/Main 1998.
Poestges, Dieter, »Die Obernkirchener Sandsteinbrüche als Ausgangspunkt internationalen Handels«, *Schaumburger Heimatblätter*, 1980, Heft 11, S. 38–47.
Poestges, Dieter, »Die Geschichte der Obernkirchener Sandsteinbrüche«, *Bremisches Jahrbuch*, 60/61, 1982/83.
Reutzel, Erik, *Das Finanzgebaren des Landgrafen Moritz von Hessen-Kassel im Spiegel der überlieferten Messevoranschläge*, Frankfurt/Main 2002.
Roch, Irene, »Zur Renaissanceplastik in Schloß Mansfeld und Eisleben«, *Wissenschaftliche Zeitschrift der Universität Halle*, 12, 1963, S. 765–784.
Roch, Irene, »Zu Burgen- und Schloßdarstellungen bei Cranach«, in: *Lucas Cranach. Künstler und Gesellschaft*, Wittenberg 1973, S. 114–116.
Roch, Irene, »Stilistische Zusammenhänge zwischen den Schlössern in Mansfeld und den Schloßbauten Jörg Unkairs im Wesergebiet«, in: *Beiträge zur Renaissance zwischen 1520 und 1570* (*Materialien WRM*, Bd. 2), Marburg 1991, S. 189–202.
Roch-Lemmer, Irene, »Zur Stellung der Festungen Mansfeld und Heldrungen im frühneuzeitlichen Festungsbau«, *Wissenschaftliche Zeitschrift der Universität Halle*, 41, 1992, S. 64–72.
Roch-Lemmer, Irene, »Schloß Mansfeld auf Cranach-Gemälden«, in: Rosemarie Knape (Hrsg.), *Martin Luther und der Bergbau im Mansfelder Land*, Eisleben 2000, S. 219–226.
Roch-Lemmer, Irene, »Neue Forschungen zum Dessauer Abendmahlsbild von Lucas Cranach d. J. (1565)«, in: Andreas Tacke, Stephan Rhein und Michael Wiemers (Hrsg.), *Lucas Cranach der Ältere. Internationale Tagung der Stiftung Luthergedenkstätten in Sachsen-Anhalt anläßlich des 450. Todestages*, Leipzig 2006, S. 313 bis 325.
Sauer, Heinz, *Burg und Schloss Brake. 1000 Jahre Baugeschichte* (*Lippische Studien*, Bd. 17), Lemgo 2002.
Schade, Werner, *Die Malerfamilie Cranach*, Dresden 1974.
Schriften des Weserrenaissance-Museums Schloß Brake, München und Berlin 1989 ff.
Schröder, Dorothea, »Das ›Engelskonzert‹ im Mausoleum von Stadthagen«, in: Borggrefe und Uppenkamp 2002, S. 151–180.
Schütte, Ulrich, »Die Lehre von den Gebäudetypen«, in: *Architekt und Ingenieur. Baumeister in Krieg und Frieden*, Ausstellungskatalog, Herzog August Bibliothek, Wolfenbüttel, Wolfenbüttel 1984, S. 156–259.
Schütte, Ulrich, *Das Schloß als Wehranlage. Befestigte Schloßbauten der frühen Neuzeit im alten Reich*, Darmstadt 1994.
Schulze, Heinrich, »Schloß Heldrungen«, *Jahrbuch der Denkmalpflege in der Provinz Sachsen und in Anhalt*, 1932, S. 41–54.
Schwarzwälder, Herbert und Inge, *Reisen und Reisende in Nordwestdeutschland. Beschreibungen, Tagebücher und Briefe, Itinerare und Kostenrechnungen*, Bd. 1 (bis 1620), Hildesheim 1987.
Soenke, Jürgen, *Jörg Unkair*, Minden 1958.

Soenke, Jürgen, und Herbert Kreft, *Die Weserrenaissance*, Hameln 1964 (6., überarbeitete und erweiterte Auflage 1986).

Sonnen, Max, *Die Weserrenaissance. Die Bauentwicklung um die Wende des XVI. und XVII. Jahrhunderts an der oberen und mittleren Weser und in den angrenzenden Landesteilen*, Münster 1918.

Soukup, Rudolf Werner, und Helmut Mayer, *Alchemistisches Gold – Paracelsische Pharmaka. Laboratoriumstechnik im 16. Jahrhundert*, Wien, Köln und Weimar 1997.

Spangenberg, Cyriakus, *Mansfeldische Chronica (1572)*, Teil 3: Eisleben 1912, Teil 4: *Mansfeldische Blätter*, 30, 1916.

Stein, Volker, *Naturwerksteine im niedersächsischen Kirchenbau* (*Geologisches Jahrbuch*, Reihe D, Heft 44), Stuttgart 1981.

Stiegemann, Christoph, *Heinrich Gröninger, um 1578 bis 1631. Ein Beitrag zur Skulptur zwischen Spätgotik und Barock im Fürstbistum Paderborn*, Paderborn 1989.

Stiegemann, Christoph (Hrsg.), *Wunderwerk. Göttliche Ordnung und vermessene Welt. Der Goldschmied und Kupferstecher Antonius Eisenhoit und die Hofkunst um 1600*, Ausstellungskatalog, Erzbischöfliches Diözesanmuseum, Paderborn, Mainz 2003.

Strate, Jürgen, »Musiker und deren Werke im Gebiet der ›Weserrenaissance‹«, in: Großmann 1989b, S. 258 bis 314.

Streich, Brigitte, *Stadt – Land – Schloß. Celle als Residenz*, Celle 2000.

Tebbe, Karin, *Epitaphien in der Grafschaft Schaumburg. Die Visualisierung der politischen Ordnung im Kirchenraum* (*Materialien WRM*, Bd. 18), Marburg 1996.

Thöne, Friedrich, *Wolfenbüttel unter Herzog Julius (1568 bis 1589)*, Braunschweig 1952.

Thöne, Friedrich, *Wolfenbüttel in der Spätrenaissance. Topographie und Baugeschichte unter den Herzögen Heinrich Julius und Friedrich Ulrich (1589–1634)*, Braunschweig 1954.

Thöne, Friedrich, *Wolfenbüttel*, München 1963.

Udluft, H., »Die petrographischen Grundlagen für die Verwitterbarkeit der im Hoch- und Tiefbau verwandten Sandsteine Nordwestdeutschlands«, *Jahrbuch der Preußischen Geologischen Landesanstalt*, 51, 1929, S. 438–504.

Unnerbäck, Eyvind, *Welsche Giebel. Ein italienisches Renaissancemotiv und seine Verbreitung in Mittel- und Nordeuropa*, Stockholm 1971.

Uppenkamp, Barbara, »Roll- und Beschlagwerk in der ›Weserrenaissance‹«, in: *Baudekoration als Bildungsanspruch* (*Materialien WRM*, Bd. 5), Marburg 1993, S. 9 bis 119.

Uppenkamp, Barbara, »Idealstadt Wolfenbüttel«, in: Hermann Hipp und Ernst Seidl (Hrsg.), *Architektur als politische Kultur. Philosophia Practica*, Berlin 1996, S. 115–129.

Uppenkamp, Barbara, »Ein Inventar von Schloß Wolfenbüttel aus der Zeit des Herzogs Julius von Braunschweig und Lüneburg«, in: Borggrefe und Uppenkamp 2002, S. 69–107.

Uppenkamp, Barbara, *Das Pentagon von Wolfenbüttel. Der Ausbau der welfischen Residenz 1568–1626 zwischen Ideal und Wirklichkeit*, Hannover 2005.

Vermeylen, Filip, *Painting for the Market. Commercialization of Art in Antwerp's Golden Age*, Turnhout 2003.

Völkel, Michaela, *Schlossbesichtigungen in der Frühen Neuzeit. Ein Beitrag zur Frage nach der Öffentlichkeit höfischer Repräsentation*, München und Berlin 2007.

Voigt, C., »Erläuterungen zu der Nachbildung des alten Ölgemäldes von dem Erbbegräbnis der Familie Heidelberg in Eisleben«, *Mansfelder Blätter*, 20, 1906, S. 248–254.

Walter, Roland, *Geologie von Mitteleuropa*, Stuttgart [6]1995.

Weber, Jutta, und Jochen Lepper, »Tracing a 17–20th century odyssey: The provenance of the Batavia sandstone«, *Bulletin of the Australasian Institute for Maritime Archeology*, 29, 2005, S. 53–60.

Wipfler, Esther P., »›Wenn man auch sonst die Greber wolt ehren ...‹. Zu den gemalten Epitaphien des Eisleber Kronenfriedhofes«, in: Rosemarie Knape (Hrsg.), *Martin Luther und der Bergbau im Mansfelder Land*, Eisleben 2000, S. 281–305.

Zanker, Paul, *Augustus und die Macht der Bilder*, München 1987.

Zinkernagel, Ulf, unveröffentlichtes Gutachten, Bochum 2007.

Zweite, Armin, *Studien zu Marten de Vos*, Göttingen 1974.

Zweite, Armin, *Schloßkapelle Celle* (*Schnell Kunstführer*, Nr. 1439), München und Zürich [2]1991.

Bibliography

Albrecht, Stephan, »›Eine Fassade geht auf Reisen ...‹. Über die Geschäfte eines Bremer Steinmetzbetriebes mit dem Rat der Stadt Leiden«, *Jahrbuch der Wittheit zu Bremen*, 1995/96, pp. 69–74.

Albrecht, Thorsten, *Die Hämelschenburg. Ein Beispiel adliger Schloßbaukunst des späten 16. und frühen 17. Jahrhunderts im Weserraum* (*Materialien WRM*, vol. 13), Marburg 1995.

Albrecht, Thorsten, *Die Bückeburger Stadtkirche. Ein bedeutendes Beispiel der deutschen Spätrenaissance*, Petersberg 1999.

Albrecht, Uwe, *Der Adelssitz im Mittelalter*, Munich and Berlin 1995.

Albrecht, Uwe, *Der Renaissancebau des Celler Schlosses. Zur Genese des Zwerchhauses und zum Bildprogramm der Fassaden des 16. Jahrhunderts*, Celle 2003.

Albrink, Veronica, »›Große Pracht führen über Vermögen ...‹. Die Bauten und die Finanzen Erichs d. J. von Braunschweig-Calenberg (1546–1584)«, in: *Der Weserraum zwischen 1500 und 1650: Gesellschaft, Wirtschaft und Kultur in der Frühen Neuzeit* (*Materialien WRM*, vol. 4), Marburg 1993, pp. 143–173.

Altenhöner, Reinhard, »Die Bibliothek des Grafen Simon VI. zur Lippe als Zeugnis der Renaissance«, *Lippische Mitteilungen*, 62, 1993, pp. 67–95.

Angermann, Gertrud, »Weserrenaissance und Kriegshandwerk«, in: Großmann 1989b, pp. 7–43.

Anonymous, »Gutachten über die Haltbarkeit des Obernkirchener Sandsteins [1908]«, *Bremisches Jahrbuch*, 1982/83, p. 116.

Bernstorf, Otto, and Jürgen Soenke, *Niederländische Kunst in Stadthagen*, Bückeburg 1964.

Bischoff, Michael, and Rolf Schönlau, *Weser & Renaissance. Wege durch eine Kulturregion*, Holzminden 2007.

Borggrefe, Heiner, *Die Residenz Bückeburg. Architekturgestaltung im frühneuzeitlichen Fürstenstaat* (*Materialien WRM*, vol. 16), Marburg 1994.

Borggrefe, Heiner, Vera Lüpkes and Hans Ottomeyer (eds.), *Moritz der Gelehrte. Ein Renaissancefürst in Europa*, exhibition catalogue, Weserrenaissance-Museum Schloß Brake, Lemgo, Eurasburg 1997.

Borggrefe, Heiner, »Die Entstehung und Entwicklung der Renaissancearchitektur im Weserraum und ihr historisches Umfeld«, in: Günter Bers and Conrad Doose (eds.), *»Italienische« Renaissancebaukunst an Schelde, Maas und Niederrhein*, Jülich 1999, pp. 81–96.

Borggrefe, Heiner, »Das alchemistische Laboratorium Moritz des Gelehrten im Kasseler Lusthaus«, in: Menk 2000, pp. 229–252.

Borggrefe, Heiner, »Una ›Giuditta‹ sconosciuta di Palma il Giovane«, *Arte Veneta*, 57, 2000, pp. 71–74.

Borggrefe, Heiner, Vera Lüpkes, Paul Huvenne and Ben van Beneden (eds.), *Hans Vredeman de Vries und die Renaissance im Norden*, exhibition catalogue, Weserrenaissance-Museum Schloß Brake, Lemgo, Munich 2002.

Borggrefe, Heiner, and Barbara Uppenkamp (eds.), *Kunst und Repräsentation. Beiträge zur europäischen Hofkultur im 16. Jahrhundert* (*Materialien WRM*, vol. 29), Lemgo 2002.

Borggrefe, Heiner, »Ouvertüre der mitteleuropäischen Renaissancearchitektur und des lutherischen Bilderstreites. Die Grafen von Mansfeld im 16. Jahrhundert«, *Hémecht. Zeitschrift für Luxemburger Geschichte*, 56, 2004, pp. 413–431.

Borggrefe, Heiner, *Schloss Bückeburg. Höfischer Glanz – fürstliche Repräsentation*, Hannover 2008.

Borggrefe, Heiner, and Guido von Büren, *Schloss Stadthagen. Eine Residenz der Renaissance*, Hannover 2008 (in preparation).

Brasse, Gabriele, *Straße der Weserrenaissance. Ein Kunstreiseführer*, Hameln 1991.

Chitsazian, Heidar A., »Beziehungen zwischen Mineralbestand, Gefüge und technologischen Eigenschaften der Niedersächsischen ›Wealden‹-Sandsteine (Unterkreide)«, *Mitteilungen aus dem Geologischen Institut der Universität Hannover*, vol. 25, Hannover 1995.

Dehio, Georg, *Handbuch der Deutschen Kunstdenkmäler. Nordrhein-Westfalen II. Westfalen*, revised by Dorothea Kluge and Wilfried Hansmann, Munich and Berlin 1977.

Dehio, Georg, *Handbuch der Deutschen Kunstdenkmäler. Hessen*, revised by Magnus Backes, Munich and Berlin [2]1982.

Dehio, Georg, *Handbuch der Deutschen Kunstdenkmäler. Bremen, Niedersachsen*, revised by Gerd Weiß, Munich and Berlin 1992.

Deichsel, Eckehard, »Die Konstruktion der Weserlastkähne«, in: Lüpkes 2001, pp. 52–57.

Drach, C. Allard von, »Landgräflich Hessische Tapetenwirkereien zu Kassel im 16. und 17. Jahrhundert«, *Bayerische Gewerbe-Zeitung*, 1889, pp. 73–80, 97 to 107, 121–130, 145–160.

Fink, Hanns-Peter, *Exercitia Latina. Vom Unterricht lippischer Junggrafen zur Zeit der Spätrenaissance* (*Materialien WRM*, vol. 1), Marburg 1991.

Fusenig, Thomas, »Die Bildausstattung von Schloss Eschwege«, in: Heiner Borggrefe, Thomas Fusenig and Birgit Kümmel, *Ut Pictura Politeia oder Der gemalte Fürstenstaat. Moritz der Gelehrte und das Bildprogramm in Eschwege*, Marburg 2000, pp. 55–137.

Fusenig, Thomas, »Die Kultur. Die Städte«, in: Kastler and Lüpkes 2000, pp. 218–227.

Fusenig, Thomas, »Andries van der Meulen«, in: Kastler and Lüpkes 2000, pp. 290–292.

Fusenig, Thomas, »Räderuhren«, in: Hans Holländer (ed.), *Erkenntnis, Erfindung, Konstruktion. Studien zur Bildgeschichte von Naturwissenschaft und Technik vom 16. bis zum 19. Jahrhundert*, Berlin 2000, pp. 557–577.

Fusenig, Thomas, »›...wollen mit vleis euch erkundigen, ob ir nicht derselbige kunststueck zu wege zu bringen vermöchte.‹ Graf Simon VI. zur Lippe kauft niederländische Gemälde für Kaiser Rudolf II.«, in: Borggrefe and Uppenkamp 2002, pp. 109–149.

Gilly, Carlos, *Adam Haslmayr. Der erste Verkünder der Manifeste der Rosenkreuzer*, Amsterdam 1994.

Goethe, Johann Wolfgang von, *Italienische Reise* (*Autobiographische Schriften*, vol. 11), Hamburg edition in 14 vols., Munich 1998, p. 233.

Graupner, Armin, »Nutzbare Sandsteine und Schiefertone im Wealden von Hannover«, *Zeitschrift der Deutschen Geologischen Gesellschaft*, 103, 1952, pp. 406–408.

Größler, Hermann, »Die Trinkscene in dem Türbogenfelde des Mansfelder Schloßkellers«, *Mansfelder Blätter*, 18, 1904, pp. 183–185.

Großmann, G. Ulrich (ed.), *Renaissance im Weserraum*, exhibition catalogue, Weserrenaissance-Museum Schloß Brake, Lemgo (*Schriften WRM*, vol. 1), Munich and Berlin 1989.

Großmann, G. Ulrich (ed.), *Renaissance im Weserraum*, Aufsätze (*Schriften WRM*, vol. 2), Munich and Berlin 1989.

Großmann, G. Ulrich, »Architekturforschung – Befunde – Methoden oder Ansätze. Schloß Bevern als Beispiel«, in: Großmann 1989b, pp. 191–209.

Großmann, G. Ulrich, *Renaissance entlang der Weser. Kunst und Kultur in Nordwestdeutschland zwischen Reformation und Dreißigjährigem Krieg*, Cologne 1989 (2nd, revised edition 1990).

Großmann, G. Ulrich, »Die Einführung von Architekturformen der frühen Renaissance in Europa«, in: Norbert Nußbaum, Claudia Eußkirchen and Stephan Hoppe (eds.), *Wege zur Renaissance*, Cologne 2003, pp. 167 to 185.

Großmann, G. Ulrich, »Weserrenaissance an der Elbe – Schloss Leitzkau«, in: Boje E. Hans Schmuhl (ed.), *Schloss Leitzkau*, Halle 2005, pp. 193–220

Grote, Hans-Henning, *Schloss Wolfenbüttel. Residenz der Herzöge zu Braunschweig und Lüneburg*, Braunschweig 2005.

Grupe, O., »Über Wurzelböden im Wealdensandstein der Bückeberge und ihre Bedeutung für den Rhythmus dynamischer Vorgänge«, *Zeitschrift der Deutschen Geologischen Gesellschaft*, 83, 1931, pp. 232–243.

Habich, Johannes, *Die künstlerische Gestaltung der Residenz Bückeburg durch Fürst Ernst 1601–1622* (*Schaumburger Studien*, vol. 26), Bückeburg 1969.

Harland, Walter Brian, Allen V. Cox, P. G. Llewellyn, C. A. G. Pickton, Alan G. Smith and R. Walters, *A geologic time scale* (*Cambridge Earth Science Series*), Cambridge 1982.

Heil, Georg, »›Einkauffung, Abfuhr und Verhandtlung der Bückeburger Rauh: und Hawensteine‹. Gewinnung, Transport und Handel von Obernkirchener Sandstein 1528–1640«, in: Neithard Bulst and others. (eds.), *Die Weser. Ein Fluß in Europa*, *Symposionsband zur Wirtschafts und Kulturgeschichte des Weserraums in der Frühen Neuzeit* (*Materialien WRM*, Bd. 27), Lemgo 2001, pp. 151–188.

Hense, Ingrid, »Ernst von Schaumburg (1569–1622) und die Universität Helmstedt«, *Braunschweigisches Jahrbuch*, 72, 1991, pp. 55–94.

Heppe, Dorothea, *Das Schloß der Landgrafen von Hessen in Kassel von 1557 bis 1811* (*Materialien WRM*, vol. 17), Marburg 1995.

Hilker, Susanne, *Graf Simon VI. zur Lippe und die Weserrenaissance. Bautätigkeit eines lippischen Landesherrn (1563–1613)*, Egelsbach and other places 2000.

Hirschberg, C. G., Hillert Ibbeken and Jürgen Ellenberg, »Die strukturelle Reifung von Geröllen des Thüringer Waldes entlang der Werra und Weser«, *Zentralblatt für Geologie und Paläontologie Teil I.*, 6, 1992, pp. 629 to 643.

Hitchcock, Henry-Russel, *German Renaissance Architecture*, Princeton, New Jersey, 1981.

Hofkunst der Spätrenaissance. Braunschweig-Wolfenbüttel und das kaiserliche Prag um 1600, exhibition catalogue, Herzog Anton Ulrich-Museum, Braunschweig, and National Gallery, Prag, Braunschweig 1998.

Hofmann-Randall, Christina, »Die Herkunft und Tradierung des Burgundischen Hofzeremoniells«, in: Jörg Jochen Berns and Thomas Rahn (eds.), *Zeremoniell als höfische Ästhetik in Spätmittelalter und Früher Neuzeit*, Tübingen 1995, pp. 150–156.

Hoppe, Stephan, *Die funktionale und räumliche Struktur des frühen Schloßbaues in Mitteldeutschland. Untersucht an Beispielen landesherrlicher Bauten der Zeit zwischen 1470 und 1570*, Cologne 1996.
Hoppe, Stephan, »Wie wird die Burg zum Schloss? Architektonische Innovation um 1470«, in: Heiko Laß (ed.), *Von der Burg zum Schloss. Landesherrlicher und adeliger Profanbau in Thüringen im 15. und 16. Jahrhundert*, Bucha 2001, pp. 95–116.
Hoppe, Stephan, »Fürstliche Höfe als Förderer der Kunstentwicklung im Heiligen Römischen Reich zu Beginn der Neuzeit«, in: Anne Schunicht-Rawe and Vera Lüpkes (eds.), *Handbuch der Renaissance. Deutschland, Niederlande, Belgien, Österreich*, Cologne 2002, pp. 26–39.
Hufschmidt, Anke, »Die Kultur. Der Adel«, in: Kastler and Lüpkes 2000, pp. 248–255.
Huneke, Friedrich, »›auff dem Gewelbe zu Bracke ...‹. Anmerkungen zur Bibliothek Simons VI. zur Lippe um 1597«, in: *Der Weserraum zwischen 1500 und 1650: Gesellschaft, Wirtschaft und Kultur in der Frühen Neuzeit* (*Materialien WRM*, vol. 4), Marburg 1993, pp. 267 to 298.
Jolly, Anna, »Netherlandish sculptors in sixteenth-century northern Germany and their patrons«, *Simiolus*, 27, 1999, pp. 119–143.
Kastler, José, »Hofkunst im Weserraum um 1600 – ein Überblick«, in: Großmann 1989b, pp. 93–112.
Kastler, José, »Die Kultur. Die Fürstenhöfe«, in: Kastler and Lüpkes 2000, pp. 266–275.
Kastler, José, and Vera Lüpkes (eds.), *Die Weser. Ein Fluss in Europa – Aufbruch in die Neuzeit*, exhibition catalogue, Weserrenaissance-Museum Schloß Brake, Lemgo, Holzminden 2000.
Klapheck, Richard, and Engelbert von Kerckerinck zur Borg, *Alt-Westfalen. Die Bauentwicklung Westfalens seit der Renaissance*, Stuttgart 1912.
Krömmelbein, Karl, *Historische Geologie* (*Brinkmanns Abriß der Geologie*, vol. 2), Stuttgart [14]1991.
Kruse, Horst, »Maßarbeit aus Obernkirchener Steinhauerwerkstätten ... auch für Harburg«, *Burgen und Schlösser*, 1994/1, pp. 33–39.
Kümmel, Birgit, *Der Ikonoklast als Kunstliebhaber. Studien zu Landgraf Moritz von Hessen-Kassel (1592–1627)* (*Materialien WRM*, vol. 23), Marburg 1996.
Kunze, Wolfgang, *Leben und Bauten Herzog Erichs II. von Braunschweig-Lüneburg*, exhibition catalogue, Schloß Landestrost, Neustadt am Rübenberge, Hannover 1993.
Kuster-Wendenburg, Elisabeth, *Der Bremer Stein und die Dinosaurier*, Delmenhorst 1999.
Laakmann, Astrid, *»… nur allein aus Liebe der Musica«. Die Bückeburger Hofmusik zur Zeit des Grafen Ernst III. zu Holstein-Schaumburg als Beispiel höfischer Musikpflege im Gebiet der ›Weserrenaissance‹«*, Münster, Hamburg and London 2000.
Lehmann, U., »Eine Platte mit Fährten von *Iguanodon* aus dem Obernkirchener Sandstein«, *Mitteilungen aus dem Geologisch-Paläontologischen Institut der Universität Hamburg*, 48, 1978, pp. 101–114.
Lepper, Jochen, Jutta Weber and Josef Mederer, *Geochemical Fingerprints and Sedimentpetrographic Characteristics – a highly effective Combination of Tools to trace a 17th to 20th Century Odyssey of Ornamental Stones from Germany to Australia*, Niedersächsisches Landesamt für Bodenforschung, poster CD, 2004.
Lüpkes, Vera, and Heiner Borggrefe (eds.), *Adel im Weserraum um 1600*, exhibition catalogue, Weserrenaissance-Museum Schloß Brake, Lemgo (*Schriften WRM*, vol. 9), Munich and Berlin 1996.
Lüpkes, Vera (ed.), *Im Fluss. Zwei Weser-Schiffe. Bergung, Konservierung und Präsentation*, Tübingen and Berlin 2001.
Luther, Johannes, *Die Titeleinfassungen der Reformationszeit*, Leipzig 1913.
Materialien zur Kunst- und Kulturgeschichte in Nord- und Westdeutschland, edited at the Weserrenaissance-Museum Schloß Brake, Marburg 1991 ff.
Menk, Gerhard (ed.), *Landgraf Moritz der Gelehrte. Ein Kalvinist zwischen Politik und Wissenschaft*, Marburg 2000.
Metz, Wolfgang, »Der Hofstaat des Landgrafen Moritz von Hessen«, *Das Werraland*, 13, 1961, pp. 29–30.
Möller, Hans-Herbert (ed.), *Die Hauptkirche Beatae Mariae Virginis in Wolfenbüttel* (*Forschungen der Denkmalpflege in Niedersachsen*, vol. 4), Hannover 1987.
Moran, Bruce T., »Moritz von Hessen und die Alchemie«, in: Borggrefe and others 1997, pp. 357–360.
Moran, Bruce T., »The Kassel Court in European Context. Patronage Styles and Moritz the Learned as Alchemical Maecenas«, in: Menk 2000, pp. 215–228.
Moraw, Peter, »Organisation und Funktion von Verwaltung im ausgehenden Mittelalter (ca. 1350–1500)«, in: Kurt Jeserich and others (eds.), *Deutsche Verwaltungsgeschichte*, vol. 1: *Vom Spätmittelalter bis zum Ende des Reiches*, Stuttgart 1983, pp. 21–65.
Mrusek, Hans-Joachim (ed.), *Die Albrechtsburg zu Meißen*, Leipzig 1972.
Mühleisen, Hans-Otto, Theo Stammen and Michael Philipp, *Fürstenspiegel der Frühen Neuzeit*, Frankfurt/Main and Leipzig 1997.
Müller, Matthias, *Das Schloss als Bild des Fürsten. Herrschaftliche Metaphorik in der Residenzarchitektur des Alten Reichs (1470–1618)*, Göttingen 2004.
Mutterlose, Jörg, and André Bornemann, »Distribution and facies patterns of Lower-Cretaceous sediments in northern Germany: a review«, *Cretaceous Research*, 21, 2000, no. 6, pp. 733–759.
Neukirch, Albert, Bernhard Niemeyer and Karl Steinacker, *Renaissanceschlösser Niedersachsens*, Hannover 1914–39.
Ottomeyer, Hans, »Das Buffet Moritz des Gelehrten«, in: Borggrefe and others 1997, pp. 163–169.
Ottomeyer, Hans, and Michaela Völkel (eds.), *Die öffentliche Tafel. Tafelzeremoniell in Europa 1300–1900*, Wolfratshausen 2002.
Paravicini, Werner, »Die Hofordnungen Herzog Philipps des Guten von Burgund«, *Francia*, 18, 1991, pp. 111 to 123.
Paravicini, Werner, »The Court of the Dukes of Burgundy. A Model for Europe?«, in: Ronald G. Asch and Adolf M. Birke (eds.), *Princes, Patronage, and the Nobility. The Court at the Beginning of the Modern Age 1450–1650*, Oxford 1991, pp. 69–102.
Paravicini, Werner (ed.), *Höfe und Residenzen im spätmittelalterlichen Reich*, vol. 15. I (*Ein dynastisch-topographisches Handbuch*), vol. 15. II (*Bilder und Begriffe*), Göttingen, 2003, 2005.
Patze, Hans, and Gerhard Streich, »Die landesherrlichen Residenzen im spätmittelalterlichen Deutschen Reich«, *Blätter für deutsche Landesgeschichte*, 118, 1982, pp. 205–220.
Pavlicic, Michael (ed.), *Studien und Quellen zur Geschichte von Stadt und Schloß Neuhaus*, vol. 1, Schloß Neuhaus 1994.
Pelzer, Guido, *Sedimentologie und Palynologie der Wealden-Fazies im Hannoverschen Bergland* (*Courier Forschungsinstitut Senckenberg*, vol. 207), Frankfurt/Main 1998.
Poestges, Dieter, »Die Obernkirchener Sandsteinbrüche als Ausgangspunkt internationalen Handels«, *Schaumburger Heimatblätter*, 1980, no. 11, pp. 38–47.
Poestges, Dieter, »Die Geschichte der Obernkirchener Sandsteinbrüche«, *Bremisches Jahrbuch*, 60/61, 1982/83.
Reutzel, Erik, *Das Finanzgebaren des Landgrafen Moritz von Hessen-Kassel im Spiegel der überlieferten Messevoranschläge*, Frankfurt/Main 2002.
Roch, Irene, »Zur Renaissanceplastik in Schloß Mansfeld und Eisleben«, *Wissenschaftliche Zeitschrift der Universität Halle*, 12, 1963, pp. 765–784.
Roch, Irene, »Zu Burgen- und Schloßdarstellungen bei Cranach«, in: *Lucas Cranach. Künstler und Gesellschaft*, Wittenberg 1973, pp. 114–116.
Roch, Irene, »Stilistische Zusammenhänge zwischen den Schlössern in Mansfeld und den Schloßbauten Jörg Unkairs im Wesergebiet«, in: *Beiträge zur Renaissance zwischen 1520 und 1570* (*Materialien WRM*, vol. 2), Marburg 1991, pp. 189–202.
Roch-Lemmer, Irene, »Zur Stellung der Festungen Mansfeld und Heldrungen im frühneuzeitlichen Festungsbau«, *Wissenschaftliche Zeitschrift der Universität Halle*, 41, 1992, pp. 64–72.
Roch-Lemmer, Irene, »Schloß Mansfeld auf Cranach-Gemälden«, in: Rosemarie Knape (ed.), *Martin Luther und der Bergbau im Mansfelder Land*, Eisleben 2000, pp. 219–226.
Roch-Lemmer, Irene, »Neue Forschungen zum Dessauer Abendmahlsbild von Lucas Cranach d. J. (1565)«, in: Andreas Tacke, Stephan Rhein and Michael Wiemers (eds.), *Lucas Cranach der Ältere. Internationale Tagung der Stiftung Luthergedenkstätten in Sachsen-Anhalt anläßlich des 450. Todestages*, Leipzig 2006, pp. 313 to 325.
Sauer, Heinz, *Burg und Schloss Brake. 1000 Jahre Baugeschichte* (*Lippische Studien*, vol. 17), Lemgo 2002.
Schade, Werner, *Die Malerfamilie Cranach*, Dresden 1974.
Schriften des Weserrenaissance-Museums Schloß Brake, Munich and Berlin 1989 ff.
Schröder, Dorothea, »Das ›Engelskonzert‹ im Mausoleum von Stadthagen«, in: Borggrefe and Uppenkamp 2002, pp. 151–180.
Schütte, Ulrich, »Die Lehre von den Gebäudetypen«, in: *Architekt und Ingenieur. Baumeister in Krieg und Frieden*, exhibition catalogue, Herzog August Bibliothek, Wolfenbüttel, Wolfenbüttel 1984, pp. 156–259.
Schütte, Ulrich, *Das Schloß als Wehranlage. Befestigte Schloßbauten der frühen Neuzeit im alten Reich*, Darmstadt 1994.
Schulze, Heinrich, »Schloß Heldrungen«, *Jahrbuch der Denkmalpflege in der Provinz Sachsen und in Anhalt*, 1932, pp. 41–54.
Schwarzwälder, Herbert and Inge, *Reisen und Reisende in Nordwestdeutschland. Beschreibungen, Tagebücher und Briefe, Itinerare und Kostenrechnungen*, vol. 1 (until 1620), Hildesheim 1987.
Soenke, Jürgen, *Jörg Unkair*, Minden 1958.

Soenke, Jürgen, and Herbert Kreft, *Die Weserrenaissance*, Hameln 1964 (6th, revised and enlarged edition 1986).
Sonnen, Max, *Die Weserrenaissance. Die Bauentwicklung um die Wende des XVI. und XVII. Jahrhunderts an der oberen und mittleren Weser und in den angrenzenden Landesteilen*, Münster 1918.
Soukup, Rudolf Werner, and Helmut Mayer, *Alchemistisches Gold – Paracelsische Pharmaka. Laboratoriumstechnik im 16. Jahrhundert*, Vienna, Cologne and Weimar 1997.
Spangenberg, Cyriakus, *Mansfeldische Chronica (1572)*, part 3: Eisleben 1912, part 4: *Mansfeldische Blätter*, 30, 1916.
Stein, Volker, *Naturwerksteine im niedersächsischen Kirchenbau* (*Geologisches Jahrbuch*, series D, no. 44), Stuttgart 1981.
Stiegemann, Christoph, *Heinrich Gröninger, um 1578 bis 1631. Ein Beitrag zur Skulptur zwischen Spätgotik und Barock im Fürstbistum Paderborn*, Paderborn 1989.
Stiegemann, Christoph (ed.), *Wunderwerk. Göttliche Ordnung und vermessene Welt. Der Goldschmied und Kupferstecher Antonius Eisenhoit und die Hofkunst um 1600*, exhibition catalogue, Erzbischöfliches Diözesanmuseum, Paderborn, Mainz 2003.
Strate, Jürgen, »Musiker und deren Werke im Gebiet der ›Weserrenaissance‹«, in: Großmann 1989b, pp. 258 to 314.
Streich, Brigitte, *Stadt – Land – Schloß. Celle als Residenz*, Celle 2000.
Tebbe, Karin, *Epitaphien in der Grafschaft Schaumburg. Die Visualisierung der politischen Ordnung im Kirchenraum* (*Materialien WRM*, vol. 18), Marburg 1996.
Thöne, Friedrich, *Wolfenbüttel unter Herzog Julius (1568 to 1589)*, Braunschweig 1952.
Thöne, Friedrich, *Wolfenbüttel in der Spätrenaissance. Topographie und Baugeschichte unter den Herzögen Heinrich Julius und Friedrich Ulrich (1589–1634)*, Braunschweig 1954.
Thöne, Friedrich, *Wolfenbüttel*, Munich 1963.
Udluft, H., »Die petrographischen Grundlagen für die Verwitterbarkeit der im Hoch- und Tiefbau verwandten Sandsteine Nordwestdeutschlands«, *Jahrbuch der Preußischen Geologischen Landesanstalt*, 51, 1929, pp. 438–504.
Unnerbäck, Eyvind, *Welsche Giebel. Ein italienisches Renaissancemotiv und seine Verbreitung in Mittel- und Nordeuropa*, Stockholm 1971.
Uppenkamp, Barbara, »Roll- und Beschlagwerk in der ›Weserrenaissance‹«, in: *Baudekoration als Bildungsanspruch* (*Materialien WRM*, vol. 5), Marburg 1993, pp. 9 to 119.
Uppenkamp, Barbara, »Idealstadt Wolfenbüttel«, in: Hermann Hipp and Ernst Seidl (eds.), *Architektur als politische Kultur. Philosophia Practica*, Berlin 1996, pp. 115–129.
Uppenkamp, Barbara, »Ein Inventar von Schloß Wolfenbüttel aus der Zeit des Herzogs Julius von Braunschweig und Lüneburg«, in: Borggrefe and Uppenkamp 2002, pp. 69–107.
Uppenkamp, Barbara, *Das Pentagon von Wolfenbüttel. Der Ausbau der welfischen Residenz 1568–1626 zwischen Ideal und Wirklichkeit*, Hannover 2005.
Vermeylen, Filip, *Painting for the Market. Commercialization of Art in Antwerp's Golden Age*, Turnhout 2003.
Völkel, Michaela, *Schlossbesichtigungen in der Frühen Neuzeit. Ein Beitrag zur Frage nach der Öffentlichkeit höfischer Repräsentation*, Munich and Berlin 2007.
Voigt, C., »Erläuterungen zu der Nachbildung des alten Ölgemäldes von dem Erbbegräbnis der Familie Heidelberg in Eisleben«, *Mansfelder Blätter*, 20, 1906, pp. 248–254.
Walter, Roland, *Geologie von Mitteleuropa*, Stuttgart ^{6}1995.
Weber, Jutta, and Jochen Lepper, »Tracing a 17–20th century odyssey: The provenance of the Batavia sand stone«, *Bulletin of the Australasian Institute for Maritime Archeology*, 29, 2005, pp. 53–60.
Wipfler, Esther P., »›Wenn man auch sonst die Greber wolt ehren …‹. Zu den gemalten Epitaphien des Eisleber Kronenfriedhofes«, in: Rosemarie Knape (ed.), *Martin Luther und der Bergbau im Mansfelder Land*, Eisleben 2000, pp. 281–305.
Zanker, Paul, *Augustus und die Macht der Bilder*, Munich 1987.
Zinkernagel, Ulf, unpublished expertise, Bochum 2007.
Zweite, Armin, *Studien zu Marten de Vos*, Göttingen 1974.
Zweite, Armin, *Schloßkapelle Celle* (*Schnell Kunstführer*, no. 1439), Munich and Zürich ^{2}1991.

Bildnachweis / Image credits

Albrecht 1995 31.9
Astronomisch-physikalisches Kabinett, Kassel 49.9
Oswaldo Böhm, Venedig/Venice 28.1
Heiner Borggrefe, Lemgo 15.1, 15.2, 30.4–7, 31.8, 33.11
Hillert Ibbeken, Berlin 33.12, 61.1, 63.2, 63.3
Kunsthistorisches Museum Wien 29.3
Lippische Landesbibliothek, Detmold 49.8
Mindener Museum 54.2
Prague Castle Picture Gallery 48.7
Schade 1974 32.10, 35.14
Schloßmuseum Gotha 44.3
Schloß Wilhelmsburg, Schmalkalden 43.2
Soenke und/and Kreft 1986 28.2, 34.13
Stiegemann 1989 40.4, 40.5
Weserrenaissance-Museum Schloß Brake, Lemgo 16.3, 17.4, 18.5, 20.6, 21.7, 23.1, 25.2, 26.3, 36.1, 37.2, 39.3, 41.6, 41.7, 42.1, 44.4, 45.5, 47.6, 51.10, 53.1, 55.3
Ulf Zinkernagel, Bochum 63.2, 63.3